湖南省教育科学“十三五”规划2020年度课题“全球—国家—地方联动框架下湖南职业教育国际化政策研究”成果（项目编号：XJK20QJG001）

A Study of Faculty Appointment Institutions in Brain Circulation

学术人才国际流动中的高校教师聘任制度研究

陈越 著

WUHAN UNIVERSITY PRESS
武汉大学出版社

图书在版编目(CIP)数据

学术人才国际流动中的高校教师聘任制度研究/陈越著.—武汉:武汉大学出版社,2021.6

ISBN 978-7-307-21857-4

Ⅰ.学… Ⅱ.陈… Ⅲ.高等学校—教师—聘用—研究—中国 Ⅳ.G645.11

中国版本图书馆 CIP 数据核字(2020)第 204684 号

责任编辑:沈岑砚　　责任校对:汪欣怡　　整体设计:马　佳

出版发行:**武汉大学出版社**　(430072　武昌　珞珈山)

(电子邮箱:cbs22@ whu.edu.cn　网址:www.wdp. com.cn)

印刷:广东虎彩云印刷有限公司

开本:720×1000　1/16　印张:13.25　字数:236 千字　插页:1

版次:2021 年 6 月第 1 版　2021 年 6 月第 1 次印刷

ISBN 978-7-307-21857-4　定价:39.00 元

序

民族国家间的政治经济竞争、科技竞争，归根结底是人才的竞争。当下，英美两国实施高层次人才流动无障碍政策，确保高等教育财政投入，形成具有吸引力的高端科研环境与平台，世界各地的学者纷纷涌入；欧盟国家致力于发展学术共同体，实现人才环流与科技共享；新兴国家纷纷抓住经济高速发展与高等教育变革的重大机遇，力求变人才流失为人才回流。大量资料显示：一方面，我国高层次人才流失现象依然严重，大量在发达国家留学的人才不能及时或者不愿回国，特别是留学欧美的博士滞留比例居高不下；另一方面，由于国家鼓励科研和创新的政策环境仍需改善，使得外籍人才引进数量不足，长期留下来开展科研和人才培养的高端人才数量更是少之又少，存在大量“两栖式”“候鸟式”人才，总体呈现“数量不足、质量不高、效益不显”的现象。这种现象在我国高等学校的教师评聘过程中表现得最为明显，为此，我们需要从多个角度审视人才的国际流动现象，通过完善政策环境，逐步改变人才倒流问题，从而提高我国储备人才优势，尽快建成人才强国。

陈越博士在《学术人才国际流动中的高校教师聘任制度研究》中将高校教师聘任制度定义为一种有目的、有组织的动态发展过程，并非简单的静态的文件形式，而是资格准入、公开招聘、薪酬待遇、聘期考核、解聘退出五大要素构成的，由“进”到“出”、螺旋上升的动态有机整体。探讨五大模块如何作用于学术人才回流，构建了学术人才国际流动 RRRED 模型。在该模型的基础上，作者结合实证分析，探讨了我国高校教师聘任制度五大模块的现状、问题及其成因，提供了具有较强参考价值的对策建议。

总体而言，一方面，作者运用后实证主义方法论，基于调查数据和政策资料，综合运用理论分析和实证分析方法，构建学术人才国际流动 RRRED 模型作为分析框架，反映出论著在理论上的探索性、突破性和创新价值。另一方面，作者对高校教师聘任制度现状问题的论证合理、分析深入；比较参照的境外高校教师聘任制度具有相当强的针对性与适切性；研究结论体现中国特色，兼具国际眼光，政策建议可操作性强、实践价值高。此外，成果所做的相关文献梳理工作较好，资料丰富翔实，整理分析得当，整体写作规范，框架清晰。

作者提出的重构高校教师资格准入指标体系，保障人才引进质量；修正高校教师公开招聘流程，保障招聘程序正义；提高高校教师薪酬绩效水平，提高学术职业国际竞争力；规范高校教师聘期考核制度，防止“逆淘汰”；完善高校教师解聘退出制度，保证合理流动五个方面的学术人才国际流动中我国高校教师聘任制度完善路径不仅具有较强的现实意义，而且也指明了我国高等学校在教师发展方面的五个研究领域和高校教师发展的政策规划依据。

作为青年学者，该研究尚有粗糙之处，然其内容观点力求新颖、多有突破，愿此书的出版能够为高校教师聘任制度的相关研究提供有价值的学术参考。

值此陈越博士大作付梓之时，愿为其作序。

黄明東

2020 年 8 月 4 日星期二于武汉大学珞珈山

目　　录

第一章　问题的提出

科学技术是第一生产力，学术人才是科学技术的重要载体。高校作为国际学术人才引进主体，利用教师聘任制度，促进人才回流，是其时代使命中的应有之义。厘清研究背景、研究意义、研究文献、研究内容与思路、研究难点与创新点，是引言部分的重要内容。

第一节　研 究 背 景

在经济全球化、高等教育国际化、高校教师多元化的背景下，学术人才国际流动是大势所趋。在“支持留学、鼓励回国、来去自由、发挥作用”政策方针指引下，近年来，我国学术人才回流率呈高速增长态势。但是根据“推拉理论”，鉴于西方发达国家拥有社会经济优势和优质高等教育，因此对国际学术人才具有较大的“拉力”。而我国要建成高等教育强国，必须减少教育体制、管理制度、经济条件等叠加的“推力”，吸引外籍人员、华人华侨和出国留学生中的高层次人才来华发展。当前，我国高校面临国际学术人才数量不足和层次不高的双重困境，严重制约了我国高等教育质量提升与国际化进程。基于以上背景，研究将重点分析学术人才国际流动动因，探索高校教师聘任制度与国际学术人才引进的联动效应，试图发挥高校的重要媒介作用，完善高校教师聘任制度，提升我国在世界学术人才市场中的竞争力。

一、建设高水平国际化师资队伍的现实需要

霍普金斯大学前校长吉尔曼指出：“大学的荣誉应该取决于教师和学者总的品质，而不应取决于人数，更不取决于供他们使用的建筑物。”① 这与梅贻琦先生在清华大学校长任职演讲中的著名论断——“所谓大学者，非谓有大

---

① ［英］阿什比．科技发达时代的大学教育［M］．北京：人民教育出版社，1983：36.

楼之谓也，有大师之谓也”，有异曲同工之妙。日本学者天野郁夫也曾表示：“现在是世界各国的大学进行改革的年代，在这场改革中，高校师资队伍建设则是改革成功与否的关键。”① 高等教育的发展需要高质量的师资，国际学术人才应当是现代大学师资的应有之义。一方面，我国普通高校教师学历层次相对较低。2018 年，我国普通高校专任教师共计 1672753 人，博士、硕士、本科、专科及以下分别为：433807 人、612308 人、611594 人和 15044 人，具有博士学位的高校教师比例约为 25. 93%，相对较低。另一方面，我国高校外籍教师人数、比例与层次相较于西方发达国家仍有一定的差距。2018 年，我国普通高校专任教师中外籍教师共计 18421 人，其中博士、硕士、本科、专科及以下文凭获得者分别为 9868 人、4673 人、3813 和 67 人。② 比较来看，2018 年，美国高等教育（Postsecondary Education）专任教师总数为 832119 人，其中“非居民外籍者”（Non-resident alien）49412 人，看似占比较低，实则因为美国实行较为宽松的签证政策，来自全球的学术人才汇集一堂，构成了美国高校多元化教师队伍。2018 年，美国高校教师中有 184941 人（占比 24. 4%）为黑人、西班牙裔、亚太裔、美印第安/阿拉斯加土著、多人种混血，分别 45748 人、41404 人、86035 人、3413 人、8342 人。③ 相对美国而言，我国高校外籍教师在人数、比例和层次上都有待提高。在学术人才国际流动的时代大背景下，完善高校教师聘任制度，吸引高层次海外人才，是高校教师国际化的重要途径，是建设高水平师资队伍的重要手段，是加速实现我国高等教育后发赶超的现实需要。

二、落实国家“双一流”方案的具体部署

2015 年，国务院印发《统筹推进世界一流大学和一流学科建设总体方案》，指出我国高等教育的首要任务就是建设一流的师资队伍，以高层次人才引进为支撑，汇聚世界范围内一流科学家、学科带头人和创新团队，以提

① ［日］天野郁夫．日本的大学改革［J］. 有色金属教育研究，2000（3）：8-45.

② 中华人民共和国教育部．专任教师、聘请校外教师学历情况（普通高校）［EB/OL］．［2020-05-12］. http：//www. moe. gov. cn/s78/A03/moe_560/jytjsj_2018/qg/201908/t20190812_394272. html

③ National center of education statistics：T Table 315. 20. Full-time faculty in degree-granting postsecondary institutions，by race/ethnicity，sex，and academic rank：Fall 2015，fall 2017，and fall 2018［EB/OL］．［2020-05-12］. https：//nces. ed. gov/programs/digest/d19/tables/dt19_315. 20. asp.

高我国高等教育科研创新力、国际竞争力和世界话语权。2016 年教育部工作要点进一步指出"加快一流大学和一流学科建设"需要推进教育人才发展体制机制改革，加大力度贯彻落实各级各类人才计划与项目，深化推进高层次人才引进工作。一方面，重要实验室、重点学科需要国际范围内的顶尖人才，需要一定数量的科研团队，人才是世界一流大学的细胞；另一方面，人才工程及其奖励政策则需要高校教师聘任制度加以规范和落实，发挥其较大的激励作用。建设"双一流"需要依靠国家行政推动和财力支撑，更需要高校这一重要媒介实施体制机制改革，尤其是聘任制度创新，吸引学术人才与学术团队，构建世界一流水平的科研平台，从根本入手，切实实现高等教育强国的中国梦。

三、应对世界范围内人才抢夺的策略选择

科技发展浪潮汹涌澎湃，文化意识形态博弈持续升温，国际形势与国家安全迫切要求通过人才抢夺实现国家竞争力提升。世界范围内的人才抢夺战在第二次世界大战后逐渐拉开序幕。一方面是西方发达国家对发展中国家，尤其是对我国高层次人才的掠夺。在英国，1987—2007 年，非英国国籍大学教师由 13.5%提高至 27%，2009 年，剑桥大学有 1/4 的教师来自海外，其中中国为英国提供了"最大的非英国籍研究者群体"。① 1980 年以来，美国 1/3 的诺贝尔奖得主出生于国外；NIH 接受外国大学教育的博士近 50%，博士后、研究人员、临床高级会员达 58%；全国博士水平雇员由 1990 年的 24%提升至 2000 年的 38%；中国大陆、印度、英国、中国台湾和韩国的科学和工程 PhD 的平均居留率分别为 87%、82%、79%、57%、39%；1996 年美国 S&E 博士毕业生截至 2001 年留美率高达 96%；2003 年，来美学习者构成美国移民科学家和工程师的 30%。由此可见，科技进步与人才抢夺是美国高等教育国际化政策发展的重要动力。发展中国家高级人才从美国回流则显得十分困难。阿特巴赫指出，80%的中国和印度留学生学成以后没有立即返回自己的国家。② 事实上，2008—2014 年中国大陆留美博士学位获得者人数（30364 人）占持有临时签

① Universities U. Policy Briefing Policy Briefing, Talent Wars: The International Market for Academic Staff London: Universities UK [EB/OL]. [2016-10-12]. http://bookshop.universitiesuk.ac.uk/downloads/Policy%20Brief%20Talent%20Wars.pdf. 2007.

② 阿特巴赫等．全球高等教育趋势：追踪学术革命轨迹［M］．姜有国等，译．上海：上海交通大学出版社，2010：30.

证的美国博士学位获得者（104189 人）的 29.14%，是美国全部博士获得者总数（353054 人）的 8.60%，是留美博士学位获得者第二大国——印度（15663 人）人数的 1.94 倍，其中 80%~90%的博士毕业后倾向于滞留美国。① 高层次留学生流失国外，将直接引发高层次人才流失，MIT 前校长特维斯则表明："我国（美国）高校的出类拔萃很大程度上归功于对国际学者的开放……他们几乎是作为研究生来到美国的"，"当前约 1/3 的理工科博士学位授予了外国公民……其中大约 40%永远留在了美国"。② 国际范围内，尤其是部分发达国家人才引进力度加大，人才来源多元化十分明显。

另一方面是我国人才回流质量堪忧。为了提高高层次留学人才归国率，我国大力提高人才引进力度，实施了各级各类人才项目。教育部相关数据显示"从 1978 年到 2018 年底，各类出国留学人员累计达 585.71 万人。其中 153.39 万人正在国外进行相关阶段的学习和研究；432.32 万人已完成学业；365.14 万人在完成学业后选择回国发展，占已完成学业群体的 84.46%"。③ 但是，仅仅依靠政策支持和财政支持的人才引进是后继乏力的，与我国人才流失的巨大基数相比，回流人才相对较少，且部分回流人才中存在大量"候鸟式""两栖式"人才。顶尖人才，尤其是具有发明专利、科研团队和高端实验室的人才在回国发展中存在种种障碍。其中博士获得者，尤其是在国外获得高薪或稳定工作的高层次人才比例较低，而实验室或科研团队领头人，以及拥有高精尖研发专利的学者，更是凤毛麟角。《2018 中国海归就业创业调查报告》显示，海归群体获得博士学位者占全部海归的比例仅为 2%。④ 同时高层次人才引进中还存在以假乱真和滥竽充数的现象。原上海同济大学生命科学院院长杨杰、原清华大学医学院院长助理刘辉学术造假事件引发了广泛讨论，相关学者认为我国学术人才引进制度存在漏洞是导致类似事件的重要原因，完善高校教师聘任制度，规范人才引进程序迫在眉睫。

① 陈越．我国留学生教育服务贸易逆差［J］．教育与经济，2016（8）：70-76.

② 维斯特．一流大学卓越校长：麻省理工学院与研究型大学的作用［M］．蓝劲松主编．北京：北京大学出版社，2008：112，113.

③ 中华人民共和国教育部．2018 年度我国出国留学人员情况统计［EB/OL］．［2020-05-12］．http：//www.moe.gov.cn/jyb_xwfb/gzdt_gzdt/s5987/201903/t20190327_375704.html.

④ 央视新闻网．《2018 中国海归就业创业调查报告》发布：中国留学生呈现大进大出现象［EB/OL］．［2020-05-20］．http：//news.cctv.com/2018/08/20/ARTIvUggczJHyiawFVGdO4IY180820.shtml.

第二节 研究意义

目前学界关于高校教师聘任制度中的资格准入、招聘程序、薪资待遇、考核晋升和解聘退出研究成果相对丰富，学术人才国际流动也日益受到关注，但是将二者联动起来加以研究，尤其结合量化研究和质性研究方法探讨二者间关联的研究相对较少。因而，对高校国际学术人才聘任制度进行全面梳理，探索二者之间的联动效应，具有一定的理论意义和实践意义。

一、理论意义

为了厘清学术人才国际流动与高校教师聘任制度之间的关联，研究依据人才迁移动因理论，将二者的内容进行细分，结合访谈结果，通过对访谈内容进行编码，获取关键信息，依据关键信息编制调查问卷，并采取五点计分法对问卷调查结果进行统计分析，努力构建学术人才国际流动 RRRED 模型，因而研究将具有以下理论意义。

（一）有助于丰富学术人才的基础理论

2006 年，华中科技大学参与富布赖特“学术职业变革国际调查与研究项目（26 国）”，对中国内地学术职业展开调查研究。随后，学术职业成为高等教育研究中的一大热点，学者们纷纷从职业的角度，从经济学、管理学、教育学等多学科视角探索“‘以学术为生，以学术为业，学术的存在和发展使从业者得以生存和发展’特征的职业”。① 事实上，从这一得到广泛认同的定义来看，学术职业最具核心价值的概念应当是从事“学术职业”的“人”，即“学术人才”。当前专门针对学术人才的研究相对较少，学术人才的内涵、流动、发展以及淘汰的研究范式、理论体系尚未形成。因此，本书将致力于进一步完善学术人才的内涵，梳理学术人才流动动因、发展要素以及淘汰标准，努力丰富学术人才的基本理论。

（二）有助于深化人才流动的动因理论

目前国内外有关学者将学术人才国际流动动因主要划分性别、年龄、国籍、教育程度、收入水平、家庭规模、婚姻状况，以及学术水平、价值取向、

① 沈红．论学术职业的独特性［J］．北京大学教育评论，2011（3）：18-28.

文化适应、社会环境、自然环境等，并依据一定的标准进行划分，形成了不同的国际流动动因理论。其中部分要素涉及高校教师聘任制度，但是没有学者将高校聘任制度作为学术人才国际流动动因研究的主要变量之一。然而，在高校国际学术人才聘任实践过程中，以及入境的国际学术人才的主观感受中，完善的高校聘任制度对学术人才国际流动具有直接影响。由此可见，高校教师聘任制度应当成为学术人才国际流动的主要动因之一，其影响程度有待于进一步分析。本研究试图编制问卷，通过数据统计分析，证实或证伪学术人才国际流动与高校教师聘任制度之间的相关性，拓展学术人才国际流动动因理论。

（三）有助于拓展高校教师聘任制度的基本理论

目前关于高校教师聘任制度主要有狭义和广义两种解释。狭义的高校教师聘任制度仅仅关注高校招聘环节。广义的高校教师聘任制度则认为招聘流程、劳动合同与行政合同、无限期聘任和有限期聘任等聘任方式，聘期、晋升、绩效聘期考核，学术自由与学术自主，学术评议委员会等教师参与学校管理方式等与教师“聘”和“任”相关的内容均应纳入高校聘任制度研究之中。本书将对高校教师聘任制度的广义内涵加以甄选，认为高校教师聘任制度包括“聘”和“任”，将纷繁复杂的高校教师聘任内容划分为资格准入、公开招聘、薪酬绩效、聘期考核四个部分，同时认为“解聘退出”环节作为新一轮“聘任”的起点，也应当纳入其中，从而形成了一个由“进”到“出”循环的高校教师聘任制度，有助于完善高校教师聘任制度的基本理论。

二、实践意义

学术人才国际流动中的高校教师聘任制度创新具有显著的实践导向，有助于解决高校国际人才引进工作中的实际困难，提升其工作效果，同时针对国际学术人才采用的招聘制度，具有辐射作用和启发意义，能够为我国高校教师聘任制度改革提供借鉴。此外，还具有为人才决策提供智力支持、促进高等教育国际化深入发展，有助于挽回高层次人才流失导致的部分前期投入损失。

（一）有助于提升高校国际人才引进的工作效果

首先，廓清学术人才国际流动及其与高校教师聘任制度之间的相关性，有助于了解当前高校聘任制度中存在哪些因素不利于国际人才引进应当加以改进，哪些因素有助于国际人才引进需要加以保持和提升，为吸引国际人才做好制度保障。其次，高校聘任制度创新不止于“进人”环节，还有助于“留人”。部分高校引进人才后出现“人才再流失”现象，却不明原因，应该从高校教师聘任制度上找原因，做好人才引进后的“维护”工作。最后，在“用人”方面，良好的高校教师聘任制度有助于提供和谐稳定的工作环境、良性的激励机制和完善的后勤保障，从而提升国际学术人才的学术产出，提高国际学术人才利用效率。不仅如此，当高校聘任制度使现有的国际学术人才“安心乐业”，形成“广告效应”，通过国际学术人才圈的交流，“口耳相传”地产生宣传效应，减少高层次国际学术人才引进中大量的前期宣传工作，实现“以才引才”，切实提高高校国际人才引进工作效果。

（二）有助于推动高校教师聘任制度的变革调适

1994年，《中华人民共和国教师法》要求“逐步实行教师聘任制”，《2003—2007年教育振兴行动计划》再次明确“大力推进高等学校教师聘任制度改革”的大政方针，此后，我国部分高校，如北京大学、四川大学、中山大学、厦门大学等纷纷尝试高校教师聘任制度改革。部分高校取得了一定的改革成效，但更多的是遭遇了现实的困难和阻力，最后以失败告终。实际上，转变传统的“单位人”思想，以劳动合同代替行政合同，有限期和无限期聘任并轨，已经成为我国高校教师聘任制度改革中的共识，如何克服实践困难是当前要解决的首要问题。由于国际学术人才普遍具有西方发达国家工作经历，劳动合同聘任方式深入人心，在引进过程中能够主动适应于高校教师聘任制度，并将其看作常态。随着国际学术人才聘任制度的发展与完善，国内学术人员也将认可高校教师聘任制度，从而推动我国高校教师聘任制度改革。

（三）有助于挽回部分人才流失导致的前期投入损失

当前有关教育服务贸易的研究通常聚焦于境外消费、跨境交付、商业存在、自然人流动四种形式，及其存在的主要问题与应对策略，却容易忽略高层次人才流失引发的前期投入损失。当前我国高层次学术人才培养基于相当数额的前期投入，以2018年我国各级教育生均公共财政预算教育事业费支出为例，全国普通小学、初中、高中、高等学校的生均经费分别为10566.29元、15199.11元、14955.66元、20973.62元。[①] 这意味着我国培养一名本科毕业

① 中华人民共和国教育部．教育部、国家统计局、财政部关于2018年全国教育经费执行情况统计公告［EB/OL］．［2020-05-12］. http：//www.moe.gov.cn/srcsite/A05/s3040/201910/t20191016_403859.html.

生，将花费 237756. 53 元（小学六年、初中三年、高中三年、本科四年），其中不包括学前教育支出、家庭教育支出以及其他可能性教育支出。目前我国留学教育中人才流失，尤其是高层次人才流失严重的现象已经引起广泛共识，其流失的直接后果是其财政性教育投入的损失。吸引外籍学术人才来华以及我国高层次留学生回国将会缩小由人才流失导致的前期投入损失。

第三节 研究内容与方法

一、研究内容

研究将从以下几方面展开：

(1) 各主要人才迁移动因理论分别指出哪些人口流动动因？根据人才迁移动因理论，以及学术人才内涵外延与高校教师聘任制度实质内容，高校教师聘任制度是否可能成为学术人才国际流动的动因？

(2) 在人口迁移理论梳理与核心概念分析基础上，是否能够构建一种理论模型，用于解释高校教师聘任制度对学术人才国际流动的影响？利用 R 软件等数学分析软件，能否证实二者的相关性？能否建立多元回归模型？

(3) 通过制度文本与访谈结果实施文本分析，目前我国高校教师聘任制度内容如何？存在哪些特点？

(4) 当前的高校教师聘任制度是否有利于学术人才回流？哪些问题或因素可能会阻碍学术人才回流、影响人才引进效益？

(5) 针对问题，从哪些方面着手，如何着手完善高校教师聘任制度，以吸引学术人才来华、提升我国高校国际学术人才引进工作效果？

研究内容基于“理论基础—理论模型—现实表征—制约因素—应对策略”的研究路径逐一展开，以流程图的方式展现如图 1-1 所示：

二、研究方法

本书采用何种研究方法，以找准新问题、揭示事物内在发展规律、实现研究目的，取决于问题本身。正所谓，“工欲善其事，必先利其器”，学术人才国际流动既要解决理论问题也要解决实践问题，从促进学术人才回流这一新型视角出发，促进高校教师聘任制度完善。研究主题要求论文综合多元研究方法，沿着“发现问题—分析问题—解决问题”的基本路线，为我国人才引进工作提供智力支持，因而需要结合分别适用于理论探究与实践探索

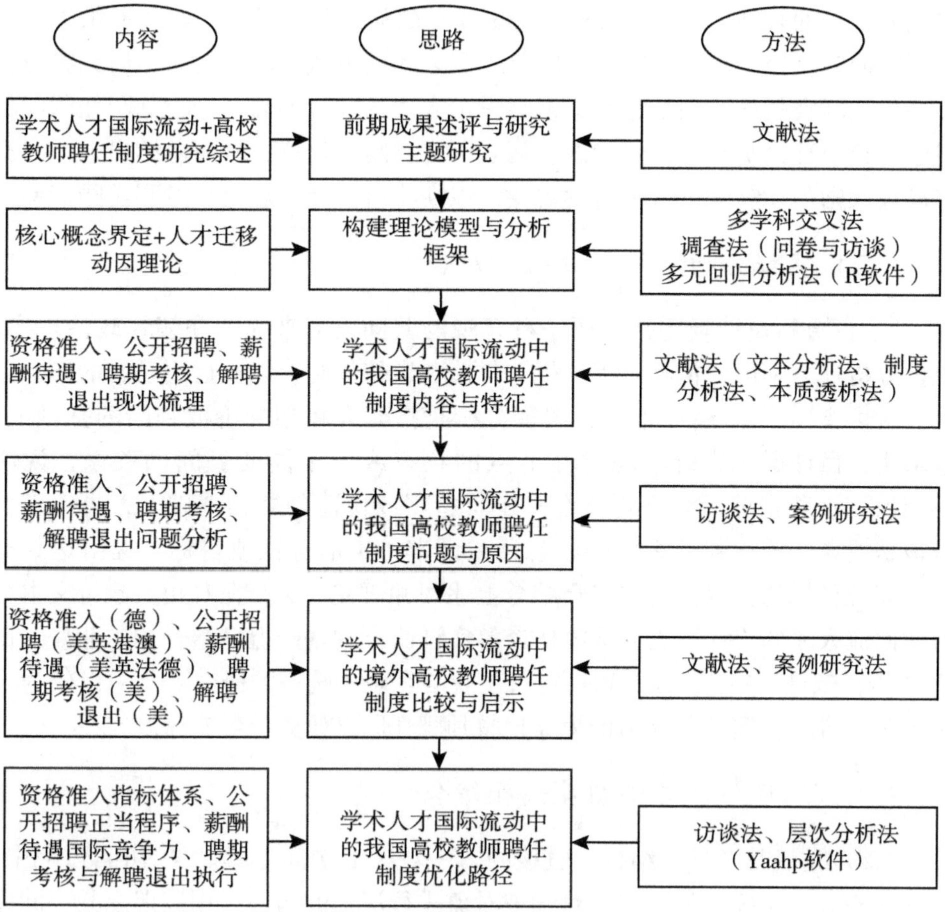

图 1-1　本研究技术路线图

的研究方法。

（一）文献法与归纳法相结合

文献法历来是社会研究的重要方法之一，梳理和总结文献不仅是对已有事实、观点的再加工，更是对历史实践与社会现实的解构和重建。归纳法则是在众多文献中筛选贴近研究内容、符合研究目标的材料，找出其中的共性与普遍性，总结一般性的客观规律。本书将聚焦学术人才国际流动，以及如何完善我国高校教师聘任制度改革以吸引国际学术人才，需要阅读大量文献，尤其是高校教师国际化水平较高的国家或地区的高校在国际人才引进或回流中采取的重要措施，以期为研究提供参考和借鉴。因而相关文献资料的收集是重点，尤其是国外高校的教师手册（faculty handbook）的研读和分析，为研究提供了一手资料的同时，描绘出高等教育国际化大国人才回流战略图。同时，研究将纷繁复杂的文献资料进行归纳总结，概括学术人才国际流动与高校教师聘任制度的概念内核与理论基础、实然状态、问题所在与路径建议，从而总结出人才回流与高校教师聘任制度完善的科学规律，以期为研究提供理论参考和实践借鉴。

（二）实证分析与规范分析相结合

"实证分析设计阐述并运用一种客观的共同语言来描述并解释政治现实；规范分析社会阐述并检测主观目标、价值和道德规则，以便运用已有的知识为我们提供指导。"① 简单来说，实证分析是指研究在超越价值判断的基础上，拿事实、摆证据，分析不同时间节点的状态或者不同变量间的关系，说明"是什么"。规范分析则是建立在一定价值观或价值判断的基础上，决定事物应该是或者应该达到什么样的状态，并设定一定的标准或目标，提出达到标准、实现目标的步骤。研究将会结合上述两种研究方法，在对相关政策文本分析、回流人才的广泛调查与深入访谈等实证研究的基础上，结合德尔菲法，依据R语言软件、Yaahp10.5软件进行主观与客观相统一的研究工具，以较为客观公正、科学合理的研究结论为高校教师聘任制度研究提供支撑。

（三）深度访谈与小组座谈相结合

"深度访谈是一种无结构、直接的、一对一的访问形式。"② 访问过程中，由掌握高级访谈技巧的调查员对调查对象进行深入的访问，用以揭示某一问题的实然状态、深层原因与发展方向。被访者的回答通常含有较文献资料更为"鲜活"和"接地气"的信息，能够实现对文本资料的重要补充，对于探究事物发展规律具有重要意义。深度访谈在某种程度上与精英访谈较为相似，访谈的对象主要为对研究领域、研究问题较为熟悉的专家学者或实践者。深度访谈对象主要为高校人事管理部门主要领导、国内工作经历三年以上的国际学术人才、对高校教师聘任制度或学术人才国际流动有深入研究的专家学者。小组座

---

① Jarol B. Manheim, Richard C. Rich. Empirical Political Analysis: Research Methods in Political Science (6th Edition), Hardcover, 2005: 2.

② 张鸣．政府信用与政府绩效关联机理研究——基于268个县级政府的实证调查［D］．杭州：浙江大学，2013：8.

谈与深度访谈最大的区别在于访谈的形式，小组座谈能够实现受访者之间的交流互动，并且在思维碰撞中更加准确和深刻地反映问题。小组座谈成员则相对降低要求，包含高校人事管理部门工作人员、国际学术人才、教育管理学相关领域内博士研究生及其他专家学者。小组座谈与深度访谈在研究中的运用，主要体现在对研究框架的确定、对调查问卷和访谈提纲的编制、对指标体系的构建，二者为研究提供鲜活的、接地气的一手资料，在某些方面，刷新了研究者的感官，并对研究整体产生了深远的影响。

第四节　研究重难点与创新点

学术人才国际流动中的高校聘任制度研究过程中，可能会出现一些实际操作困难，但是这些困难的克服将带来理论与实践的双重突破。

一、研究重难点

由于本书研究视角相对独特，且综合了多种研究方法，并提出了有针对性和一定创新性的建议，因而不可避免地存在一定的研究困难。

一是研究方法中存在的困难。(1) 文献法作为较为基础的研究方法，理应易于操作。然而，本书更多地关注国内外高校如何聘任国际学术人才，因而需要大量的外文文献与制度文本，只有建立在翔实的信息基础上，通过文本分析，获取一手资料，才能为我国聘任国际学术人才提供借鉴。(2) 访谈法和问卷调查法，其操作的难点在于样本的选取以及调查结果的回收与分析。本书的主要研究对象是具有国际学术背景的高层次人才，属于特殊人群，样本分布呈散点状，且难以获取国外样本。因而在样本的选取中，研究将依托具有相关背景的学术人才，采取分层辐射式抽样方法，尽可能扩大研究样本数量。在访谈过程中如何把握访谈深度广度以及信度，需要研究人员对访谈方法有较为深入的了解，能够熟练掌握并科学应用，在访谈中能够把握关键信息，并依据关键信息进一步形成调查问卷。这些对研究者来说，具有一定的挑战。

二是研究结论的提出具有一定的困难。研究结论必须建立在科学的研究方法之上，并保障数据分析结论的科学性。不仅如此，国外高校在聘任国际学术人才实践中的先进经验也是重要参照。然而，由于中西方国家在国体、政体、社会经济发展水平、高等教育水平和高校管理体制等方面存在着巨大差异，西方的高校教师聘任制度不能很好地适应与国内高校，因而不能完全照搬西方模式，需要对国外高校聘任制度加以改良，实现研究建议的本土化。这要求研究者在具备较强的科研能力的同时，具有一定的甄别能力，为研究结论的提出带来了一定的困难。

二、研究创新点

基于国内外研究综述及其不足，本书重点从高校这一中观视角出发，根据后实证主义方法论指导，针对高校教师聘任制度与学术人才国际流动二者间的联动关系进行研究，可以从以下几个方面做出部分创新。

首先，研究视角的创新。研究不仅从中观视角，将高校作为国际学术人才聘任的主体，同时，人才流动涉及人口迁移、人力资本管理等社会学、人口学、经济学、管理学方面的知识。在学术人才国际流动的大背景下，探索高校教师聘任制度创新，必然要从多学科视角，打破传统的局限于教育谈教师聘任的这一较为狭隘的研究视域，同时落脚于“高校”这一重要主体，做到宏观—中观—微观相结合，创新了研究视角。

其次，研究方法的创新。研究根据后实证主义方法论指导，采取文献法、访谈法、调查问卷法等多元研究方法，同时关注价值与事实，做到量化研究与质性研究相结和。其中值得注意的是，在已有的研究中，通常将政治经济社会条件、自然气候条件等宏观背景，以及性别、年龄、年资、学历、学历、毕业院校、导师声誉、薪酬、福利、考核评价指标及其伦理等微观条件，作为学术人才国际流动的关键变量，忽略了高校教师聘任制度这一重要变量。本书将高校教师聘任制度进一步细化和分解为资格准入、公开招聘、薪酬绩效、考核评价、解聘退出等二级变量，甚至进一步延伸至三级变量，构建学术人才国际流动与高校教师聘任制度的数字模型，通过多元回归分析，探索高校聘任制度各个环节和要素对学术人才国际流动的影响，提出相关建议，为高校构建专门针对国际学术人才的聘任制度提供智力支持。

最后，研究内容的创新。尽管学术人才国际流动与高校教师聘任制度都不再是新问题，但是在高校建设面临高水师资短缺的现实情况下，在高等教育国际化大趋势下，在国际学术人才流失严重的大问题下，如何尽可能地动员一切力量吸引高层次、高水平国际化人才仍然值得进一步探索。高校教师聘任制度改革就是其中重要的一股力量。在多元研究方法共同作用下获取的研究结论，将进一步揭示高校教师聘任制度中各项变量对国际学术人才引进的影响力，有针对性地提出研究建议，试图构建较为完善的高校国际学术人才聘任制度。

第二章　国内外研究现状述评

由于本书是在学术人才国际流动背景下对高校教师聘任制度进行研究，因此将从国际学术人才流动、国际学术人才引进和高校教师聘任制度三个方面进行文献的整理和综述，以期为日后的研究奠定基础。

第一节　关于国际学术人才流动的研究

国内外学者关于国际流动，尤其是学术人才国际流动的研究，主要集中于流动类型、动因、影响和趋势等方面。不同的是，受人才国际流动逆差的影响，我国学者更加注重人才流失应对策略的研究。

一、关于学术人才国际流动类型与特征的研究

国外学者对人才流动现状的研究，不同于一般的直观描述，而是通过对不同维度或变量的分析和考察，归纳总结学术人才流动类型及其特征。2001年，罗森布拉特（Zehava Rosenblatt）和什佛（Zachary Sheaffer）通过调查研究论证人才流失对组织衰退的影响，分析和总结出组织流出人员的共同特征。① 2009年，霍夫曼（David M. Hoffman）对来自7个国家的20位学者进行定性研究，发现6种人才流动模式，其中国际流动以短期为主，国内流动以长期为主。② 2011年，坎特威尔（Brendan Cantwell）通过以2008—2009年英美两国生命科学和工程学博士后研究者为样本分析，将学术人才国际流动划分

---

① Zehava Rosenblatt, Zachary Sheaffer. Brain Drain in Declining Organizations: Toward a Research Agenda [J]. Journal of Organizational Behavior, 2001, 22 (4): 409-424.

② David M. Hoffman. Changing Academic Mobility Patterns and International Migration: What Will Academic Mobility Mean in the 21st Century [J]. Journal of Studies in International Education, 2009, 13 (3): 347-364.

为偶然流动、强制流动和协商流动三种类型。① 2016 年，莱森（Larsen）全面分析了教师国际流动的概念、人才外流、回流、环流、不流动。② 国外有关学术人才国际流动类型的研究相较于其他领域较少，但是为我们的后续研究奠定了基础，尤其是坎特威尔（Brendan Cantwell）定义的协商流动，对于如何完善政策背景、优化制度环境以实现学者流入我国高校具有较大的启发意义。

国内学者关于人才流动类型的研究。一方面，关于人才流动类型的研究。通过学者对人才流动的现状分析与总结可以发现国内学者对人才流动，尤其是学术人才人才流动类型的划分。研究初期，国内学者倾向于直观地将人才流动划分为国内流行与国际流动，国际流动根据发达国家、发展中国家之间的流动方向划分为由东向西、由南向北流动等。2014 年，刘进、沈红认为中国高校教师国际流动主要包括从海外回国任教、从企业流向大学、兼职教授、“家属”模式、“猎头”公司、“以才引才”六种模式。③ 2015 年，王媞认为美国大学国际人才流动主要包括聘任国际教师、招收国际学生、促进高校联盟与交流合作三种类型。④ 同年，韩亚菲、马万华对北京市高校教师国际流动的现状进行实证研究，指出国内教师国际流动存在机会不足、缺乏资金支持等问题，进而提出“在地国际化”这一高校教师国际化新模式。⑤

另一方面，关于学术人才国际流动基本特征的研究。2006 年，汪怿总结了学术人才国际流动的四个特征：多极化、短期化、年轻化、品牌化。⑥ 2010，吴叶林、熊春荣认为当前学术职业流动具有市场化、国际化、多样化的特点。⑦ 2012 年，向丹、李华星进一步将其总结为垂直型、年轻化、短期化

① Brendan Cantwell. Transnational Mobility and International Academic Employment: Gatekeeping in an Academic Competition Arena [J]. Minerva, 2011, 49 (4): 425-445.

② Larsen, M. A. Transnational Academics: Mobilities, Immobilities, and Place [J]. Imtermatiomalizatiom of High Education, US: Palgrave Macmillan, 2016.

③ 刘进，沈红．中国研究型大学教师流动：效率、路径与类型［J］．复旦教育论坛，2014（1）：42-48，92.

④ 王媞．美国大学国际人才引进的国家战略研究［D］．吉林大学，2015.

⑤ 韩亚菲，马万华．北京市高校教师国际流动的现状及其影响因素的实证研究［J］．中国成人教育，2015（13）：48-52.

⑥ 汪怿．学术人才国际流动及其启示［J］．教育发展研究，2006（7）：34-39.

⑦ 吴叶林，熊春荣．全球化背景下学术职业流动与大学学术劳动力市场的思考［J］．煤炭高等教育，2010（6）：53-56.

和循环流动四大特征。① 利用学术人才流动的特征顺势而行是我国国际学术人才引进的重要策略。

二、关于学术人才国际流动动因的研究

国外学者从宏观、中观、微观三个方面探讨了学术人才国际流动动因。

首先，在宏观层面，国外学者试图从自然环境、社会经济发展、政策制度等方面解释人才流动。1950 年，大卫（Maurice R. Davie）认为人才流动动因可以划分为自然因素和社会-经济因素。其中社会-经济因素又可以进一步划分为不可抗因素（如战争、奴役、迫害等）和人为因素（如寻求更好的政治、经济、社会条件），其中社会-经济因素更为重要。② 1994 年，杰克（Jack H. Schuster）认为英国学术人才流失至美国主要原因在于美国对著名学者的流动采取无障碍政策，并与高等教育财政投入、科研环境与平台等方面形成合力吸引世界各地的学者。③ 1998 年，哲根（Jürgen Enders）指出从 20 世纪 70 年代开始，欧洲着重减少法律、信息、经济等因素对于学术人才国际流动的消极影响，努力发展欧共体学生流动项目和教师流动项目（ERASMUS COMETT）以及国家之间大规模的合作项目，来激发和支持学术人才的国际流动。④ 2000 年，史密斯（Thomas W. Smith）发现发达的国际学术劳动力市场对于学术职业国际流动具有促进作用。⑤ 2001 年，诺昂（Joao Peixoto）将高技术人才国际流动的影响因素，划分为宏观因素（如经济因素、社会因素）和微观因素（如个人选择和职业发展等）。⑥ 宏观动因分析对各国宏观政策制定具有一定的启发意义。

---

① 向丹，李华星．教师国际流动现状及其对高校创新能力提升研究［J］．西北工业大学学报（社会科学版），2012（3）：93-96，100.

② Maurice R. Davie. When Peoples Move［J］. Phylon（1940-1956），1950，11（1）：70-80.

③ Jack H. Schuster. Emigration，Internationalization，and "Brain Drain"：Propensities among British Academics［J］. Higher Education，1994，28（4）：437-452.

④ Jürgen Enders. Academic Staff Mobility in the European Community：The ERASMUS Experience［J］. Comparative Education Review，1998，42（1）：46-60.

⑤ Thomas W. Smith. Teaching Politics Abroad：The Internationalization of a Profession?［J］. Political Science andPolitics，2000，33（1）：65-73.

⑥ Joao Peixoto. The International Mobility of Highly Skilled Workers in Transnational Corporations：The Macro and Micro Factors of the Organizational Migration of Cadres［J］. International Migration Review，2001，35（4）：1030-1053.

其次，在中观层面，学者着重分析高等教育体制与教师制度对学术人才国际流动的影响。1981年，什米波利（Michiya Shimbori）详细论证了日本的高等教育体制对学术职业流动的制约。① 同年，安东尼（Anthony G. Hoare）对英国学术人才流失进行了反思，发现英国大学中“近亲繁殖”现象导致人才流失，同时指出不同的聘任标准对学术人才吸引力的差异，证明了学术人才流动与一流大学间具有显著性关系。② 随后，安东尼·韦尔奇（Anthony R. Welch）在1997年指出学术人才国际流动是学术职业的重要属性，对学术人才个人发展具有重要影响，这是学术人才流动的重要原由。③ 2015年，马瑞克（Marijk Van Der Wende）指出，学术人才，尤其是博士和博士后人才国际流动动因在于人才流动激励政策和学术职业机会不均衡④。中观层面动因分析证实了高校教师聘任制度、学术职业等因素在学术人才流动中的作用。

最后，在微观层面，学者分析了人口特征和个人发展对学术人才国际流动的影响。1967年，杰克（Jack Ladinsky）通过多元回归分析发现，性别、年龄、教育程度、收入水平、国籍地域、婚姻状况、家庭规模等因素是学术人才流动的解释变量，其中年龄对流动的影响最为显著。同时，学术人才生活环境，职业发展和高校组织特征也对流动产生了影响。⑤ 1971年，巴特（Irene Butter）分析了1966—1968年美国医学博士国际流动，研究结果表明，具有多次流动经历的学者更容易发生流动。⑥ 1979年，保罗·埃尔森（Paul D. Allison）和斯科特·朗（J. Scott Long）指出学术水平、学术产出，博士毕业院校声誉、导师声誉也是学术人才就职的重要影响因素。其中，博士学位获取

① Michiya Shimbori. The Japanese Academic Profession [J]. Higher Education, 1981, 10 (1): 75-87.

② Anthony G. Hoare. Geography of Mobility of UK Academic Staff [J]. Human Geography, 1994, 76 (3): 143-160.

③ Anthony R. Welch. The Peripatetic Professor: The Internationalization of the Academic Profession [J]. Higher Education, 1997, 34 (3): 323-345.

④ Marijk Van Der Wende. International Academic Mobility: Towards a Concentration of the Minds in Europe [J]. European Review, 2015, 23 (S1): 70-80.

⑤ Jack Ladinsky. The Geographic Mobility of Professional and Technical Manpower [J]. The Journal of Human Resources, 1967, 2 (4): 475-494.

⑥ Irene Butter. The Migratory Flow of Doctors to and from the United States [J]. Medical Care, 1971, 9 (1): 17-31.

高校/机构是首次就业的关键因素，再就业则主要取决于学术产出。① 2004年，克里丝汀发现个人发展是大部分博士国外学习和工作的主要动因，其最终目的是实现国内高层次就业与发展。② 2005年，纳德（Donald Lien）和王（Yan Wang）指出语言技巧是在国际人才学术产出最重要的影响因素。③ 微观动因分析指出，我国高校海外高层次人才引进时应当做好准备工作，了解其真实需求，采用"针对性引进"方式，吸引华人、华侨、留学生回流。

国内学者主要分析了学术人才国际流动的促进因素与限制因素。

一方面，促进学术人才国际流动的积极因素。2006年，汪怿将学术人才国际流动的动因划分为历史传统、知识中心的吸引力、战略联盟与国际合作、学术人员的职业发展四个方面。④ 2012年，向丹、李华星指出，高校教师流动的主要动因包括：发达国家高校作为知识和技术中心的吸引力、教师个人成长的内在动力和高校发展的内在需求。⑤ 同年，潘奇基于大学科学家数据库（Academic Scientists Database），将国际流动中的大学教师划分为知识漫游者、逃亡避难者和职业激进者，将其影响因素划分为外部因素（政治、宗教、文化、经济、战争、移民、科学）和内部因素（大学与知识发展的关系、大学教师学术背景、流动经历等）。⑥ 2014年，刘进、沈红认为"大学教师流动由第二次世界大战前因种族、信仰、战乱等原因导致的结构性迁徙转变为教育和经济因素影响的制度性迁徙"⑦。同年，刘天卓、桂润楠通过对高校海外人才满意度调查结果进行 logistic 回归分析发现，宽松、自由的单位工作氛围和科

---

① J. Scott Long Paul D. Allison, Robert McGinnis. Entrance into the Academic Career [J]. American Sociological Review, 1979, 44 (5): 816-830; Paul D. Allison, J. Scott Long. Interuniversity Mobility of Academic Scientist [J]. American Sociological Review, 1987, 52 (5): 643-652.

② Christine Musselin. Towards a European Academic Labour Market? Some Lessons Drawn from Empirical Studies on Academic Mobility [J]. Higher Education, 2004, 48 (1): 55-78.

③ Donald Lien, Yan Wang. Brain Drain or Brain Gain: A Revisit [J]. Journal of Population Economics, 2005, 18 (1): 153-163.

④ 汪怿. 学术人才国际流动及其启示 [J]. 教育发展研究, 2006 (7): 34-39.

⑤ 向丹, 李华星. 教师国际流动现状及其对高校创新能力提升研究 [J]. 西北工业大学学报（社会科学版）, 2012 (3): 93-96, 100.

⑥ 潘奇. 西方大学教师国际流动研究: 1100—1970 [D]. 上海: 华东师范大学, 2012.

⑦ 刘进, 沈红. 大学教师流动与学术职业发展: 基于对二战后的考察 [J]. 清华大学教育研究, 2014 (2): 43-50.

研教学的自由是影响高校海外高层次人才工作满意度的两个最主要的外部因素。① 2017 年，杨芳娟、刘云和侯媛媛研究发现经济发展水平、工资收入水平、科研环境、科研投入、教育水平等是促进科学家区域流动外在区域变量。同年，李梅指出："随着中美高等教育和科研条件差距日渐缩小，导致中国留美学者去留选择的中观与微观因素作用凸显。学术人才留美缘于多重因素的综合影响，事业发展、学术职业环境、人际关系、家庭因素以及移民动机构成留美未归的主要因素。"② 对于我国来说，如何利用学术人才国际流动的积极影响因素吸引人才来华，是下一步研究的重点课题。

另一方面，制约学术人才国际流动的消极因素。2014 年，姬冰澌、徐莉认为导致中国留美高层次人才回流不足的主要原因在于国内专业环境较美国恶劣，优化国内专业发展环境成为高层次人才回流中的必要条件。③ 2015 年，韩亚菲、马万华通过实证研究揭示"缺乏必需的资金支持""院校管理机制方面存在问题""管理人员缺乏国际化专业知识和经验""与国际化相关工作和成果不是考核、晋升指标"④ 阻碍了我国高校教师国际流动。消除学术人才国际流动的消极因素，防止国际学术人才来华受阻，则是我国相关研究的另一个重点。

三、关于学术人才国际流动影响的研究

国外学者更加关注学术人才国际流动的积极影响。

微观方面，人才流动有助于促进个人发展和就业。1984—1998 年，皮埃尔（Pierre Bourdieu）对国际流动中学术劳动力保值和增值问题进行了一系列研究。⑤ 此后，越来越多的国外学者对国际流动中学术人才个人效益进行了更为细致的研究。一方面，部分学者认为国际流动中学术人才个人效益增加。

---

① 刘天卓，桂润楠．高校引进的海外高层次人才工作满意度分析——基于 Logistic 回归模型［J］．研究生教育研究，2014（3）：71-75.

② 李梅．中国留美学术人才回国意向及其影响因素分析［J］．复旦教育论坛，2017（2）：79-86.

③ 姬冰澌，徐莉．中国留美高层次人才回流不足问题探究［J］．教育学术月刊，2014（7）：56-61.

④ 韩亚菲，马万华．北京市高校教师国际流动的现状及其影响因素的实证研究［J］．中国成人教育，2015（13）：48-52.

⑤ 参考 Bourdieu P. Distinction：A Social Critique of the Judgement of Taste［M］. Harvard University Press，1984.

1997 年，韦尔奇（Welch A. R.）通过量化研究发现，大部分学术人才迁移后在当地公立高等教育系统内任职。① 1999 年，昂歌（Ong A.）认为国际流动是一种有效的社会、文化、经济资本积累手段。② 2010 年，玛米赛希维利（Mamiseishvili K.）发现，国外出生的学术人才更多从事于有声望的学术研究，较少从事教学与行政管理工作。③ 另一方面，部分学者认为国际流动中学术人才个人效益减少，或不确定其增减。2000 年，赛森（Sassen S.）则认为国际流动可能导致学术人才贬值，并流入低端劳动力细分市场。④ 同年，怀特森（Watson K.）认为学术人才国际流动是一个复杂性概念，其受益与否较大程度上取决于大范围的历史、社会和政治背景，以及学者的自我认知。⑤ 保德（Harald Bauder）认为学术人才在国际流动中是否保值或增值取决于是否能够获取学术地位和各种有助于提高学术前景与竞争力的资本。其中短期流动受益较大，女性受到的流动约束较大的同时，受益相对较少。⑥ 学术人才国际流动影响研究告诉我们，在人才引进中改善政策条件，优化制度环境，做到人尽其才、物尽其用、职能匹配，既是确保流动产生积极效果的先决条件，也是防止流动产生消极影响并导致人才再次流失的重要前提。

宏观方面，人才流动有助于提高高等教育质量、加强学术与文化国际化、培养多元文化认同、鼓励语言多元化、增强高等教育机构间的合作与竞争。⑦ 1976 年，西蒙（Simon L. L.）指出，澳大利亚积极引导人才回流的策略具有较为明显的效果，1970—1971 年，澳大利亚高校聘任的教师中约 60%来自海

---

① Welch A. R. 1997 The peripatetic professor: the internationalisation of the academic profession [J]. Higher Education, 1997, 34 (3): 323-345.

② Ong A. Flexible Citizenship: The Cultural Logics of Transnationality [M]. Duke University Press, Durham, NC. 1999: 13.

③ Mamiseishvili K. Foreign-born women faculty work roles and productivity at research universities in the United States [J]. Higher Education, 2010, 60 (2): 139-156.

④ Sassen S. Women's burden: counter-geographies of globalization and the feminization of survival [J]. Journal of International Affairs, 2000, 53 (2): 503-524.

⑤ Watson K. Critical response to Special Section: international academic mobility [J]. Discourse: Studies in the Cultural Politics of Education, 2010, 31 (5): 641-647.

⑥ Harald Bauder. The International Mobility of Academics: A Labour Market Perspective [J]. International Migration, 2015, 53 (1): 83-96.

⑦ Bologna Follow-Up Group (BFUG). The Bologna process 2020: The European higher education area in the new decade [A]. Communiqué of the Conference of European Ministers Responsible for Higher Education [C]. Leuven and Louvain-la-Neuve, 2009: 4.

外高校和机构的学术人才，人才回流人数约为人才流失人数的5倍，人才流失问题逐渐开始转变。2009年，琳娜斯（Cekanavicius Linas）和金德拉（Kasnauskiene Gindra）指出，人们通常认为人才流失存在不利影响，包括人力资本损失，生产力下降，教育投资回报率下降，税基减少，人才流失国不平等拉大。但是，从长远来看，人才流动将惠及人才流入国和人才流失国，人才流失国受惠的主要方式在于实现人才回流。2012年，纳塔利娅（Latova Natalia V.）和弗拉迪米尔（Savinkov Vladimir I.）认为苏联时期学术人才流失在2000年以后发生转变，在国外永久居留或合同工作的俄罗斯科学家比例不超过2%，"智力循环"成为新趋势，学术人才流动为俄罗斯发展带来新的契机。国家间人才抢夺战愈演愈烈，人才引进拉锯导致各国实现了部分人才回流，人才环流逐步成为可能。在人才环流趋势下，如何通过高校教师聘任制度改革实现我国人才回流、赢得世界范围内人才抢夺战的胜利成为研究的重要主题之一。

国内学者认为面对学术人才国际流动，机遇与危机并存。2010年，吴叶林、熊春荣认为学术职业国际流动在增强了学术职业的国际竞争力、消解大学的国家主义的同时，存在安全风险，容易引发学术职业价值两难和身份危机。① 2012年，向丹、李华星认为，教师国际流动有助于知识和技术的跨国流动、有助于高水平国际论文的发表和科技成果转化，对提升高校创新力具有积极影响。② 2014年，刘进、沈红认为，不同地区和国家间教师的价格差将会促成更大规模的世界性的大学教师流动。同时对传统教育观念提出质疑与挑战，导致学术劳动力市场对教师的评价更多侧重于科研水平，从而忽视了教学能力，部分高校为了引进高质量学术工作者，在人才引进过程中以降低教学工作量为筹码，而打破了高校教师教学与科研和谐统一关系。③

四、关于学术人才国际流动趋势的研究

国外学者指出"智力环流"是学术人才国际流动的新趋势。2008年，威廉姆斯（Williams A. M.）和巴拿（V. Baláž）发现，学术人才由"单向流动"趋向为"循环流动"，各个国家分别出台政策试图吸引国外人才，从"智

---

① 吴叶林，熊春荣．全球化背景下学术职业流动与大学学术劳动力市场的思考［J］．煤炭高等教育，2010（6）：53-56.

② 向丹，李华星．教师国际流动现状及其对高校创新能力提升研究［J］．西北工业大学学报（社会科学版），2012（3）：93-96，100.

③ 刘进，沈红．大学教师流动与学术职业发展：基于对二战后的考察［J］．清华大学教育研究，2014（2）：43-50.

力环流”中受益。① 2014 年，布莱切富尔德（Dongyan Ru Blachford）和张（Bailing Zhang）对 22 位由中国流至加拿大的教授进行了访谈，访谈结果显示，人才循环的实现是可能的，但是遭到国际学术人才人力资本差异的阻碍，要实现人才循环流动和智力共享，必须缩小这种差距。② 2015 年，马瑞克（Marijk Van Der Wende）指出，传统的由南向北、由东向西的人才流动模式逐渐转变，经济危机尚存，R&D 投入和人才短缺的国别差距拉大。欧洲之前（向北美）人才流失与（从发展中国家）人才流入的“人才环流”状态可能会被打破，面临人才单向流失危机。③ 同年。拜内（Beine C.）基于 127 个国家的截面数据研究发现，具有相对较低人力资本水平和移民率的国家能够从科学家流失中获益，相反的国家则会有更多的人才流失，失去的比回流的多。④ 2018 年，Czaika 和 Orazbayev 通过使用文献计量数据研究发现，科学家流动的来源国家和目的地国家的多样性日益增加，且 20 世纪 70 年代以来，科学家活动的重心不断向东移动。⑤ 学术人才国际流动出现“智力环流”的趋向，成为发展中国家实现“人才回流”的新机遇。作为发展中国家，我国积极采取相关策略，尤其是利用高校在学术人才引进的直接作用，转变高校聘任制度，实现大规模、高层次学术人才回流。

国内学者也意识到学术人才国际流动具有“循环流动”的趋势。2011 年，林琳指出智力环流是人才国际流动的新趋向，能够实现人才、流出国和流入国“三方共赢”的结果。⑥ 2015 年，苑健分析 OECD 调查数据后发现，21 世纪，博士研究生国际循环流动加强，且就职于高等教育机构的比例较大。如何在智

---

① Williams A. M., V. Baláž. International return mobility, learning and knowledge transfer: a case study of Slovak doctors [J]. Social Science and Medicine, 2008, 67 (11): 1924-1933.

② Dongyan Ru Blachford, Bailing Zhang. Rethinking International Migration of Human Capital and Brain CirculationThe Case of Chinese-Canadian Academics [J]. Journal of Studies in International Education, 2014, 18 (3): 202-222.

③ Marijk Van Der Wende. International Academic Mobility: Towards a Concentration of the Minds in Europe [J]. European Review, 2015, 23 (1): 70-80.

④ Beine M, Docquier F, Rapoport H. Brain drain and economic growth: theory and evidence [J]. Journal of development economics, 2001, 64 (1): 275-289.

⑤ Czaika M, Orazbayev S. The globalisation of scientific mobility, 1970-2014 [J]. Applied Geography, 2018, 96: 1-10.

⑥ 林琳. 智力环流——人才国际流动“共赢”模式的新探索 [J]. 国外社会科学, 2011 (2): 25-31.

力环流和博士高校就业中最大限度地吸引学术人才、发挥学术人才的最大效用，成为我国高校的新任务。① 2016 年张阳指出了我国专业人才跨国流动趋势。② 我国需要顺应人才流动的大趋势，积极引导人才流动向正确方向发展，尽力避免其消极影响。

五、关于学术人才国际回流策略的研究

国外学者积极探索人才回流策略。1992 年，约盖维（Yogev A.）通过实证数据分析指出，在以色列，相较于在亚洲、非洲以及以色列本国获取文凭，获得美国或欧洲文凭在职业获得中占据优势，但收入水平相差不大，他们被劳动力市场公平对待，与其当地社会地位结构一致，因而不利于学术人才引进。2005 年，马赫姆（Mahroum S.）指出 OECD 国家的政策制定者越来越重视人才流动的国家性和国际性，其制定的人才引进相关政策中，学术结构与学术传统、立法与管理、声誉与形象是较为明显的关键词。2010 年，米歇尔（Grigolo Michele）等认为欧洲必须加大力度转变“人才流失”为“人才流入”。他们认为，欧洲人才流失至美国最主要的原因是开放程度以及高等教育竞争力不足，应该采取结构性改革，实施绩效工资政策、优化工作条件、实行有效博士后政策和性别平等政策。2011 年，约翰（Gibson John）和大卫（McKenzie David）通过对太平洋地区三个国家的最优者和聪明人进行实证研究发现，决定移民的关键因素在于风险规避、耐心与中学学科选择、流动约束与收入获取；影响人才回流的关键变量是家庭和生活方式，而非不同国家的收入差距。因而，他们认为收入最大化在优秀人才流动中的作用有限，必须关注其他相关决定要素。2012 年，他们深入此项研究，扩大研究范围至五国的最优者和聪明人，研究发现人才流失与人才回流水平均较为显著，收入增加是人才流动最主要的贡献，来自贫困国家的高层次移民主要以汇款的方式回馈人才输出国，而较少参与投资和外国直接投资，导致移民收益远低于财政成本，转变人才引进策略势在必行。2013 年，大卫（Zweig David）和王辉耀指出，近十年来，部分发展中国家从人才流失转变为反向人才回流，中国是其中之一。中国在外学

① 苑健 . 21 世纪初的世界博士教育发展趋势特征——基于 OECD 调查数据分析［J］. 中国高教研究，2015（6）：63-67.

② 张阳 . 我国专业人才跨国流动影响因素与趋势研究［D］. 青岛大学，2016：111-114.

生发现国内具有充足的工作机会和可接受的生活质量，回国工作成为合理选择，然而中国没能实现最优的科学家和学者的回流，为此中共组织部门积极参与人才聘任，并制订实施了“千人计划”，但是没能吸引最优科学家和学者全职回归。2015 年，丹尼尔（Schwekendiek Daniel）指出近年来，德国和韩国都试图提高其在世界大学排名中的地位，引入主要的改革，以资助研究小组和团体，德国更选择了“精英大学”策略并增加了初级教授。然而 2004—2009 年，根据 QS 世界大学排名，德国大学排名并没有明显提升。丹尼尔认为这是因为德国缺少一个跨越毕业到任期的“出版或出局”（publish or perish）的激励体系，相比之下，韩国实施了一系列“大推进”政策，包括强制性英语课程和外国教授和外国学生配额，使得大规模人才回流。其中强制出版提高了科研产出，提高了韩国大学的 QS 排名。而德国改革的效果可能具有长期性。研究结果表明，当前世界各国已经根据自身发展需要，制定了相应的人才政策，以实现人才回流。

国内学者主要从宏观层面，从国家层面，或者说从综合层面来提出的对策。国内学者认为我国高校人才引进中存在人才计划、渠道方式、筛选评价、学术环境、管理方式、配套政策、维护保障等方面存在问题，建议实施人才战略规划、拓宽引进渠道方式、完善筛选评价机制、保障学术自由与自主、“去行政化”与“教授治校”相结合、完善配套政策、加强后勤保障，坚持长远规划、分步实施，实事求是、按需引进，讲求效益、注重回报等原则，实现“引得进”“留得下”“用得好”。① 2006 年，汪怿提出在学术人才国际流动中，我们应当拓展思路，从战略层面谋划吸引海外学术人才来华工作；建设世界一流大学和学科，为海外学术人才打造工作平台；加强政府宏观管理和制度建设，为海外学术人才的工作创造良好环境；发挥中介组织和学术团体作用，拓展海外学术人才引才渠道。② 2009 年，李志峰提出提升我国学术职业国际竞争力的五大战略，即高深知识的差异化、学术职业权力的优先化、学术职业

---

① 参考：宋瑞芝，裴兆洪．浅谈高等学校人才引进战略［J］．清华大学教育研究，2003（6）：86-89；高迎斌，罗时贤．实施人才强校战略做好人才引进工作［J］．高教论坛，2006（2）：82-84；刘蕾，江国．我国高校引进海外留学人才工作探究［J］．文教资料，2010（26）：192-194；彭树立．“高等学校学科创新引智计划”的政策研究［D］．华南理工大学，2013；曹俊怀，杨聚鹏．教育国际化对我国高校教师管理制度影响的政策学分析［J］．当代教育科学，2014（17）：24-27.

② 汪怿．学术人才国际流动及其启示［J］．教育发展研究，2006（7）：34-39.

伦理的普适化、社会利益的长远化和学术职业生态的和谐化。① 2010 年，徐国兴、谢安邦提出在我国高等教育扩大开放要做到：两方面人才并举（人文社科人才与科技人才），两种人才招致手段并重（吸引与培养），两种人才来源并重（本国人才与外国人才），从长远目标出发，处理好三对关系（全面战略与重点战略、人才数量与人才质量、走出去与请进来），调动中央、地方与高校的积极性，落实和完善财政支持，强调行政和法律松绑，完善高等教育对外开放质量保障体系。② 2012 年，向丹、李华星提出，促进教师国际化需要注重资金支持、中青年教师、长短期交替的流动方式和对海外高层次华人人才的引进。③ 同年，潘奇提出要合理利用国家力量、建立和完善现代大学制度、抓住特殊的国际流动潮流，以及发展特色学科、扩大留学生规模、建立国际流动区域联盟等多样化战略，在大学教师国际流动占得先机。④ 2015 年，韩亚菲，马万华提出资金来源多元化解决资金不足的同时通过“在地国际化”，“通过进口实现国际化”，吸引国际学术人才流入我国高校。⑤ 2017 年，王迪钊采用生态位理论视角，以“双一流”建设为背景，提出我国高校教师合理流动相关建议。⑥ 由于学者偏向于提出宏观层面和综合性对策，微观层面的对策多散落于相关研究之中，且相对较少。

同时，为了加快我国学术人才引进工作效果，扭转我国人才流动逆差，国内研究中不乏对国外学术人才引进策略的介绍与学习。2003 年，姚发明等指出美国、加拿大在学术人才引进时，注重市场调节机制、吸引多元人才，构建竞争机制、保证学术水平，优化学术环境，利于人才发挥，政府积极行动、吸引人才，提出科学配置人才资源、完善教师职务体系，公开招聘、择优录用，维护学术权力、发挥教师才能，吸引顶尖人才，建设学术团队，合力建设多元

---

① 李志峰．论高校学术职业国际竞争战略及其表现［J］．扬州大学学报（高教研究版），2009（1）：3-6.

② 徐国兴，谢安邦．我国高等教育扩大开放的战略对策研究［J］．高等教育研究，2010（8）：9-14.

③ 向丹，李华星．教师国际流动现状及其对高校创新能力提升研究［J］．西北工业大学学报（社会科学版），2012（3）：93-96，100.

④ 潘奇．西方大学教师国际流动研究：1100—1970［D］．上海：华东师范大学，2012.

⑤ 韩亚菲，马万华．北京市高校教师国际流动的现状及其影响因素的实证研究［J］．北京：中国成人教育，2015（13）：48-52.

⑥ 王迪钊．“双一流”建设背景下高校教师合理流动问题及对策研究——基于生态位的视角［J］．教育发展研究，2017（21）：52-57.

人才引进模式等建议。① 2006 年，李子江、李子兵指出，国外高校人才引进具有一定特色，包括高度透明的引进程序、公开公平的竞争方式、反对“近亲繁殖”的人才环境。② 国内学者对国外经验介绍丰富了相关信息，但是同样较为宏观，不够细致。

第二节　关于高校教师聘任制度的研究

高校教师聘任制度研究可以划分为两个方面，一方面，对高校教师聘任制度整体性研究；另一方面，根据聘任流程由“进”到“出”的时间顺序，对资格准入制度、公开招聘制度、薪酬绩效制度、聘期考核制度和解聘退出制度的研究。

一、关于高校教师聘任制度整体性研究

国外学者偏好更加微观细致的研究，因而关于高校教师聘任制度整体性研究并不多见。作为卡耐基基金会“学术职业：国际比较的视角”大型项目的主要负责人，阿特巴赫（Philip G. Altbach）在学术职业，尤其在学术职业国际比较研究领域，具有一定的影响力，其编写的一系列论著中，基于学术职业的视角，对世界范围内多个国家和地区高校教师的薪酬、聘用、学术环境等聘任环节与制度进行了深入的比较和探究，并提出提高高校教师尤其是发展中国家高校教师的薪酬待遇，提高教师招聘、考核、晋升以及学校管理中的学术权力地位，保障学术自由等建议。③ 大卫·范恩哈姆（David Farnham）则主要考察了欧洲、北美、亚太地区高校教师管理与学术人才市场的变化趋势，指出优化终身制、非标准化的雇佣合同、持续拉大的收入差距、权力分化的薪酬谈判，能力导向的收入分配、职业安全的削弱以及工作内容的重构等策略将导致

---

① 姚发明等．美、加大学吸引高层次人才的做法对我国高校教授队伍建设的启示［J］．中国高等教育，2003（Z3）：60-62.

② 李子江，李子兵．国外高校教师队伍建设的经验与特色［J］．大学教育科学，2006（1）：59-61.

③ 参考：［美］菲利普·G. 阿特巴赫. 失落的精神家园：发展中与中等收入国家大学教授职业透视．北京：中国海洋大学出版社，2006；［美］菲利普·G. 阿特巴赫．国际学术职业：十四个国家和地区概览．北京：中国海洋大学出版社，2008；菲利普·G. 阿特巴赫．变革中的学术职业：比较的视角［M］. 青岛：中国海洋大学出版社，2010；［美］菲利普·阿特巴赫，［美］利斯·瑞丝伯格，［美］劳拉·拉莫利．全球高等教育趋势：追踪学术革命轨迹．上海：上海交通大学出版社，2010；菲利普·阿特巴赫．高校教师的薪酬：基于收入与合同的全球比较［M］. 上海：上海交通大学出版社，2014.

“灵活大学”（flexi-uiversity）雇佣模型的出现。① 不同于早期教师聘任制度研究更多采用宏观的质性研究方法，几年来学者更加关注微观的量化研究。2013年，巴榭（Bashir Mohsin）等通过对中国14所高校225名教师的量化研究，发现高效工作与工作满意度呈明显正相关，与权力差距呈弱相关，与男子气概关系不明确。研究建议在精挑细选员工、实施绩效工资、授权、评价过程中以结果为导向，同时关注文化价值观的培养与利用。② 整体性研究呈现了高校教师聘任制度的轮廓，初步显示了其涵盖的重要内容。

国内学者关于高校教师聘任制度整体性研究成果丰富，多为比较研究，且尤其关注美国，并积极关注国内宏观政策制度。首先，美国高校教师聘任制度的研究。第一，对美国终身教职制度的考察与反思，包括终身教师的形成、问题、改革、制度保障及其与学术自由之间的关系的研究。③ 第二，从制度视角对美国高校教师聘任分析，包括正式制度构成（资格、职务、任用、考核、薪酬、培训制度）与非正式制度（自由主义传统、学术责任意识、人文价值取向）④，终身教职、兼职教师、终身教职后评审制度⑤。第三，对美国高校聘任制度的案例分析，包括马里兰大学、明尼苏达大学、耶鲁大学、阿默斯特

---

① David Farnham. Managing Academic Staff in Changing University Systems: International Trends and Comparisons [M]. SRHE and University Press, 1999: 209.

② Bashir, Mohsin; Gazanfar, Faheem. Bashir, Mohsin; Gazanfar, Faheem. The Role of Power Distance and Masculinity in the Relationship between High Performance Work System and Academic Faculty Job Satisfaction in Universities of China [A]. International Conference on Management, Leadership and Governance (ICMLG) (C), Bangkok Univ, Bangkok, THAILAND, 2013: 443-450.

③ 参考：陈莹. 20纪90年代以来美国高校终身教职制度的论争 [D]. 东北师范大学，2008；贾永堂. 坚守还是弱化终身教职制度——美国高校教师聘任制改革动向 [J]. 高等教育研究，2008 (12): 89-95；黄明东. 北美地区高校教师发展状况探析 [J]. 高等教育研究，2008 (6): 63-69；黄明东等. 美国高校教师参加学校管理的制度保障探析 [J]. 中国高教研究，2014 (1): 45-50；丁文珍. 美国教师聘任制状况研究 [J]. 外国教育研究，2002 (9): 60-64.

④ 参考：齐泽旭. 新制度经济学视野下美国高等学校教师管理制度研究 [D]. 东北师范大学，2008；齐泽旭. 美国高校教师管理制度的正式制度变迁 [J]. 外国教育研究，2008 (10): 62-67；齐泽旭，谭寒冰. 美国高校教师管理制度的结构特征——新制度经济学的视角 [J]. 外国教育研究，2009 (9): 87-92.

⑤ 参考：吴岩. 市场权力协调下的美国大学教师聘任制度改革及启示 [J]. 外国教育研究，2011 (1): 70-75；顾永红. 美国大学教师聘任制度的变迁及启示 [J]. 中国行政学院学报，2012 (10): 85-89.

学院等①。第二次世界大战后，美国代替德国成为现代高等教育中心，引领了高等教育发展数十年，其先进的教师聘任制度发挥了重要作用，具有一定的研究意义。

其次，其他国家高校教师招聘制度的研究。德国作为曾经的高等教育中心，基于学术自由和纯科学目标的高校教师聘任制度，具有严格并漫长的学术准入、公务员身份保障、金字塔状等级森严、灵活性缺乏的特征，并且正朝着绩效拨款、管理重心下移、设置青年教授和激励机制的方向缓慢改革。② 日本与韩国由于地理位置相近，文化源流相似，尤其是我国儒家文化对其影响深远，因而二者高等教育管理思想、文化、模式具有可借鉴性。目前日本与韩国的高校在世界一流大学建设中取得了较好成绩，引发了我国部分学者对其高校教师聘任制度的关注。③ 这些国家和地区或因其高质量的高等教育、独特的高等教育体制，或因相似的文化背景、相近的地理位置，其高校教师聘任制度对我国具有一定借鉴意义。

最后，中国高校教师招聘制度。中国香港作为我国首个特别行政区，香港大学、香港中文大学等依照英联邦模式取得了世界瞩目的成绩，香港科技大学在独特的政治社会背景下快速发展成为世界一流大学，香港地区大学教师聘任制度是其成功的重要因素。因而部分学者对中国香港地区高校教师聘任制度的体制环境、规范文本、运行机制、问题与发展趋势，以及对内地的启示作了较为全面的研究。④ 关于内地高校教师招聘制度研究成果十分丰富，但存在研究

---

① 参考：孔宪铎，理查德·F. 内维尔．马里兰大学教师晋级和永久聘任校外同行评审制度应用的分析和建议［J］．科技导报，1987（2）：62-66；司晓宏．管窥美国公立大学的教师聘任制度——以明尼苏达大学为例［J］．当代教师教育，2011（3）：46-50；胡琦．耶鲁大学教师聘任制度及其启示［J］．中山大学研究生学刊（社会科学版），2013（3）：78-84；张艳梅．美国高校教师管理制度探析——以阿默斯特学院为例［J］．重庆高教研究，2015（5）：71-75，86.

② 张凌云．主动与渐进：德国高校教师聘任制度的特点与改革动向［J］．高等教育研究，2009（5）：92-98.

③ 参考：苏君业，尹贞姬．日本大学教师评价制度及借鉴［J］．大连大学学报，2010（5）：121-124；吕丹．韩国高校教师管理制度研究及对中国的启示［D］．东北师范大学，2008.

④ 孔宪铎．我的科大十年［M］．三联书店（香港）有限公司，2002. 15-18；孔宪铎．我的科大十年续集［M］．北京：北京大学出版社，2011. 06. 106-199；丁学良．什么是世界一流大学［M］．北京：北京大学出版社，2004：59-75；李曼．香港大学教师聘任制度研究［D］．西南大学，2015.

内容和结论重复问题。随着研究与实践的发展，学者们开始关注到外国高校教师聘任制度中存在的问题，并从遴选、考核与淘汰机制①，行政权力与学术权力②，聘任程序法制化③，学术评价④，行政合同与劳动合同⑤，制度变迁⑥，学术环境，薪酬制度⑦等方面提出了相关建议和意见。由此可见，当前我国高校教师聘任制度中多重复杂问题相互纠缠，需要加以理顺并改革创新。

二、关于高校教师资格准入制度的研究

国外学者关于高校教师资格准入制度的研究主要集中于对学术能力的考察。2009 年，可利克·墨丁（Celik Metin）认为资格准入不能局限于学术能力。评价的多样化属性要求清晰和模糊评价并行，建议采取模糊综合多级评估方法构建指标体系进行评价，以避免在评价不同类型的学术候选人中出现的矛盾和冲突。⑧ 布鲁诺（Marsigalia Bruno）等人以学术专利和科学出版物为观测点，对意大利学术教授招聘制度中的学术要求进行实证分析，研究发现关于学术专利和科学出版物蕴含的独创性和价值的存在争论。研究发现专利和专著被认为可以在一定程度上作为学术能力的指标，建议支持学者进行专利和科学研究。⑨ 2016 年，乔瓦尼（Abramo Giovanni）以意大利 2008—2012 年相关数据

① 周婷婷．论我国高校教师聘任制度之不足［J］．高等教育研究，2004（4）：27-29，14.

② 郭卉．高校教师聘任中的利益关系及其制度调整［J］．高等教育研究，2007（10）：57-61.

③ 郭为禄，刘恋．论高校教师聘任程序法制化［J］．教师教育研究，2008（5）：14-18.

④ 曾凤玲．试论高校教师聘任制度改革对学术评价的新要求［J］．高教探索，2009（5）：118-121.

⑤ 祁占勇，陈鹏．我国高校教师聘任制的困境及理性选择［J］．陕西师范大学学报（哲学社会科学版），2009（4）：119-123.

⑥ 杨毅．新中国高校教师聘任制度变迁研究［D］．西南大学，2013.

⑦ 马凤岐．综合改革高校教师管理制度［J］．中国高等教育，2014（6）：47-49.

⑧ Celik Metin，Kandakoglu Ahmet，Er I. Deha. Structuring fuzzy integrated multi-stages evaluation model on academic personnel recruitment in MET institutions［J］. Expert Systems With Applications，2009，36（3）：6918-6927.

⑨ Marsigalia Bruno，Buttaro Tiziana，Palumbo Emanuela. Patents and Scientific Publications：an Empirical Analysis of the Italian System of Academic Professor Recruitment［A］. 9th International Forum on Knowledge Asset Dynamics（IFKAD）［C］，Matera，ITALY，JUN 11-13，2014：3407-3430.

研究分析了学术指标与高校整体学术产出之间的相关性，指出招聘中的学术要求有助于提高高校整体学术产出。① 可见学术产出是高校教师聘任的重要要求之一，它能够在一定程度上体现学术能力，但是不能作为招聘的唯一标准，可以辅以模糊综合评定的方法。同时，国外学者的研究还涉及了一些与本研究相关性较少的研究领域，如高校教师招聘对文化和专业多样性的影响②，高校教师资格准入与招聘中的性别歧视研究③，学缘关系对高校教师聘任的不良影响，及其对策研究④，在此不作详细介绍。

国内学者关于高校教师资格准入制度研究成果丰富、视角多元，主要包括历史视角、比较视角和问题视角，对国内外薪酬制度的历史与现状、当前面临的问题、如何构建资格准入体系，进行了较为细致的研究。

首先，历史视角中，我国清末民初以及欧洲中世纪大学的教师资格准入制

---

① Abramo Giovanni, D'Angelo Ciriaco Andrea, Rosati, Francesco. A methodology to measure the effectiveness of academic recruitment and turnover [J]. Journal of Informetrics, 2016, 1 (11): 31-42.

② Taylor E, Rasor-Greenhalgh S, Hudak S. Achieving a diverse profession through academic recruitment [J]. 2003, 103 (8): 965-966.

③ 参考：Abramo Giovanni, D'Angelo Ciriaco Andrea, Rosati Francesco. Gender bias in academic recruitment [J]. SCIENTOMETRICS, 2016, 106 (1): 119-141; Abramo, Giovanni D'Angelo Ciriaco Andrea, Rosati Francesco. Selection committees for academic recruitment: does gender matter [J]. Research Evaluation, 2015, 24 (4): 392-404; Brink Marieke, Benschop Yvonne. Gender in Academic Networking: The Role of Gatekeepers in Professorial Recruitment [J]. Journal of Management Studies, 2014, 51 (3): 460-492; Brink Marieke, Benschop Yvonne, Jansen Willy. Transparency in Academic Recruitment: A Problematic Tool for Gender Equality [J]. Organization Studies, 2010, 31 (11): 1459-1483; Musselin Christine, Pigeyre, Frederique. How collective recruitment procedures for academic positions affect discrimination [J]. SOCIOLOGIE DU TRAVAIL, 2008, 50 (1): 48-70.

④ 参考：Walter Crosby Eells. Faculty Inbreeding [J]. The Journal of Higher Education, 1999, 70 (5): 579-588; A. B. Hollingshead. Ingroup Membership and Academic Selection [J]. American Sociological Review, 1938, 3 (6): 826-833; Floyd W Reeves. The University Faculty [M]. Chicago: University of Chicago Press, 1933: 36; Blau, P. The Organization of Academic Work (2nd edition) [M]. New Brunswick & London: Transaction Publishers, 1994; Handschin, C. Inbreeding in the Instructional Corps of American Colleges and Universities [J]. Science, 1910, 32 (829): 707-709; P. Powell W. The Iron Cage Revisited: Institutional Isomorphism and Collective Rationality in Organizational Fields [J]. American Sociological Review, 1983, 48 (2): 147-160; Edward Shils. Academic, Freedom and Permanent Tenure [J]. Mineua, 1995, 33 (1): 5-17.

度是研究的重点。一方面，学者重视对我国清末民初经验的总结与借鉴。2004年，田正平、吴民祥认为清末民国的大学教师资格检定与聘任具有以下特色：一是一贯重视国际学术人才，重点招聘“品学兼优通晓中外者”（京师大学堂办学章程）、“各科学程度相当之华员”和“外国教师”（《奏定学堂章程》），“在外国大学毕业者”（《私立大学规程》），“本国学博与欧美游学生各科中卒业高等而又沉浸学问，无所外慕之人”（严复任京师大学堂总监时）。二是具有专门的学术评审机构。民国初期的聘任委员会、南京国民政府规定的“大学内部之学术评议会”、重庆国民政府设置的教育部学术审议委员会等。三是学缘、地缘关系对教师聘任影响较大。① 2010年，陈亚玲指出1927年南京国民政府制定了《大学教员资格条例》，对不同级别的教员在“文凭”“教学经历”“学术成就”等方面作出了相应规定，是学术活动职业化进程的开端。② 清末民初是我国现代意义大学的起点，其大学教师资格准入对当前依然具有启发意义。另一方面，部分国内学者聚焦于现代文明的发源地——中世纪的欧洲，对当时的高校教师准入制度进行了考察。2007年，缪榕楠指出学位是中世纪大学教师资格获得的基础，博士学位获取包括个别考试（examen, examen privatum）和公开考试或答辩（conventus, cmventus publicus, doctoratus)，而公开考试或答辩“更像一个授予教师职位的典礼”。中世纪大学教师准入标准具有学术性与专业性、录用程序具有学术自治性、荣耀感与仪式感并存。③ 2013年，黄旭华、盛世明指出中世纪大学教师资格需要得到基督教会与教师行会在程序上与实质（学术能力）上的双重认可，在通过高标准的“博士”考试的基础上，还要通过教师行会严格的“入会审查”。教师在价值倾向上被认定为一项神圣的事业（career)，而非糊口的工作（job)；在制度安排上，大学是自由结社的产物，教师行会拥有较大的自主权；在培养标准上，通识教育与专业教育、理论与实践、分散考试与绝对标准的相结合。④ 由此可见，早在中世纪，大学就形成了一套较为完整的教师资格准入制度及其评

---

① 田正平，吴民祥．近代中国大学教师的资格检定与聘任［J］．教育研究，2004（10)：81-89.

② 陈亚玲．民国时期学术职业化与大学教师资格的检定［J］．高教探索，2010（6)：88-93.

③ 缪榕楠．学者行会的成员资格——中世纪大学教师录用的历史考察［J］．教师教育研究，2007（2)：62-67.

④ 黄旭华，盛世明．中世纪欧洲大学教师资格制度及启示［J］．清华教育研究，2013（1)：87-93.

审程序与机构。

其次，比较视角中，美国及其他发达国家的高校教师资格准入制度是我国学者研究的重点。2007 年，姜勇、康永祥介绍了美国爱达荷州立大学（ISU）教师职业准入要求。① 2008 年，齐泽旭介绍了美国高校教师资格认定的校内校外机构，其中校外机构包括美国高等教育认证委员会（CHEA）和联邦教育部认可的 8 个资格评审机构，其评审标准不一，但基本包括教育背景（学位、学历）、专业能力、学术水平、教学能力等，评审流程包括提交申请材料、审核和认证，具有非官方性、多样性和可操作性三个特点。② 2011 年，叶林将高校教师资格划分为预备资格、从业资格和晋升资格，系统介绍了 12 个国家和地区在研究生阶段设置教学能力培养和助教制度、就职阶段的博士学位要求以及法、意、德等国的“Habilitation”制度、晋升中的英国职业资格考试与世界范围内的考核指标多元化等内容。③ 2013 年，孙进认为教授资格考试是德国高校选拔学术精英的重要保障，它要求申请者在学术专著与论文、公开学术演讲与对话、高校教学能力方面具有一定的成绩，要求高、耗时长，且不一定通过，为此 2002 年后德国引入了青年教授制度，但是通过教授资格考试要具有更高的社会声望与认可度。④ 同年，通过对比哈佛大学、耶鲁大学、麻省理工学院、斯坦福大学和哥伦比亚大学考查世界一流大学的教师筛选机制，发现一流大学筛选教师主要根据学术是否杰出、教学是否优秀、是否具有发展潜力、是否有助于多元化，是否符合院系需要作出判断，同时辅以严格多层的终身教职评审和递进的评审要求。⑤ 国外经验对于构建和完善我国高校教师资格准入制度具有启发作用。

最后，问题视角中，现有高校教师资格准入的问题及其针对性建议是研究的重点。一方面，针对问题进行整改。2010 年，左东岭认为针对我国高校教

---

① 姜勇，康永祥．美国爱达荷州立大学教师职业准入制度的改革与启示［J］．高教探索，2007（5）：75-77.

② 齐泽旭．美国高校教师资格制度的现状和发展趋势［J］．外国教育研究，2008（11）：85-91.

③ 叶林．各国高校教师资格制度的现状及启示——“高校教师资格：世界动向”国际研讨会综述［J］．复旦教育论坛，2011（6）：89-92.

④ 孙进．选拔以学术为业的精英人才——德国大学教授资格考试制度评述［J］．中国人民大学教育学刊，2013（2）：47-58.

⑤ 由由．学教师队伍建设中的筛选机制——以美国五所世界一流大学为例［J］．北京大学教育评论，2013（4）：87-97.

师资格准入标准理想化和师资水平参差，应该设置具体的高校教师准入标准，包括端正的学风、合格的师德、健全的人格与较高的业务水平。① 2015 年，姜艳认为在社会关系（包括血缘关系、学缘关系、地缘关系、业缘关系）的影响下，我国高校教师聘任制度流于形式，应当实行人事分类管理，在准入资格中明确规定任职年限的同时，加强对师德与科研等综合素质的考核。② 同年，李泽彧、陈杰斌在地方院校教师聘任制度文本分析的基础上，认为应当增强高校自主权，促进聘任条件多元化、全面化。③ 另一方面，部分学者建议基于一定理论（如胜任力理论）构建我国高校教师资格准入制度。2013 年，郑洁指出高校教师胜任力表现为人格特征、价值观、专业知识、技能等方面，目前我国高校教师资格认定表现出标准低、内容不全面、科学性和时效性不足等问题。为保障师资、体改高等教育质量，应当提高学历要求，提高资格的专业化水平，加强岗前培训。④ 2015 年张素红指出目前我国高校教师准入中存在申请范围小、申请标准低、书面考试为主等问题，胜任力模型对完善我国高校教师资格准入具有启发意义，从学科教学知识、教学能力以及道德引导力三个方面完善考核内容，并转变考核方式。⑤ 这些针对问题和基于理论提出的建议在某种程度上具有一定的借鉴性。

三、关于高校教师公开招聘制度的研究

国外学者重点探讨了学术权利在高校教师公开招聘的地位与作用。国外学者普遍认同范德拉戈夫的观点，认为学术权力在“规划与决策、预算与财政、招生与入学机会、课程与考试、高级与低级教师的聘任、研究的决策模式”等六大政策领域内应当居于主导地位⑥。耶鲁大学前校长列文（Chad Charles Levin）也曾指出“耶鲁衡量教授的水准是看他在学术上是不是位于世界前列，

① 左东岭．建立高校教师准人与退出标准［J］．教育与职业，2010（19）：7.

② 姜艳．岗位聘任制下的高校专任教师准入与退出机制研究［J］．人力资源管理，2015（7）：190-192.

③ 李泽彧，陈杰斌．论高校教师专业技术职务聘任条件——基于地方本科院校制度文本分析［J］．教育行政学院学报，2015（9）：64-69.

④ 郑洁．胜任力视角中的高校教师资格认定［J］．教育评论，2013（5）：57-59.

⑤ 张素红．基于胜任力的高校教师资格准入制创新研究［J］．继续教育，2015（9）：60-63.

⑥ 约翰．范德格拉夫等．学术权力——七国高等教育管理体制比较［M］．王承绪等，译．杭州：浙江教育出版社，1989.

这是在招聘和晋升中唯一的标准，而这一点，校长是没有办法判断的，要依靠他那个行当的专家"①。因此可以说，学术权力在高校教师聘任过程中具有决定性作用。2013年，简斯（Prufer Jens）和尤苇（Walz Uwe）考察了教师治理结构对高校教师招聘的影响，教师互动行为的个体价值取决于其群体的平均地位。他们指出最优者进入最优高校教师群体，但可能造成平均薪资减少。在研究新人进入导致的新剩余分配后，他们建议对称状态分布的院系在多数投票的情况下，最大限度地发挥其共同的剩余。② 提高高校教师招聘中的学术权力既是学术自由、高校自治的组成部分，也是学术职业的本质要求。

国内学者关于高校教师公开招聘环节与制度的研究主要包含了国际比较研究和国内实践研究。一方面，国际比较研究。2002年，高树彬指出，美国高校教师招聘流程包括发布公告、专家选聘、决定聘任、履行聘任手续，而我国则存在招聘程序不透明、专家评价机制不完善、聘期内管理不规范等问题，建议高校领导、教师应提高认识、坚持公开招聘，规范招聘机制流程，加强合同管理，主动利用档案做好服务工作。③ 曹雯雯、朱乐红认为美国高校招聘具有聘任的自主性、招聘的公开性、程序的严格性、考核的制度化、形式的灵活性等特征。④ 2013年，杨茂庆指出美国研究型大学为解决"近亲繁殖"带来的学缘结构单一、学术思想僵化等问题，实行"远缘杂交"的招聘方式，面向全球公开招聘，并实行系—院—校三级招聘委员会公正遴选，其中"外部同行专家评价"保障了招聘的公正与教师的学术水平。⑤ 同年，黎军、陈微对耶鲁大学与北京大学教师招聘标准与招聘程序进行对比研究后发现，耶鲁岗位设置的依据主要为职业需求和可供经费，北京大学则取决于编制指标；耶鲁大学的聘任权力在于学术权力，其中校外同行专家具有决定性作用，北大实施院（系）学术委员会和学校人事部门二级评审，最终的聘任权力在于行政权力。对比之下，我国在完善高校教师招聘制度是应当努力实现高校去行政化；转变

---

① 复旦大学考察组．为何耶鲁是耶鲁（考察报告）［R］．2003.

② Prufer Jens, Walz Uwe. Academic faculty governance and recruitment decisions［J］. Public Choice, 2013, 115（3-4）: 507-529.

③ 高树彬．对完善高校公开招聘教师制度的一点思考——美国公开招聘教师制度的启示［J］．中国轻工教，2002（4）：22-23，29.

④ 曹雯雯，朱乐红．美国高校教师聘任制度及其评价［J］．湖南农业大学学报（社会科学版），2006（4）：54-58.

⑤ 杨茂庆．试析国际化视域下美国研究型大学教师聘任制与教师流动关系［J］．黑龙江高教研究，2013（6）：5-8.

观念，变“招人”为“求贤”；提高薪酬待遇，吸引一流师资。①

另一方面，国内实践研究。2010 年，李俊杰指出我国高校教师招聘中存在学术理念淡化、学术权力弱化、学术导向异化、学术精神退化等学术问题，实用主义、因人设岗、权利至上等观念问题，以及缺少长期的人力资源规划、缺少必要的人才测评程序、缺乏严格的聘后管理等实践问题。② 纪变玲指出在高教教师聘任中要坚持“按需设岗，公开招聘，平等竞争，择优聘任，严格考核，合约管理”，建议采用模糊综合评判法选拔我国高校教师。③ 张媛媛认为我国高校教师招聘存在聘前规划不够、聘时考核不全、聘后管理不足等问题，招聘流程应当包括需求分析，制订招聘计划、发布招聘信息、筛选简历、组织面试与试讲、公布录取信息与办理入职手续，建议基于胜任力理论构建高校教师招聘体系。④ 除了以上专门针对教师招聘的研究外，还有许多相关研究散见于教师聘任制度研究之中。

四、关于高校教师薪酬绩效制度的研究

国外学者十分重视高校教师薪酬绩效制度，其研究成果比较丰富。与本研究相关性较大的研究主要集中在高校教师薪酬绩效制度比较研究及其影响因素研究。首先，高校教师薪酬绩效制度比较研究。国外关于高校薪酬绩效制度研究中值得一提的是英联邦大学联合会（Association of Commonwealth Universities，ACU）对澳大利亚、加拿大、新西兰、南非和英国 5 个国家高校教师薪酬绩效制度的抽样调查，调查涉及范围广，调查结果信度和效度高，为其他国家薪酬制度改革提供了丰富信息。⑤ 2006 年，马蒂奈罗·菲利斯（Martinello Felice）考察了加拿大安大略省 1970 年到 2003 年高校收入与教师

---

① 黎军，陈微．中美高校教师招聘制度的比较——基于耶鲁大学与北京大学教师招聘制度的分析［J］．教师教育论坛，2013（7）：94-96.

② 李俊杰．我国大学教师招聘制度的学术反思［J］．中国电力教育，2010（33）：24-25.

③ 纪变玲．基于模糊综合评判法的我国高校教师聘用选拔机制研究［D］．中南大学，2006.

④ 张媛媛．基于胜任力的高校教师招聘研究［D］．青岛大学，2014.

⑤ Jay Kubler，Mary Catharine Lennon．Association of Commonwealth Universities 2006-07 Academic Staff Salary Survey［EB/OL］．http//www．acu．ac．uk/cgi-bin/frameset．pl？ml＝chems&sl＝surveys&select＝surveys，2008-11-18.

薪酬。① 2007年，达马帕拉·苏尼尔（Dharmapala P. Sunil）等人介绍了阿拉伯海湾地区为了吸引和留住学术人才，通过人才政策和财政政策，完善高校教师薪酬制度，采用了相关的两条调整途经，包括市场调整和择优调整。高校获得的财政资金以及其他资金可根据目标规划和数据分析进行自由支配和调节。② 2014年，瑞恩（Bytenski Ryan）和奥拉维尔（Fatoki Olawale）考察了南非《公平就业法案》对南非高校教师招聘的影响，南非高校教师薪酬待遇平均工资是人均GDP的4倍以上，《公平就业法案》有关缩小薪资待遇的规定对其高校教师招聘具有负面影响。③西方发达国家高校教师薪酬绩效水平较高，同时政府和学校也积极利用薪酬绩效吸引国际学术人才。

其次，学术产出对高校教师薪酬绩效的影响。一方面，国外学者重点考察了（表现为学术产出的）学术能力对高校薪酬绩效的影响。2009年，罗夫曼·伯纳德（Grofman Bernard）以加州大学政治学教师为样本探索高校教师薪酬影响因素，研究发现，引用率（年度引用率和总引用率）作为学术衡量标准对高校教师薪酬有明显影响；引入博士学位获取年限和引用率后，性别和子领域内的薪酬差距消失。④ 2015年，奥基夫·苏珊娜（O'Keefe Suzanne）和王（Wang Tachen）以加利福尼亚大学经济学院为例，研究了学术产出与薪酬之间的相关性，研究结果显示，在学科排名前十的杂志中每发表一篇论文，年薪将提高1.5%，约2053美元。顶尖杂志，如《美国经济评论》《计量经济学》《经济学与统计分析》对经济学院教师薪酬绩效的影响更为突出。⑤ 金姜泽（Jin Jang C.）和乔俊恩（Cho Jeung R.）探索了学术出版对韩国高校教师薪酬的影响。研究发现韩国顶尖高校教师多在国外期刊发表论文，二流高校则多在国内期刊发表论文，前者对薪酬影响较为明显，后者影响不大，国际期刊出版

---

① Martinello, Felice. University revenues and faculty salaries in Ontario: 1970/71-2003/04 [J]. Canadian Public Policy-Analyse De Politiques, 2006, 32 (4): 349-371.

② Dharmapala P. Sunil, Ghosh Jay B., Saber Hussein M. Market- and merit-based adjustment of faculty salaries [J]. Asia-Pacific Journal of Operational Research, 2011, 24 (1): 1-19.

③ Bytenski Ryan, Fatoki Olawale. The Effect of the Employment Equity Act on Academic Staff Recruitment in a South African University [J]. Anthropologist, 2014, 17 (3): 975-979.

④ Grofman, Bernard. Determinants of Political Science Faculty Salaries at the University of California [J]. Ps-Political Science & Politics, 2009, 42 (4): 719-727.

⑤ O'Keefe Suzanne, Wang. Ta-Chen. Publishing pays: Economists' salaries reflect productivity [J]. Social Science Journal, 2015, 50 (1): 45-54.

是影响薪酬变化的重要变量。① 但是也有学者提出以学术产出作为评定薪酬绩效的重要依据可能会影响学术生态，如吉伯森·约翰（Gibson John）认为现有的学术人才市场的出版奖励导致理念分化，为应对学术奖励对总数的要求，学者调整了对质量的要求倾向于发表短文而非长文。② 由此可见，高水平学术产出应当作为薪酬绩效的重要依据，但是要防止极端倾向，以免破坏学术生态。

最后，其他因素对高校教师薪酬绩效的影响。学者也考察了年资、大学排名、社会声望、教学、同行评价、教师数量因素等对高校教师薪酬的影响。2005 年，大卫（Castle David S.）认为年资对高校教师薪酬待遇的影响较为明显，之所以出现争论是因为年资应当被看作在相应级别的工作年限，而非简单的工龄。③ 2006 年，埃伦伯格·罗纳德（Ehrenberg Ronald G.）等发现不同学校不同领域内高校教师工资差异与国家学术委员会对研究生项目的排名和师资水平有关。④ 2007 年，塔蒂亚娜（Melguizo Tatiana）和迈拉（Strober Myra H.）等发现高校教师薪酬待遇与高校声誉有关，科学学与工程学领域尤为明显。⑤ 2012 年，凯莉·金伯莉（Kelly Kimberly）和格兰特·琳达（Grant Linda）讨论了性别、婚姻状况、亲子结构对薪酬的影响。⑥ 2014 年，斯达克·斯蒂文（Stack Steven）认为教学水平，尤其是卓越的教学成果，会在一定程度上影响薪酬，但是主要基于学生评价，同行评价对基本工资没有影响。⑦ 杨（Yang

---

① Jin Jang C., Cho Jeung R. Faculty salary at Korean universities: Does publication Matter [J]. Asia Pacific Education Review, 2015, 16 (3): 343-351.

② Gibson John. Returns to articles versus pages in academic publishing: Do salary-setters show "article illusion" [J]. Economics Letters, 2014, 125 (3): 343-346.

③ Castle David S. Estimating seniority effects in faculty salary studies: Measurement and model specification [J]. Public Personnel Management, 2005, 34 (4): 377-384.

④ Ehrenberg Ronald G., McGraw Marquise, Mrdjenovic Jesenka. Why do field differentials in average faculty salaries vary across universities [J]. Economics of Education Review, 2006, 25 (3): 241-248.

⑤ Melguizo Tatiana, Strober, Myra H. Faculty salaries and the maximization of prestige [J]. Research In Higher Education, 2007, 48 (6): 633-668.

⑥ Kelly Kimberly, Grant Linda. Penalties and premiums: The impact of gender, marriage, and parenthood on faculty salaries in science, engineering and mathematics (SEM) and non-SEM fields [J]. Social Studies Of Science, 2012, 42 (6): 869-896.

⑦ Stack Steven. Teaching and Salaries in Social Science: A Research Note [J]. Social Science Quarterly, 2014, 95 (3): 785-794.

Lijing）和韦伯·凯伦（Webber Karen L.）发现首次博士后研究经历能提高学术写作能力，有利于在高校就职和终身教职的获取，但是对薪酬待遇影响不大。①切斯洛克·约翰（Cheslock John J.）和凯莉·崔娜（Callie Trina M.）指出在高等教育财政紧缩状态下，高校教师人数与薪酬待遇呈反比。②国外对高校教师薪酬绩效的研究普遍采用量化研究方法，探索影响高校教师薪酬的变量，对我国高校薪酬制度制定提供了依据。我国在引进国际学术人才时应当综合考查其学术产出、年资、所在大学排名与声望、教学能力，学生评价与同行评价相结合，注重数量与质量的均衡，形成多元弹性的薪酬绩效制度。

国内学者同样将薪酬绩效作为相关研究的重点。首先，高校教师薪酬绩效的国际比较研究。1997 年，郑礼介绍了日本大学教师的福利待遇，包括基本工资、各种补贴、奖金、退职金，指出日本大学教师同时具有崇高的社会地位和经济地位。③ 2004 年，刘婉华等指出，在国际人才市场，我国高校教师工资待遇缺乏竞争力，通过对美国、日本、印度、中国香港地区和中国大陆地区的比较发现，高校教师工资待遇包括政府主导型、市场主导型、政府主导市场调节型，认为理顺工资关系、调整工资结构、改革工资管理体制、选择合理分配模式、建立有效激励机制，是提高我国高校在人才国际市场的竞争力的重要举措。④ 赵丹龄等指出国外高校教师主要为公务员体制与高校自主聘任体制，其薪酬制度主要特点是二维（薪级、职务）标准、三元（工资、福利、绩效）结构、多元（职称、职务、学历、年资等）决定因素、中上水平、稳定增长、多元经费、用之于“教”、灵活高效，且社会保障及福利制度水平较高。⑤ 2009 年，周小情将美国高校教师薪资分为签约薪资制和单一薪资制，认为其具有领先的市场化薪酬理念、分级式的薪酬管理体制、健全的薪酬法律保障制

---

① Yang Lijing, Webber Karen L. A decade beyond the doctorate: the influence of a US postdoctoral appointment on faculty career, productivity, and salary [J]. Higher Education, 2015, 70 (4): 667-687.

② Cheslock John J., Callie Trina M. Changing salary structure and faculty composition within business schools: Differences across sectors and state funding levels [J]. Economics of Education Review, 2015, 49: 42-54.

③ 郑礼．日本大学教师福利待遇［J］．教育发展研究（上海高教研究），1997（3）：63-65.

④ 刘婉华等．高校教师工资待遇国际比较与思考［J］．清华大学学报（哲学社会科学版），2004（6）：86-92.

⑤ 赵丹龄等．高校教师薪酬制度的国际比较研究［J］．中国高教研究，2004（S1）：32-40.

度、多样且人性化的福利制度。① 2010 年，梁爱华介绍了英联邦大学联合会（Association of Commonwealth Universities，ACU）第六次大学教师薪酬绩效调查结果，结果显示五国大学教师年平均工资均高于 5 万美元，其中加拿大、英国、新西兰、澳大利亚、南非大学教师平均工资分别为本国人均 GDP 的 1.82 倍、2.03 倍、2.15 倍、2.46 倍、4.02 倍，同时具有较为完善的福利项目体系。② 2012 年，姜海珊认为在严格的聘用制度和外部评审制度下，通过提高顶薪点、多渠道保障充足的研究经费等做法，中国香港地区的公立高校依据自身定位制定薪酬，缩小内部收入差距，为青年教师创造空间和机会，具有较强的激励作用。③ 2013 年，谢文新、张婧认为当前我国高校教师薪酬制度存在外部竞争性与内部激励性不足，激励短视性与短期性并存、不利于激励教师团队合作等问题。对比美国、德国的高校教师薪酬制度，我国应当加大经费投入、提高薪酬水平；引入市场机制，扩大高校分配自主权；完善配套管理制度；合理划分固定薪酬与浮动薪酬比例。④ 2015 年，罗仲尤、刘樱以加州大学对美国公立大学薪酬制度作出较为详细的介绍，认为美国大学薪酬制度合理分层、形成明确预期，结构简单清晰、坚持保障优先与有效激励，注重市场导向、薪酬水平外部竞争力强，体现分类指导、内部分配强调公平合理。值得注意的是高校教师是知识存量大、成本投入多的职业群体，其收入理应位于知识密集型行业的中上水平；过高的绩效工资比例将会破坏学术生态；院系应该是薪酬管理的主体。⑤ 仇勇等采用历史比较和国别比较的研究方法，建议我国尝试协议薪酬制，引入广义薪酬的高校教师平衡计酬卡，拓展绩效薪酬改革，提升薪酬水平及其竞争力，平衡群体差距，福利项目上构建自助福利体系。⑥ 通过高校教师薪酬绩效的国际比较研究可以发现，目前我国高校教师薪酬绩效在

① 周小情．美国高校教师薪酬制度研究［D］．华中师范大学，2009.

② 梁爱华．英联邦五国大学教师的薪酬水平及福利情况［J］．世界教育信息，2010（11）：41-45.

③ 姜海珊．香港公立高校教师薪酬制度与激励机制及启示［J］．高教探索，2012（3）：57-61.

④ 谢文新，张婧．中、美、德三国高校教师薪酬制度比较与思考［J］．高教探索，2013（4）：75-80.

⑤ 罗仲尤，刘樱．美国公立大学教师薪酬制度的特点与启示——以加州大学为例［J］．大学教育科学，2015（4）：28-31.

⑥ 仇勇等．我国高校教师的薪酬制度改革研究——基于历史走势分析与国际经验借鉴［J］．国家教育行政学院学报，2015（10）：84-90.

制度理念、整体水平、组合构成等方面存在不足，并已经严重影响了我国学术职业国际竞争力。

其次，基于学术视角与现实问题的高校教师薪酬制度构建研究。一方面，学术视角。2007 年，李志峰、李菁华指出高校教师薪酬激励价值观应当由平均主义、效率主义转为学术创新取向。① 2007—2010 年，李碧虹及其团队进行了一系列研究，对现实问题进行梳理，引入“人力资本”“学术产出”与“前期投入”等理念，试图构建我国高校教师薪酬分配制度。② 大学教师，或者说学术人才，是高校教师薪酬制度的落脚点，关注学术人力资本特征、学术职业特性是高校教师薪酬制度的重要视角。另一方面，现实问题。2009 年，周海涛、朱桂兰通过实证分析发现，导致大学教师学术职业满意度普遍较低的主要因素不是薪酬绩效，而是组织因素，包括“学术工作的自主性与激励性”“学生素质和教师考核”③ 2010 年，王祖山、张志军关注了高校教师“福利自制”现象，认为其对教学质量、福利公平、行政化趋向、教育腐败以及教师资源利用效率等具有消极影响，需从微观教学机制的设置、工作程序和标准的透明化、决策程序的分散化、绩效评估的多元化和师德教育的常态化等方面加以克服。④ 2013 年，年晓萍、徐俊提示要警惕由于管理“行政化”、学科分化和个体资本互化而导致的高校教师经济地位和权力地位在“官民”、学科和资历上的分化。⑤ 2014 年，罗哲关注了“弹性福利制度”，认为在整体水平较低、缺乏选择性、激励作用不够的情况下应当构建和完善弹性福利制度。⑥ 这些研究对于如何在高校国际学术人才引进中的薪酬问题提高了借鉴。

---

① 李志峰，李菁华．我国高校教师薪酬激励制度价值取向的变迁［J］. 哈黑龙江高教研究，2007（12）：10-12.

② 参考：李碧虹，黄小忠．论大学教师薪酬分配制度中的观念冲突［J］. 黑龙江高教研究，2007（10）：8-10；李碧虹．人力资本理论：大学教师薪酬制度研究的新视野［J］. 兰州大学学报（社会科学版），2008（4）：152-155；李碧虹．论大学教师薪酬制度的现状及优化［J］. 大学教育科学，2009（2）：47-50；李碧虹．我国大学教师薪酬制度的特征及优化［J］. 中国高等教育，2010（7）：47-48.

③ 周海涛，朱桂兰．薪酬绩效对学术职业满意水平的影响有多大——来自大学教师的调查分析［J］. 管理世界，2009（3）：174-175.

④ 王祖山，张志军．高校教师福利自制现象［J］. 现代大学教育，2010（5）：43-48.

⑤ 年晓萍，徐俊．警惕我国高校教师待遇分化趋向——基于高校行政化、学科分化和资本互化的视角［J］. 安徽农业大学学报（社会科学版），2013（6）：88-91.

⑥ 罗哲．高校教师弹性福利制度思考［J］. 经济体制改革，2014（5）：182-185.

最后，其他相关研究。例如，陈乐一等从薪酬理论的经济学角度、管理学角度与心理行为学角度进行再分析，认为基于多劳多得的原则，我国高校教师薪酬应高于社会平均水平，考虑人力资本，高校可以利用效率工资吸引并留在人才；从管理学角度应当合理设计绩效工资模块，设计双赢薪酬体系；从心理学角度应当满足生活需求，重视薪酬相对比例，建立工作绩效与期望薪酬对应体系。① 总体而言，国内关于高校教师的薪酬待遇的论述较多，但是针对国际学术人才的薪酬待遇制度的研究较少。

五、关于高校教师聘期考核制度的研究

国外学者近年来加强了对高校教师聘期考核的方法与伦理研究。例如西斯内罗斯·蔻赫莫（Cisneros-Cohemour）与艾迪士（Edith J）的“研究型大学的教学评估：方法、平衡与公平性”、罗尔曼艾诺普瑞特（Lormanenoprat）与库拉雅瑞特（Kunlayarat）的“泰国私立高等教育机构中的能力评估项目研究”、威廉姆·坎培恩（William J. Campion）等人的“得克萨斯州大学如何运用大学教职员工工作成绩评定”等。学者逐渐加大关于评价指标体系的研究力度，分析和反思了现有高校教师评价指标体系的科学性。丹尼尔森（Charlotte Danielson）和迈克瑞尔（Thomas L. McGreal）强调教师评价应当客观、合理、公正，且具有一定的自主性。② 2014 年，加兰·阿图罗（Arturo Galán）等人指出，世界大学排名热潮与《大学法》的出台与修订，强化了西班牙高校教师评估指标体系构建，高校教师工作满意度与评价的客观性和透明性呈正相关。因此加兰·阿图罗等人建议防止道德评价文化中的随意性和模糊性。③ 这些反思具有较强的启发意义。

国内学者有关聘期考核制度的相关研究，零星散布于相关研究之中。1994 年，霍宝柱基于分层次、分类型管理思路，提出高校教师聘期考核要严格标准、坚持导向、体现特点、易于操作，处理好全面与重点、正常晋升与重点栽培、政治与业务、教学与科研、理论与实践的关系，做到耐心细致、公开公

① 陈乐一等．薪酬理论及其对完善我国高校教师薪酬制度的启示［J］．高教探索，2011（2）：137-141.

② ［美］Charlotte Danielson，Thomas L. McGreal. 教师评价［M］．陆如萍等，译．北京：中国轻工业出版社，2005：7；15.

③ Arturo Galán，M. Ángeles González-Galán. La evaluación del profesorado universitario en España. Sistema nacional y divergencias territoriales［J］. Revista de Educación，2014，366（4）：136-164.

正、经常化、学科化、规范化，实施同行专家评价和学科评议组评审。① 2010年，商磊、王金涛．分析了美国高校采用的现代企业人力资源管理的360度绩效评估考核方法，包括评价主体、指标、特点，并介绍了终身教职后评审制度。② 2010年，田一聚从历史比较的角度分析了改革开放以来我国高校教师考核制度的变迁，针对其政府主导、规范化、单一化、功利化、工具化等问题提出了应对措施。③ 2011年，朱雪波提出定量与定性、分类与分层、公开公平公正等考核原则。④ 2013年，任友洲高校教师聘期考核应当坚持公开、公正、公平，尊重合同管理，适度激励及灵活性等原则，建议考核主体多元化、考核内容全面化、考核方法科学化、考核对象层次化，同时辅以宣传和组织文化建设、科学的考核指标体系、聘任制合同管理以及多层次的参与监督机制。⑤ 2014年，李惠介绍了加利福尼亚州州立大学教师综合评价体系，将其归纳为一个理念、两大类别、三项内容、四种方式。⑥聘期考核的研究较少，但是作为我国高校教师聘任制度改革的重要内容，相关研究有进一步增加的趋向。

六、关于高校教师解聘退出制度的研究

国外学者关于高校教师解聘退出制度的研究落脚于对终身教职制度的研究。终身教授制度是美国教授协会为保障学术自由、提高学术质量而提出的，并逐渐成为美国高等教育的制度特色。同时英德等国高校教师“公务员”制，也是终身教职的一种形式。但是，随着高等教育财政萎缩以及终身教授制度自身问题凸显，关于终身教授制度改革、改革中的制度保障的研究逐渐成为国外相关学者研究中的重点。2000年，马龙·托马斯（Mallon William Thomas）以

① 霍宝柱．正确导向分层指导分类评审——改进与完善高校教师职务任职资格评价机制［J］．江苏高教，1994（5）：21-24.

② 商磊，王金涛．美国高校教师激励制度给我们提供怎样的借鉴与反思？——基于中美两国比较的视野［J］．北京科技大学学报（社会科学版），2010（3）：45-50.

③ 田一聚．改革开放以来高校教师考核制度变迁的特征与政策思考［J］．江苏高教，2010（6）：76-78.

④ 朱雪波等．高校教师考核的现状分析与对策研究［J］．高等教育研究，2011（4）：54-58.

⑤ 任友洲．高校教师岗位聘期考核：定位、方法及对策［J］．华中师范大学学报（人文社会科学版），2013（3）：162-168.

⑥ 李惠．中美高校教师绩效评价制度比较——以美国长滩加利福尼亚州州立大学为例［J］．上海政法学院学报（政法论丛），2014（6）：134-141.

两所沿用终身教授制度和两所采用任期合同制度的文理学院为案例，深入研究其组织变革过程及其动因，研究结果显示平等参与或自上而下科层主义方式，均以严格实施绩效评估、提高学术生产力为目标。① 2001 年，柴特认为终身教授制度改革路径可以划分为实施有目标的终身教授制（tenure by objectives）、重新规范试用期，实行终身教职后评审制度、强调个人与院系绩效，保持终身教授制度、重新解释学术自由。② 2014 年，柯泽·阿德瑞纳（Kezar Adrianna）和马克希·丹尼尔（Maxey Daniel）基于利益者相关理论，采用德尔菲法对“非终身轨教师占比 70%”的现象进行研究，发现组织领域没有为削减终身教职提供保障，也没有与非终身轨教师环境恶化作斗争的主要原因在于，关于教师的决定没有建立在逻辑基础之上。各利益相关者均表示，三种高校教师模式（萎缩的终身轨教师、大量兼职教师和全职非终身轨教师）作用不佳；加强职业保障、共享治理、学术自由、关注教师的教学职能成为广泛共识。③。目前国外的主流趋势是构建改良或修正的终身教职制度。

国内学者基于高校教师聘任制度改革的大背景开展了相关研究。首先，解聘退出制度的必要性与可行性。一方面，教师退出机制的必要性。2001 年，郭荣祥指出高校对消极行为和落后者的激励不足，导致教育质量滑坡，高校实行末位淘汰具有一定的现实意义。④ 2005 年，何斌认为我国高校教师遴选与淘汰机制不健全，影响了人力资源的优化配置，教师淘汰机制缺失导致师资配置不合理，需要从完善遴选机制和淘汰机制，并辅以激励机制、安置机制、社会保障机制加以完善，才能从“进”到“出”全面实现教师聘任制度改革。⑤ 2007 年，刘峥嵘等对比高校教师末位淘汰制利弊，认为高校教师淘汰机制有益于培养教师竞争与危机意识；有益于避免人浮于事、提高教师业务水平和工

---

① 郭丽君．学术职业视野中的大学教师聘任制研究［D］．华中科技大学，2006：4.

② Honan James P.，Teferra Damtew. The US Academic Profession：key policy challenges［J］. Higher Education，2001，41（1-2）：183-203.

③ Kezar Adrianna，Maxey Daniel. Understanding Key Stakeholder Belief Systems or Institutional Logics Related to Non-Tenure-Track Faculty and the Changing Professoriate［J］. Teachers College Record，2014，116（10）：N/A.

④ 郭荣祥．高校实行“末位淘汰制”的构想［J］．广西高教研究，2001（10）：16-19.

⑤ 何斌．从教师“进”与“出”谈我国高校教师聘任制度改革［J］．教育发展研究，2005（7）：72-75.

作积极性，具有一定的现实意义。① 另一方面，教师退出机制的可行性。杨力行等认为培训与淘汰是高校师资队伍建设的两条道路，市场经济体制与国企改制、高校教师竞争机制、国内外实践经验为我国高校教师淘汰机制奠定了基础。② 考察了高校教师退出机制的必要性与可行性，对于高校教师聘任制度改革具有一定的启蒙意义。

其次，解聘退出制度中的问题。厘清问题范围、追究问题机理是解决问题的基础，在探索我国高校教师退出机制的同时，厘清其存在的问题及其原因成为相关学者研究的主要内容。国内学者认为当前我国高校教师退出机制，由于计划经济时期任命制、社会舆论限制、学术人才市场落后、配套保障不足等因素的影响，主要存在以下问题：自主权力未下放、急功近利意识强、淘汰标准认同度不高、教师实际数量少、逆淘汰现象严重、退出方式单一、退出程序复杂。并基于以上问题建议从改善舆论环境、加强高校自主权、完善淘汰标准体系、加强社会保障机制建设等方面加以改进。③ 找准问题为提出对策、实践行动提供了思路。

最后，解聘退出机制的实施原则与路径。学者们基于一定的理论基础和实践问题，建议高校教师退出机制应坚持适用性、科学性、整体性及系统性原则④，从文化观念与舆论监督并重、优胜劣汰与师资队伍建设同步、资格认证与客观评价并行、社会保障与法制保障共建等方面实施和完善高校教师退出机制。⑤ 同时，刘永林建议对我国高校教师解聘实施程序设计，包括解聘前置程

---

① 刘峥嵘等．辩证看待高校教师末位淘汰制［J］．科技管理研究，2007（10）：146-147.

② 杨力行，李明．关于高校实行教师“淘汰制”的若干问题［J］．高教发展与评估，2005（2）：69-72.

③ 参考：蔡春燕．高校教师淘汰制研究［D］．暨南大学，2011；陈园．高校教师退出机制研究［D］．武汉理工大学，2012；龙献忠等．高校教师流失治理——基于“退出一呼吁一忠诚”理论视角［J］．高等教育研究，2014（6）：46-51；李玲．地方高校教师退出机制研究［D］．山东师范大学，2015.

④ 王东从等．对高校实行“末位淘汰制”的思考［J］．淮南师范学院学报，2005（4）：118-120.

⑤ 参考：刘峥嵘等．辩证看待高校教师末位淘汰制田．科技管理研究，2007（10）：146-147；章雷．我国高校教师退出机制研究［D］．西南大学，2010；王琼，高其胜．高校教师退出机制初探［J］．当代教育论坛，2010（10）：45-47；杜学元等．论我国高校教师退出机制［J］．教育行政学院学报，2011（2）：72-76.

序、解聘实施程序和解聘后续程序，形成规范、系统、科学的高校教师解聘机制。① 虽然国内学者提出的对策可能在某种程度上存在一定的重合，但是对后续的相关研究依然具有相当大的启发意义。

此外，在我国高校教师退出实践中，北京大学教师聘任和职务制度改革是浓墨重彩的一笔，其解聘退出制度的背景、意义、历程、内容、影响、经验与教训也引发了广泛的讨论。② 这类的研究从实践视角和理论视角对高校教师退出机制进行了一定程度的阐释。

第三节　研究述评

学术人才国际流动近年来成为研究热点，而高校教师聘任制度则是一项经典议题。国内外相关研究无论是理论层面还是实践层面，凝结了中外学者的智慧，提供了扎实的研究基础，对学术人才国际流动中的高校教师聘任制度的理论和实践研究具有较大的启发意义和借鉴作用。

一、国外相关研究成果评价

国外研究多采取微观视角，从“人”的立场出发，采用实证主义研究方法进行探索。一方面，国外学者更多的是从学术人才的角度探索其国际流动，根据社会学、人口学关于人口流动的相关理论，选取合适变量，采取大数据分析、实施多元回归分析、建立数学模型等方法，以“求实”精神分析学术人才国际流动的现实情况、流动特征、流动动因，及其对社会经济发展以及个人发展的影响。国外研究突出的实证主义色彩和人文主义色彩，对于学术人才国际流动中的流入国，或者说受益国（西方国家）来说，具有较强的现实意义和实践意义，能够为西方国家人才战略提供智力支持，对我国人才政策制定以

---

① 刘永林．我国高校教师解聘程序制度分析［J］．黑龙江教育（高教研究与评估），2011（1）：15-19.

② 参考陈艳．从北京大学人事改革方案看我国高校人事制度改革的必要性［J］．湖北社会科学，2004（1）：137-138；陈德文．立足人力资源开发深化人事制度改革——兼谈北京大学人事制度改革意义及启示［J］．国家教育行政学院学报，2003（5）：26-29；葛婧．改革争论、合法性竞争、利益表达渠道与制度变迁——从组织与个体劳动地位角度看2003年北京大学人事改革［J］．社会科学战线，2008（12）：180-185；罗燕，叶赋桂．2003年北京大学人事制度改革：新制度主义社会学分析［J］．教育学报，2005（12）：14-21.

及相关研究试验同样具有启发作用。

另一方面，国外学者在考察高校教师聘任制度时，倾向于对问题的证实或证伪，以及对现有高校教师聘任制度的反思，重点考察了学历、学位、毕业院校、导师声誉等变量对资格准入的影响，年资、职称、学缘关系、性别、科研产出、院校声誉等变量对薪酬绩效的影响，聘期考核指标体系构建，终身教职的反思与改良。这些微观视角下的研究，有助于国内外高校构建和完善聘任制度时，充分考虑其中的方方面面、条条块块，对于后续的相关研究也具有开拓作用。因此，全面了解国外相关研究，借鉴其有益成果，学习其科学的研究方法，是我们进行相关研究的重要步骤。

二、国内相关研究成果评价

国内研究更多采取宏观视角，从“国家”的立场出发，采用文献法、比较法和逻辑推理的研究方法进行探索。一方面，我国作为学术人才国际流动中的“流失国”，虽然在流动过程中获得一定收益，但是面对人才流失和人才缺失的双重问题，我国学者更多站在“国家”的角度，集中研究了学术人才流动的类型、特征、动因、影响、趋势和应对策略，尤其现状分析与应对策略是国内研究中的主要内容。这些研究引起了政府和高校对于人才流失问题的重视，也为缩减人才单向流失规模、尽可能地实现人才环流提供了相应的对策建议。近年来，我国出台的人才政策，以及正在实施的人才项目，在一定程度上受以上研究成果的影响，并逐步走向了合理决策和科学执行的道路。

另一方面，“高校教师聘任制度”在 1994 年《中华人民共和国教师法》和《2003—2007 年教育振兴行动计划》提出要逐渐实现高校教师聘任制度改革以来逐渐成为国内相关研究的热点问题。受“单位人”思想以及行政聘任制度等思想影响较大，早期关于高校教师聘任制度的研究主要集中于理论介绍和政策宣传方面，引导高校教师行政合同制走向劳动合同制，“终身制”走向“有定期合同制”与“无定期合同”双轨制。随着相关研究的持续发展，以及部分高校教师聘任制度改革实践的继续深入，国内学者从法学、社会学、管理学、教育学等多学科视角。采取国际比较研究方法、历史比较研究方法、案例研究方法，对聘任各个部分和流程，包括资格准入、招聘、薪酬待遇、聘期考核、解聘退出等进行研究，逐步形成了较为完整的理论体系，为后续相关研究提供了新思路，开拓了新视野，丰富和完善了该领域的理论与实践基础。

三、国内外研究中的不足

当然，目前国内外相关研究成果中也存在一定不足，集中表现为以下几个方面。首先，从视角来看，国外采取微观视角——“人”，国内采取宏观视角——“国家”，但是忽略了中观视角——“高校”。由于国别民族不同，文化意识形态多样，经济社会发展进程不一，我国与外国，尤其与西方发达国家在教育体制、教育观念、管理体制、人才引进策略等方面都存在着巨大差异。但是毋庸置疑的是，既不能仅仅站在“人”（这里主要指高校教师，或者学术人才）的角度，也不能只在站在“国家”的角度分析国家的利弊得失，而应当重视“高校”这一“人”与“国家”之间的重要媒介，认识到师资队伍建设、教育质量提升的重担最终落脚点在于高校，高校理应承担其国际学术人才引进和教师聘任制度改革的主体责任，因此可以说国内外研究不足之一在于研究视角的不足。

其次，从研究方法来看，国外相关研究主要采用了实证主义研究方法，而国内则更多地使用理论思辨与逻辑推理等研究方法，事实上，后实证主义研究方法理应成为学术人才国际流动中高校教师聘任制度研究的方法论选择，坚持量化研究与质性研究相结合，同时关注“价值”与“事实”，才能坚固研究成果的科学性与实用性，既保障国际学术人才聘任的数量与质量，又能够使之符合我国社会经济发展的现实需要。

最后，从研究内容来看，无论是国外研究，还是国内研究，对学术人才国际流动与高校教师聘任制度，均有一定程度的深入，并且形成了一定程度的理论体系和实践网络，但是缺少专门针对国际学术人才引进的高校教师聘任制度研究。

四、可能突破口与拟创新点

根据国内外相关研究的成就与不足，本书将重点针对以下几个方面加以深入研究，试图在人才国际流动大背景下，构建较为系统的高校教师聘任制度，为建设高水平国际化高校师资队伍提供智力支持。首先，采取中观视角，从“高校”的立场出发，探索高校，尤其是高校教师聘任制度，在学术人才国际流动中的地位和作用。其次，采用量化研究与质性研究相结合的研究方法，结合文献法、访谈法、问卷调查法，总结和归纳现状与问题的同时，选取适合的变量，利用多元回归分析，构建相关数学模型，全面揭示学术人才国际流动的动因，以及高校教师聘任制度中资格准入、招聘、薪酬绩效、聘期考核、解聘退出对国际学术人才入境工作的影响。统一国际学术人才引进中个人发展与国家社会经济发展的双重目标。最后，在研究内容方面，切实联动学术人才国际流动与高校教师聘任制度之间的关系，专门针对学术人才国际流动的深层次动因构建一套合理的高校教师聘任制度，使高校成为国际学术人才引进的真正主体，实现高校人才管理的自主性。

第三章　核心概念与理论基础

人才资源位于人口资源、劳动力资源以及人力资源“金字塔”的塔尖，人才迁移动因理论对学术人才国际流动具有较强的解释力。梳理不同历史背景下人才迁移动因理论发展方向，总结人才迁移动因，了解学术人才国际流动的内在机理，掌握学术人才引进工作的客观规律，是实现人才外流向人才回流的理论基础。同时，学术人才的独特性，决定了学术人才国际流动与一般性人口迁移之间存在较大区别，与高校教师聘任制度存在相关性。廓清学术人才、高校教师聘任制度的内涵外延，是把握二者间联动效应的前提条件。因而，研究重点参考人才迁移动因理论，遵循学术人才与高校教师聘任制度的内涵特征，以期为后续研究奠定基础，实现以高校教师聘任制度为桥梁，连接国内外学术人才市场，为国际学术人才合理流动提供平台。

第一节　核心概念

“学术人才国际流动中的高校教师聘任制度研究”主要涉及两个核心概念，即“学术人才国际流动”与“高校教师聘任制度”，因而，应当从两个逻辑路径去把握核心概念。一是遵循“人才—学术人才—学术人才国际流动”的逻辑顺序，由“人才”概念内核延伸至“学术”领域，全面概括学术人才的内涵与评价标准，界定学术人才国际流动的内涵与外延；二是遵循“制度—高校教师聘任制度”的逻辑顺序，推演“高校教师聘任制度是什么，包含哪些内容”。

一、学术人才国际流动的内涵界定

（一）人才的内涵与评价维度

《诗经·小雅·菁菁者莪·序》有言：“菁菁者莪，乐育材也，君子能长育人才，则天下喜乐之矣”。人才学是我国传统文化中的亮点，“人才”二字通常具有两重含义：一指有某种才能的人，包括治国之才、领军之才、谋事之才等等，例如，《国语·齐语》中“夫管子，天下之才也，所在之国则必得志于天下”。《战国策·秦策》中也有“得人才者得人心，得人心者得天下”。汉代王充在《论衡·累害》中指出：“人才高下，不能钧同。”晋代葛洪的《抱朴子·广譬》也指出：“人才无定珍，器用无常道。”因而，人才评价不可求全责备，具有某项专门才能的人即可称之为人才。二指有学识的人，例如，谢灵运称：“天下才有一石，曹子建独占八斗，我得一斗，天下共分一斗。”晋代葛洪在《抱朴子·逸民》中提出：“褒贤贵德，乐育人才。”王安石在《上仁宗皇帝言事书》中指出：“则天下之人才，不胜用矣。”以上古籍中关于人才的论述则主要指有学识的人。除此之外，“人才”在杂文、小说中指代相貌出众的人，如称赞某人“一表人才”。

中华人民共和国成立以来，尤其是改革开放后，人才在经济社会发展中的贡献有目共睹，政府和学术界对于人才界定、人才评价标准的探索力度加强，人才学成为当时的“显学”。1979 年 11 月中国首届人才学术讨论会在北京召开，人才的内涵引发了众多学者的激烈讨论，虽然没有形成具体的解释，但是为我们更好地理解和评价人才提供了有益的思路。1982 年，国家发改委 149 号文件明确规定了“专业人才”的双重界定标准，一是具有中专以上学历者，二是具有技术员和相当于技术员以上的专业技术职务任职资格者。这一定义具有较强的统计意义，但是以学历职称来代替人才的丰富内涵，限制了人才遴选与发展。为此，人才学专家们持续展开讨论。叶忠海提出：“人才，是指那些在各种社会事件活动中，具有一定的专门知识，较高的技能和能力，能够以自己的创造性劳动，对认识、改造自然和社会，对人类进步作出了某种贡献的人。”① 王通讯指出：“人才就是为社会发展和人类进步进行了创造性劳动，在某一领域，某一行业，或某一工作上作出较大贡献的人。”② 这些讨论为政府工作提供了智力支持。2003 年《中共中央国务院关于进一步加强人才工作的决定》明确规定：“只要具有一定的知识或技能，能够进行创造性劳动，为推进社会主义物质文明、政治文明、精神文明建设，在建设中国特色社会主义伟大事业中作出积极贡献，都是党和国家需要的人才。”2010 年，《国家中长期人才发展规划纲要（2010—2020 年）》在以上观点的基础，将人才定义为“具有一定的专业知识或专门技能，进行创造性劳动并对社会作出贡献的人，

① 叶忠海等．人才学概论［M］．长沙：湖南人民出版社，1983：59.

② 王通讯．人才学通论［M］．天津：天津人民出版社，1985：1-2.

是人力资源中能力和素质较高的劳动者”。

英文中难以找到与“人才”内涵完全契合的词语，内涵相近的词语，如genius、talent、profession，其中genius语气较强，通常指天赋极高的天才；talent则倾向于某些才能；profession指代专业人才，三者均与人才的内涵差异较大，因而国外学者在研究人才流失和人才回流时采用了专门词组——“brain drain”与“brain gain”。在数据统计时，则主要包含科学家、医生、工程师、教授、研究人员、博士等具有高等学历和专业技术的人员。因而可以看出，学历与技能是国外关于人才评价的重要指标。

在总结了有关人才的定义与规定后，可以看出人才具有四层含义：（1）身体健康、品德优良，能够履行相应工作任务；（2）有较高层次的学历，拥有较为精深或广博的专业知识；（3）具有较强的实践能力，能够较好地运用已获得的专业知识；（4）已经通过实践取得了高于一般水平的业绩和贡献。

就人才评价维度而言，刘圣恩认为人才具有历史性、实践性、创造性。① 张鹏提出人才三维标准，即接收、运用、创造知识的能力。② 吴江认为人才具有专业性、价值性与时代性。③ 沈荣华认为人才标准包含三要素“一是知识要素，即受教育的程度；二是能力要素，即经历；三是业绩要素，即所作的贡献”。王德劲、陈晓毅认为人才具有三个本质特征，包括内在素质或能力的优越性、劳动的创造性和贡献或业绩的超常性。④ 为了统一标准和维度，2003年《中共中央国务院关于进一步加强人才工作的决定》指出在人才评价过程中“要坚持德才兼备原则，把品德、知识、能力和业绩作为衡量人才的主要标准”。结合人才定义以及学者对人才标准的划分，人才评价标准可以划分为四个维度，分别为身心素质、知识水平、实践能力、业绩成就（见图3-1）。

首先，身心素质。身心素质是人才发挥作用的物质保障。一方面，拥有健康的体魄在我国传统文化中被认为是人才的基本特征之一。虽然老骥伏枥，志

---

① 刘圣恩，马抗美．人才学简明教程［M］．北京：中国政法大学出版社，1987：2-5.

② 张鹏．对人才定义的思考与建议［J］．人才开发，2000（4）：29.

③ 人民网．人才概念新内涵［OB/EB］．［2016-7-4］．http：//renshi. people. com. cn/GB/11974796. html.

④ 王德劲，陈晓毅．人才外流的经济影响问题研究［M］．北京：中国社会科学出版社，2013：13.

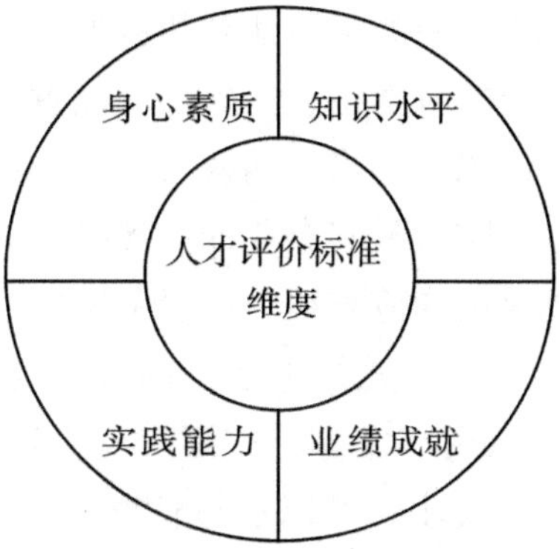

图 3-1 人才四维标准图

在千里，但是也要问一句“廉颇老矣，尚能饭否”。人才的劳动不同于模仿性、重复性的体力劳动，而是多为创造性智力劳动，需要良好的身心素质作为支撑。因此，为了提高人才引进工作效益，年龄是人才评价的重要指标，否则容易造成人才成本与人才收益的失衡。另一方面，良好的道德品质是人才发挥积极作用的保障。与西方文化中“科学技术中性论”不同的是，我国传统文化中认为作为高深知识与特殊才能的载体，人才的道德品质与才能学识间存在相互作用关系，认为“才者，德之资也；德者，才之帅也”。“在两汉与隋唐史，以德才劳为中心，三者孰轻孰重，始终是选官争论的主要议题”①。《吕著中国通史》中指出我国古代用人“第一是德，第二是才，第三才数到学识”②。然而，过分重视德行而错失具有某种才能学识的人，可能会失去经济社会发展的关键人物，早在春秋战国时代，管子就意识到这一问题，因而指出：“明主之官物色，任其所长，不任其所短，故事无不成，成功无不立。”但是直至今天，新编《辞海》对“人才”的解释依然是“有才识学问的人，德才兼备的人”。总而言之，在考察人才的过程中，应当重视身心素质，着重遴选身体健康、精力充沛、乐业奉献的人才，同时防止以偏概全，一叶障目，从而错失良才。

其次，知识水平。也有学者为了简便，采用统计口径，直接以达到某种学历水平或职称水平代替复杂的关于知识水平的考察。虽然这种方式具有一定的

① 宁欣．论唐代荐举［J］．历史研究，1995（4）：125-134.

② 吕思勉．吕著中国通史［M］．上海：华东师范大学出版社，1992：110.

片面性，却是在人才评价指标体系不完善的形势下较为合理的一种方法。学历水平要求特定对象通过一定年限的学习达到相应的学习成绩标准方可获得相应的文凭证书，因而具有一定的科学性。另外值得注意的是工作和生活经历赋予了特定对象一定的阅历与认识，应当被纳入人才评价标准。同时也需注意学历背景，如获得的学历所在的院校及其专业的世界排名、导师声誉与世界影响力等，以及学习期间学业成绩也均应被纳入评价范围。

再次，实践能力。实践能力是知识水平的升华与体现。一方面，实践能力体现特定对象对知识的运用与发挥，实际工作中通常会出现机械学习导致的“书呆子”，因而在评价人才时可以通过面试、试用等方式考察其实践能力，着重观察其能否解决实践问题，尤其是当前社会经济重要领域内的关键问题，是否符合当前时代需要和用人单位需要。另一方面，在“文凭工厂”泛滥、考核材料造假等学术失范问题频发的背景下，实践能力的考察是对才能学识的再鉴定，防止文凭造假、学术舞弊等问题导致的人才遴选失误。

最后，业绩成就。人才的劳动通常具有创造性，在前人经验基础上实现突破，其劳动结果通常能够为相关领域、地区、国家甚至全人类带来较大收益，业绩成就突出。通过对其已有的业绩成就进行考察能够较好地把握其才能学识的优越性与超常性。根据帕累托定律，人才是特定全体中的20%的优秀者，某一行业或领域中的人才通常是其中的优异者，其业绩成就理应具有一定的超常性，因而在考察业绩成就是否突出时，可以参考帕累托定律，将考察对象中的前20%的表现作为人才评价的最低标准。

（二）学术人才的内涵及其评价维度

关于学术人才内涵的界定与研究相对较少，当前国内外学者主要采取描述性定义方法。邦德（Harald Bauder）将学术人才定义为“已经或准备进入学术劳动力市场的博士生、博士后、初级教授和教授”①。西蒙（Simon L. L.）则将其直接定义为“高等教育机构（大学与学院）的教师”②。汪怿认为学术人才是“以学术研究、传播为职业的人才，一般可包括在高等教育机构、公

① Harald Bauder. The International Mobility of Academics：A Labour Market Perspective [J]. International Migration，2015，53（1）：83-96.

② Simon L. L. Academic Brain Gain [J]. Australian Quarterly，1976，48（3）：34-43.

共研究机构、私人研究机构开展学术研究的人员"①。总结以上观点，考虑到国内外学者对"学术职业"的研究成果较为丰富，可以将学术人才定义简化为"从事学术职业的人才"，再根据学术职业的内涵与本质属性进行分析，从而掌握"从事学术职业的人才"的评价标准。

"学术职业（Academic Profession）是社会分工形成的一种职业，从事这种职业的主要人群是高等学校的教师"②。博士生、博士后研究者则是从事这一职业的潜在群体。投身于学术职业意味着将要承担一项特殊的义务，即通过学术活动获取真理并传播真理、实现人类上升式延续。为了实现核心价值，学术人才必须具备相应的学术能力，契合当前社会经济发展需要。结合人才的定义与评价标准，学术人才评价指标体系构建如下（见表 3-1）：

表 3-1 **学术人才评价指标体系**

一级指标	二级指标	三级指标
身心素质	身体素质	年龄
		身体健康
	道德品质	无学术失范行为
		乐于从事学术职业、获得相关表彰
知识水平	教育背景	各层次学历取得院校的国际国内排名
		各层次学历专业的国际国内排名
		导师、所在实验室国际国内排名
	专业资格	专业资格证书
		职位职称或学术职务
实践能力	工作经历	工作年限、工作内容、担任职务、所在单位国际国内地位
		相关领域工作经验
	面试成绩	开展教学或学术讲座的能力
		外语能力
		沟通交流能力
		团队合作能力

① 汪怿．学术人才国际流动及其启示［J］．教育发展研究，2006（7）：34-39.

② 沈红．论学术职业的独特性［J］．北京大学教育评论，2011（3）：18-28.

续表

一级指标	二级指标	三级指标
业绩成就	学术产出	学术论文（被 SCI、EI、SSCI、ISI、ISTP 收录）与学术著作的数量、被引次数、署名顺序、整体水平
		主持或参与科研项目的数量、经费、参与人数、承担任务
	成就影响	参与或组织学术会议、学术活动的情况
		在国际国内重要学术团体、机构的任职情况
		担任国际国内权威学术刊物编辑职务的情况

采取如表 3-1 所示的四维指标体系基本能够对学术人才进行筛选，并具有一定的科学性与客观性。但是，在我国人才紧缺、人才经费紧张、人才成本上扬的背景下，为了尽可能实现人才效益的最大化，还应当考虑学术人才的预期作用效益，考察学术人才的时代性、紧缺性与匹配度。首先是时代性，即学术人才的才能学识是否具有前沿性、创新性，能否满足当前社会需要，引领社会进步；其次是紧缺性，即学术人才的才能学识是否能够较好地弥补国内相关行业领域与国际水平的差异，实现关键领域的突破与发展；最后是匹配度，即国内相关行业、高校是否为学术人才已经搭建或有能力搭建相关专业平台与配套设施，避免人才浪费与人才再流失。对学术人才评价与预期作用效益进行综合考量，将在更大程度上实现关键性学术人才引进效果的提升。

（三）学术人才国际流动的内涵界定

学术人才国际流动并非专业名词，国内外关于学术人才国际流动的研究中有着不同的表达方式，其中主要有人才流失（brain drain）、人才回流（brain gain）、人才环流（brain circulation），三者在时间逻辑上呈连续状态。当高层次人才出现较大规模流出所在国，引发学界关注，成为研究主题时，出现了人才流失这一表达方式，并且引发了人才回流期望，当前学术人才国际流动更多地呈现出“环流”状态。在此基础上，研究将学术人才国际流动定义为已经或准备进入学术劳动力市场的博士生、博士后、初级教授和教授在世界范围内的循环流动。

二、高校教师聘任制度的内涵与模块

理清高校教师聘任制度的内涵，要遵循“制度—高校教师聘任制度”的分析逻辑，在厘清制度内涵的基础上，结合高校教师聘任实践，借鉴前人研究成果，推演出高校教师聘任制度的内涵与构成模块。

（一）制度的内涵

要厘清高校教师聘任制度的内涵与外延，首先要明确“制度”的概念。一种划分方法是将制度划分为广义的制度与狭义的制度。广义的制度包括正式制度与非正式制度，狭义的制度则仅指成文的规则。《辞海》将“制度”定义为“一种‘规程’或‘体系’；要求成员共同遵守的、按一定程序办事的规程”。① 不同学者则有不同的认知角度，将其定义为一系列规范准则②、一种行为模式③、一个特定的组织④或一种社会关系结构⑤。具体而言，诺斯（Douglass C. North）将其解释为“一系列被制定出来的规则、守法秩序和行为道德、伦理规范，它旨在约束主体福利或效用最大化利益的个人行为”。⑥ 马奇和奥尔森（James G. March & Johan P. Olsen）认为，制度是社会组织规则，包括惯例、程序、习俗、角色、信仰、文化和日常中的知识。制度不仅包括正式规则、程序和规范，还包括为人的行动提供“意义框架”的象征系统、认知模式和道德模板。⑦ 休·E. S. 克劳福德（Sue E. S. Crawford）和埃里诺·奥斯特罗姆（Elinor Ostrom）指出制度包括三个维度，认为制度是一种均衡、一种规范、一种规则。⑧

另一种划分方法则是将制度划分为内在制度与外在制度，内在制度包括习惯、内化规则、习俗和礼貌、正式化内在规则；外在制度包括外在行为规则、

① 辞海［Z］. 上海：上海辞书出版社，1989：485.

② ［美］道格拉斯.C. 诺斯. 经济史中的结构与变迁［M］. 陈郁等，译. 上海：上海三联书店，1994：225-226.

③ ［美］塞缪尔·亨廷顿. 变革社会中的政治秩序［M］. 李盛平等，译. 北京：华夏出版社，1988：12.

④ 参考：［美］G. 邓肯·米切尔. 新社会学词典［Z］. 蔡振扬等，译. 上海：上海译文出版社，1987：177；［美］W. 理查德·斯科特. 制度与组织——思想观念与物质利益［M］. 北京：中国人民大学出版社，2011：158.

⑤ 高兆明. 制度伦理研究·一种宪政正义的理解［M］. 北京：商务印书馆，2011：12.

⑥ ［美］道格拉斯·C. 诺斯. 经济史中的结构与变迁［M］. 陈郁等，译. 上海：三联书店上海分店，1991：226.

⑦ James G. March, Johan P. Olsen. Rediscovering Institutions: The Organization Basis of polities [M]. New York: Free Press, 1989.

⑧ Sue E. S. Crawford, Elinor Ostrom. Grammar of Institutions [J]. American political Science Review, 1995, 89 (3): 582-599.

具有特殊目的指令、程序性规则和元规则。① 内在制度与外在制度是相互作用的交合体，其中内在制度是外在制度的源泉，外在制度则是内在制度的体现，同时也是内在制度生成与发展的保障，能够有效观测和增进内在制度的作用效果，“它们（外在制度）可能会降低信息、监督和实施成本”。②

著名制度经济学家青木昌彦指出：“关于制度的定义不涉及谁对谁错的问题，它取决于分析的目的。”③ 在学术人才国际流动背景下探讨高校教师聘任制度将会涉及组织、规则、规程甚至伦理问题，因而，本书采用广义的制度概念，认为制度是一系列规则，它规定了组织结构、行为流程、行为标准以及行为伦理，用以约束或规范特定的行为对象。

（二）高校教师聘任制度的内涵与模块

结合“制度”的定义再来看高校教师聘任制度的内涵，首先要区别“高校教师聘任制”与“高校聘任聘任制度”。“高校教师聘任制”对应“高校教师事业单位编制”，我国高校人事制度改革之前，高校作为全额拨款事业单位，其工作人员的工资和活动经费一般由国家事业费开支，高校教师列入“事业编制”，签订“行政合同”。“高校教师聘任制”则指学术人才与高校间存在契约关系，二者签订“劳动合同”。“高校聘任聘任制度”则指在高校教师实行“劳动合同”聘任方式背景下，针对“高校教师聘任”这一行为对象，制定并实施的一系列规则。

因而，确定“聘任”的内涵显得十分重要。“聘任”，区别于“招聘”这一单一程序，聘任是“聘”与“任”的结合，是由“进”到“出”的综合系统，“招聘”则是其中一个环节。在此基础上，不同的学者对高校教师聘任制度理解不同。郭丽君认为高校教师聘任制度，即通过聘用合同的形式把岗位设置、招聘过程、任用管理、解聘事由、薪资以及争议处理等环节同学校和教师双方的责任、权利、义务组合而成的规则系统。④ 王慧认为高校教师职务聘任

---

① ［德］柯武刚，史漫飞．制度经济学——社会秩序与公共政策［M］．韩朝华，译．北京：商务印书馆，2000：123-131.

② ［美］道格拉斯·C. 诺斯．制度、制度变迁与经济绩效［M］．李强，译．上海：三联书店，1996：63-64.

③ ［日］青木昌彦．比较制度分析［M］．周黎安，译．上海：上海远东出版社，2002：79.

④ 郭丽君．学术职业视野中的大学教师聘任制研究［D］．华中科技大学，2006：23.

制度基本内容涵盖了岗位设置、聘任办法、聘后管理和合理流动。① 王应密从学术职业的视角指出高校教师聘任制度包括准入制度、评价制度、晋升制度、薪酬制度以及解聘制度等几个方面。② 杨毅认为高校教师聘任制度包括“聘”和“任”两个部分，其中正式制度包括了准入机制、晋升机制、考评机制、分配机制以及退出机制等制度。③ 李曼认为高校教师聘任制度包含准入制度、晋升制度、考核制度、薪酬制度和退出制度五个独立又相互关联环节。④

结合制度、聘任的内涵，区别于“高校教师聘任制”“高校教师聘任制度”是针对高校教师由“进”到“出”的过程中的组织结构、行为流程、行为标准以及行为伦理的一系列规则，可进一步划分为资格准入制度（R，Requirement）、公开招聘制度（R，Recruitment）、薪酬绩效制度（R，Remuneration）、聘期考核制度（E，Evaluation）与解聘退出制度（D，Dismission）（见图 3-2）。

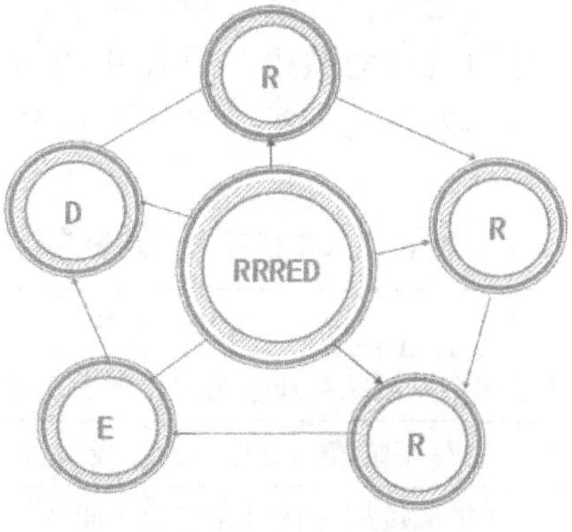

图 3-2　高校教师聘任制度构成

第二节　理论基础：人才迁移动因理论

联合国《多种语言人口学词典》中将“人口迁移”定义为“人口在两个

① 王慧．高校教师职务聘任制改革研究［D］．河海大学，2007：53-81.
② 王应密．中国大学学术职业制度变迁研究［D］．华中科技大学，2009：摘要 I．
③ 杨毅．新中国高校教师聘任制度变迁研究［D］．西南大学，2013：9.
④ 李曼．香港地区大学教师聘任制度研究［D］．西南大学，2015：23.

地区之间的地理移动或者空间移动，这种移动通常会涉及永久性居住地由迁出地到迁入地的变化”①，具有时间性与空间性。世界银行将其定义为“社区的改变，即社会经济行为主体比较长期地迁居到一定距离以外，从而引起常驻地发生变化的人口行为”②。这为观察国际学术人才的流动提供了有益的视角。人才迁移动因理论源远流长，可以溯及至“推拉理论”。“推拉理论”从宏观视角，分析迁入地与迁出地双方对人口迁移的促进因素和制约因素，进一步拓展了理论解释力。随着研究人口迁移的学者不断增多，以及相关研究的持续深入，逐渐衍生了其他理论派系，相关学者分别从经济学、心理学、政治学等学科视角出发，去探索影响人才国际流动的其他动因。

一、宏观视角：推拉理论

1885 年、1889 年，E. G. 列文斯坦（E. G. Ravenstein）公开发表了两篇主题为“论迁移的规律”的论文，尝试回答人口迁移的作用机制，指出“大多数人希望在物质方面得到改善的欲望”是迁移的最大动力③，全面总结了“人口迁移七大定律”（表 3-2），为“推拉理论”奠定了基础。

表 3-2　　**列文斯坦“人口迁移七大定律”④**

规律	内　容
扩散性	迁移初期以短距离迁移为主，随后引发大规模“迁移流”
阶梯性	特定中心（城镇）对迁移者的吸引力随距离拉长而减少
相反性	扩散过程与吸引和展示相同特征的过程相反
中心性	长距离迁移者倾向迁往大的商业和工业中心
补偿性	大迁移流通常伴有补偿性回迁流
城乡性	农村居民更具迁移性
性别性	女性更具迁移性

① 何亚平．上海国际化人口研究［M］．上海：华东师范大学出版社，2012：22.

② 何亚平．上海国际化人口研究［M］．上海：华东师范大学出版社，2012（10）：22.

③ 李竞能．现代西方人口理论［M］．上海：复旦大学出版社，2004：139.

④ 李竞能．现代西方人口理论［M］．上海：复旦大学出版社，2004：137.

1938年，赫伯尔（R. Herberle）发表“乡村—城市迁移的原因”，认为迁移行为发生机制由迁出地的“推力”与迁入地的“拉力”构成，同时指出“推力”与“拉力”均不是单一因素，而是由若干因素同时共同构成。这一观点具有十分重要的理论意义，然而在当时尚未产生较为广泛的影响。1959年、1969年，D. J. 博格（D. J. Bogue）撰写并修订了《人口学原理》，全面丰富了“推拉理论”，归纳了影响人口迁移的12个推力因素（push factor）与6个拉力因素（pull factor），指出迁移行为是在推力与拉力的共同作用下发生的。

在成为解释人口迁移基本理论的同时，“推拉理论”也成为相关学者批评的焦点。其中，B. 托马斯（Brinley Thomas）尤其尖锐地指出：“没有什么比单开一张标签为‘推’和‘拉’的因素表，然后作此描述性估价来得简单了。”① 为此，部分支持者在保留原有理论框架的基础上，对“推拉理论”加以改良。1966年，爱弗雷德·李（E. S. Lee）提出“推拉理论”四因素论，即迁出地、迁入地、介入障碍、个人因素，并指出迁出地、迁入地均存在人口迁移的正负因素，或者说均存在“推力”和“拉力”，在此基础上完善了“推拉理论”的基本框架（见图3-3）。同时，爱弗雷德·李（E. S. Lee）丰富了人口迁移规律，包括迁移量6大规律、迁移流6大规律以及迁移者7大规律。

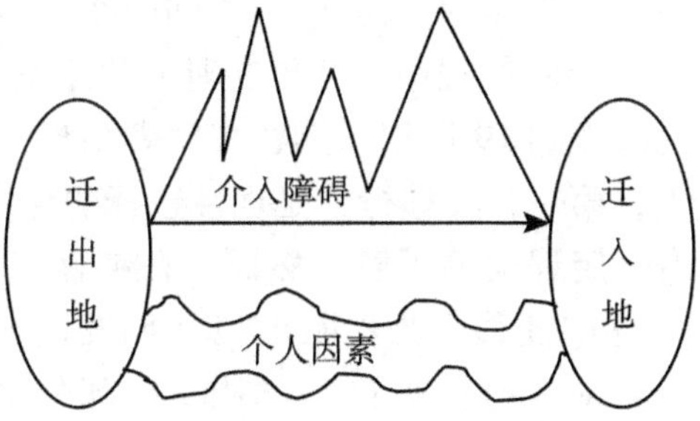

图3-3 爱弗雷德·李“推拉理论”框架

爱弗雷德·李（E. S. Lee）的努力促使“推拉理论”在学术界引发了热烈讨论，部分学者在其指导下，构建了“推拉理论”分支及其模型，其中包括距离模型、引力概念、劳里回归模型等。

首先，距离模型。E. G. 列文斯坦（E. G. Ravenstein）早已指出迁移与距

① Brinley Thomas. Migration and Economic Growth [M]. Cambridge: Cambridge University Press, 1945: 26.

离呈负相关关系，爱弗雷德·李（E. S. Lee）则认为空间距离属于“介入障碍”。1963 年，G. S. 托尼（G. S. Tolley）发现 100 英里以内的短距离流动可以维持原有的社会关系，100 英里至 1000 英里内的区域间迁移可能难以维持，1000 英里以外的长距离迁移则需要融入新环境。①

其次，引力模型。1949 年，G. K. 普兹（G. K. Zipf）则明确指出迁移概率与距离成反比，并构建了引力模型。引力模型如下：

$$M_{ij} = K\frac{P_i P_j}{D_{ij}}$$

其中，M_{ij}表示 i 地到 j 地迁移量，K 是常数，P_i、P_j 表示 i 地 j 地人口数量，D_{ij} 表示 i 地到 j 地之间的距离。②

最后，劳里回归模型。1966 年，西方学者认为就业机会是人口迁移的决定性因素，在此背景下，I. S. 劳里（I. S. Lowry）构建了劳里回归模型，这在一定程度上解释了高失业区向繁荣地区间的人口迁移。劳里回归模型如下：

$$M_{ij} = K\frac{U_i}{U_j}\frac{W_i}{W_j}\frac{L_i L_j}{D_{ij}}$$

其中，M_{ij}表示 i 地到 j 地迁移量，K 是常数，U_i、U_j 分别表示 i 地、j 地的失业率，W_i、W_j 分别表示 i 地、j 地制造业的小时工资，L_i、L_j 分别表示 i 地、j 地的非农业劳动力人口数量，D_{ij}表示 i 地到 j 地之间的距离。③

在深入发展与不断完善的过程中，“推拉理论”逐渐成为 19 世纪中期解释人口迁移的基础理论。直到 19 世纪后期，有学者指出“推拉理论”主要建立在两项理论假设之上，第一，迁移行为是理性选择的结果；第二，迁移主体对迁出地与迁入地具有一定程度的了解。然而，在纯粹理性人假设受到质疑，以及与“推拉理论”相悖的迁移行为不断出现（如发达地区向不发达地区的人口迁移）的背景下，针对“推拉理论”的质疑，部分学者另辟蹊径，从经济学、心理学、政治学等多学科视角出发，探索解释人才迁移动因机制。

二、经济学视角：“成本-收益”理论

1961 年，T. W. 舒尔茨（T. W. Schults）在《人力资本投资》一书中将迁

① 李竞能．现代西方人口理论［M］．上海：复旦大学出版社，2004：141.

② 吕晨．人口的迁移与流动——人口空间集疏的机理研究［M］．广州：中山大学出版社，2014：15.

③ 吕晨．人口的迁移与流动——人口空间集疏的机理研究［M］．广州：中山大学出版社，2014：14.

移看作一种旨在获得经济收益的人力资本投资行为。他认为“一个潜在的迁移者要综合考虑他在迁移过程中的成本、投资、代价及迁移后可能获得的好处（即收益）”①。迁移成本较低、经济收益较高，或者说成本-收益比例较低时，容易发生迁移行为。T. W. 舒尔茨关于人口迁移的经济学表述，将人口迁移作为理性选择的结果，是一种投资行为。但是，其观点存在一定的不足，即迁移收益存在量化难度。为了实现对成本、收益的计量，L. A. 萧斯塔（L. A. Sjaastad）对舒尔茨的理论观点加以提炼总结，引入了预期收益的概念，构建人口迁移“成本-收益”模型如下：

$$PV_{ij} = \sum_{t=1}^{T} \frac{U_j^t - U_i^t - C_{tj}^t}{(1+r)^t}$$

其中，PV_{ij} 表示从 i 地到 j 地净所得的现在价值；U_k^t 表示 t 时在 i 地或 j 地所预期的实际收入；j 表示迁入地，i 表示迁出地；r 表示折扣率；T 表示预期所剩下的生命长度；C_{ij}^t 表示 i 地或 j 地的迁移成本。②

当 PV_{ij} 大于 0，则容易发生迁移行为，当 PV_{ij} 小于 0，则不容易发生迁移行为。

L. A. 萧斯塔（L. A. Sjaastad）构建的人口迁移“成本-收益”模型对于发展中国家人口迁移问题具有一定的解释力。在 L. A. 萧斯塔之后，多位学者对其理论模型加以优化，如 M. P. 托达罗（M. P. Todaro）、J. R. 哈里斯（J. R. Harris）、伦培尔（Rempel）。其中 M. P. 托达罗构建的人口流动预期模型引发了较为热烈的讨论，该模型如下：

$$\frac{\bar{s}}{s}(t) = F\left[\frac{Y_U(t) - Y_R(t)}{Y_R(t)}\right],\quad F > 0$$

其中，$\bar{s}$ 表示农村流入城镇的净劳动力，s 表示城镇原有劳动力，$Y_U(t)$ 表示农村劳动力在城镇可获得的收益，$Y_R(t)$ 表示农村劳动力在农村的预期收入现值。③

M. P. 托达罗人口流动预期模型核心内容在于城乡预期收益差额与农村预期收益的比例与迁移人口与总人口比例呈正相关，主要用于解释城乡人口流

---

① 吕晨．人口的迁移与流动——人口空间集疏的机理研究［M］．广州：中山大学出版社，2014：12.

② 李竞能．现代西方人口理论［M］．上海：复旦大学出版社，2004：163-164.

③ 吕晨．人口的迁移与流动——人口空间集疏的机理研究［M］．广州：中山大学出版社，2014：12-13.

动，其中农村也可以看作迁出地，城镇则可以看作迁入地。随着人口迁移“成本-收益”理论深入与模型优化，有学者开始探索国际移民“成本-收益”模型。1987 年，D. S. 梅西（D. S. Massey）和 F. G. 斯班纳（F. G. Espana）构建了国际移民“成本-收益”模型如下：

$$ER(0)=\int_0^n [P_1(t)P_2(t)\gamma_d(t)-P_3(t)\gamma_0]\,e^{-\gamma t}dt-C(0)$$

其中，ER（0）表示国际迁移前预期的纯收益，t 是时间变量，P_1 表示迁入地（国）入境拘留管制，P_2、γ_d 表示迁入地（国）工作机会、可能的收益；P_3、γ_0 分别表示迁出地（国）的工作机会与可能的收益：e 表示汇率变动；C 表示迁移成本。①

如果 ER（0）大于 0，即在迁移不受入境管制、能够发生的基础上，能够获得迁入地工作机会，获得收益的差额高于迁移成本，容易发生迁移行为；如果 ER（0）小于 0，即同样情况下，获得收益的差额低于迁移成本，则不容易发生迁移行为。

上述各种“成本-收益”模型仅指出成本与收益的概念，没有对成本、收益的构成进行分析与总结。1975 年，J. 达·万索（J. Da Vanzo）对迁移成本与收益进行分析，将成本划分为交通成本、信息成本、心理成本、机会成本、原有资产损失、筹措成本等；将收益划分为工资收益、福利上升、环境改善等。② 由于人口迁移的部分成本与收益难以计量，人口迁移“成本-收益”理论逐渐陷入僵局，部分学者开始从心理学、社会学等角度开展研究。

三、心理学视角：迁移动机理论

（一）迁移动机四要素

1978 年，R. R. 塞尔（R. R. Sell）与 G. 德·琼（G·De Jong）将迁移动机划分为四个要素，即可采用性、价值、预期、诱因，四者呈递进关系，即前一要素是后一要素的先决条件。首先，可采用性，即迁移行为的可能性，如迁入地入境限制、迁移成本支付能力、迁出地情感羁绊等。其次，价值，当迁移行为可能发生，价值观、价值判断将影响迁移行为发生，如迁移主体对迁移收

① 李明欢．当代西方国际移民理论再探讨［J］．厦门大学学报（哲学社会科学版），2010（2）：5-12.

② 李竞能．现代西方人口理论［M］．上海：复旦大学出版社，2004：164.

益与社会关系的选择，可以决定是否发生迁移。再次，预期，即潜在迁移者对迁移行为后果进行估算，例如，预期迁移行为将会带来“高收益”，可能会引发迁移行为，同时也可能导致失望后的返迁行为。最后，诱因，即导致迁移行为的最终“启动器”，如留学深造、跨国婚姻、跨国公司调职等。

（二）静态动机分析

首先，经济动机。1967 年，J. B. 兰辛（J. B. Lansing）与 E. 穆勒（E. Mueller）对微观迁移决策进行分析得出，“净经济所得”（主要表现为工资差异），是劳动力迁移的主要动因。其次，居住满意性动机。1955 年，P. H. 罗西（P. H. Rossi）指出，迁移行为通常伴随着生命周期导致的家庭规模变动，尤其是城市间迁移。随后，J. 沃尔伯特（J. Wolpert）、G. 萨巴（G. Sabagh）等人进一步指出，“当现住宅被认为与社会地位不相称，或者住宅被看作通向更高社会地位的手段时，这一动机是很重要的”。① 再次，社会/经济地位动机。1977 年，O. D. 邓肯（O. D. Ducan）、巴林杰（Barringer）、S. 芬得利（S. Findley）等人指出，在发展中国家，教育类迁移被当作社会与经济地位提升的主要途径成为人口迁移的主要部分。最后，生活方式偏好动机。1970 年代，W. 泽林斯基（W. Zelinsky）、G. 德．琼（G. De Jong）等人指出娱乐、消费、社区文化，乃至公园、娱乐设施、办公环境等社区生活方式称为迁移的决定性因素，R. J. 梅、R. 斯凯尔顿等人还提出了“亮光假说”，用以解释城市生活方式对迁移者的吸引力。

（三）压力临界值模型

1964 年，J. 沃尔伯特（J. Wolpert）提出“地方效用”的概念，指“一个人在一定时间内在空间迁移所获得的综合净效用”，并指出“地方效用”可能为正也可能为负。在“地方效用”理论基础上，L. A. 布朗（L. A. Brown）与 E. G. 摩尔（E. G. Moore）构建了压力临界值模型（见图 3-4）。

压力临界值模型从需求、期望、压力等心理学概念出发，分析了迁移者的心理过程，具有一定的启发性。1971 年，C. C. 罗斯曼（C. C. Roseman）对人口迁移压力临界值模型进行补充，并提出了部分迁移与完全迁移的概念。然而，越来越多的迁移行为无法用压力临界值模型进行解释，学界需要更加深入地了解人才迁移动因，必须从不同学科进一步扩大研究范围并深化研究内容。

① 李竞能．现代西方人口理论［M］．上海：复旦大学出版社，2004：164.

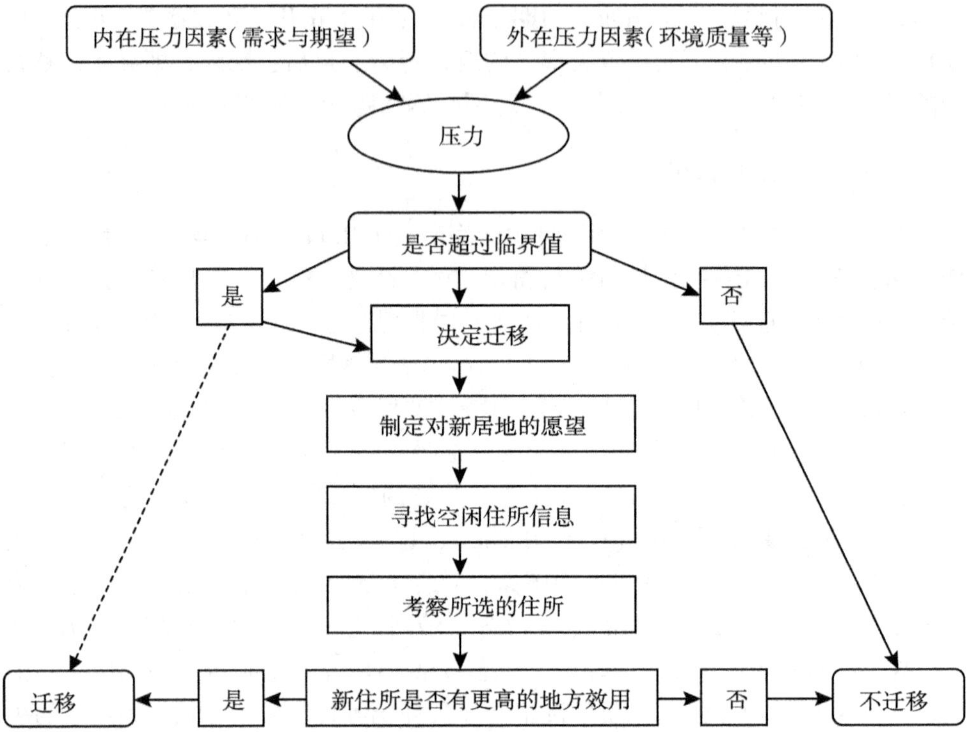

图 3-4　人口迁移压力临界值模型

四、政治学视角：世界体系理论

人口迁移世界体系理论核心内容在于“国际迁移直接来自市场经济全球化，这种全球化意味着一个导致资本主义经济关系的稳定的国际体系的存在”①。根据人口迁移世界体系理论，国际迁移是发展中国家资本主义市场化的必然结果，中心国家向边缘国家的经济渗透是迁移触发器；劳动流动与商品和资本流动反向而行，中心国家与边缘国家物质文化联系加强；原殖民地与宗主国间迁移量较大；政府难以通过调节资本投资、商品流动以控制国际迁移；中心国家对边缘国家干涉失败将导致国际难民迁移；国际迁移与工资、就业关联较小，是市场经济与全球经济结构的产物。这些观点在某种程度上解释了发展中国家向发达国家的人口迁移，但是对其他类型国际迁移解释力不足。

① 李竞能．现代西方人口理论［M］．上海：复旦大学出版社，2004：177.

五、多学科视角：移民系统理论

移民系统理论是基于网络理论、制度理论与因果关系累积理论的一种概括性、总结性移民理论。首先，网络理论认为，“社会网络由家庭、朋友和社区纽带组成，将移民和迁出地链接在一起，对促进和维持迁移流具有重要作用”①，主要表现为降低成本与风险、增加收益。国际移民随着社会网络的扩大而逐渐扩大，并形成系统的移民网络。其次，制度理论认为，“一旦国际移民开始，私人机构和一些自愿组织便会应运而生”②，并不断完善与发展，成为国际移民的重要支撑。最后，因果关系累积理论认为每一次迁移都是对迁移动机和期望的调整，从而产生一个动态的社会累积过程，这种过程不断重复，成为迁移的内在惯性。在以上理论的基础上形成了移民系统理论，它认为，移民是一个复杂、开放的系统，存在宏观与微观双重结构，迁移动机相互交织，共同作用于迁移行为。

相关学者从多个研究视角阐释了人口迁移是一种复杂的行为系统，其动因由客观可采用性、主观判断、经济收益、心理压力、政治博弈等因素相互交织，从而导致不断重复的迁移行为。

小　结

国际学术人才被定义为拥有中国大陆以外国家或地区学习与工作经历，具有博士及以上学历，有意愿从事或正在从事科研、教学等学术工作的高层次人才。在中国，学术人才除了指代博士、博士后以及高校教师以外，通常还包括其他科研组织的研究人员。

推拉理论、“成本-收益”理论、迁移动机理论、世界体系理论、移民系统理论，分别从宏观视角、经济学视角、心理学视角、政治学视角和多学科视角解释了人口迁移的主要动因，显示出人口迁移主要受宏观的推拉因素与微观的经济因素、心理因素、政治因素等多元因素间相互糅合产生的动力影响，一定程度上强化了学术人才国际流动的理论解释力。

---

① 王蓉蓉．海外人才回流与社会适应研究——以上海为例［D］．华东师范大学，2012：22.

② 孙常敏．世纪转变中全球人口与发展［M］．上海：上海社会科学院出版社，1999：146.

人才资源位于人口资源、人力资源、劳动力资源的金子塔尖（见图 2-5）。① 表现为数量与质量之间的反比关系，可以通过身心素质、知识水平、实践能力、业绩成绩加以衡量与评价。但是，在了解学术人才国际流动动因过程中，推拉理论、“成本-收益”理论、迁移动机理论、世界体系理论、移民系统理论等人口迁移理论还有待于拓展，在理论和实践上需要进一步加以丰富和细化。

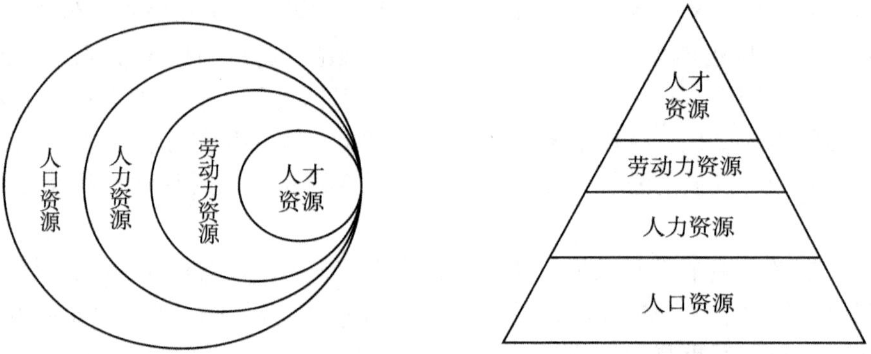

(a)人口资源、人力资源、劳动力资源、人才资源四者的包含关系

(b)人口资源、人力资源、劳动力资源、人才资源四者的数量关系

图 3-5 人口资源、人力资源、劳动力资源、人才资源四者关系

高校教师聘任制度作为与学术人才紧密相关的一系列规则，它规定了国际学术人才聘任过程中，高校这一行为主体的组织结构、流程标准以及伦理规范，一方面囊括了传统人才迁移动因理论中的经济动因、心理动因等；另一方面贯穿学术人才流动的全过程，包括资格准入、公开招聘、薪酬绩效、聘期考核、解聘退出。因而，在人才迁移动因理论的基础上，以高校教师聘任制度作为主要变量构建学术人才国际流动的理论框架与数学模型，可以解释我国高校教师聘任制度在引导人才回流、发挥人才引进效益中存在的不足及其制约因素，为改善我国高校教师聘任制度提供新型视角。

① 赵曼．公共部门人力资源管理［M］．北京：清华大学出版社，2005：5.

第四章　学术人才国际流动 RRRED 模型

构建系统性、整体性理论模型是探寻和了解学术人才国际流动的基础，通过对人才迁移动因理论的阐释、对国际学术人才评价指标的分析、对高校教师聘任制度的概述，应用访谈法与问卷调查法，细化高校教师聘任制度的指标，可以构建出学术人才国际流动的 RRRED 模型。国际学术人才流动 RRRED 模型，又称国际学术人才流动高校教师聘任制度模型，RRRED 指代高校教师聘任制度的五个主要模块，其中 R（Requirement）指资格准入制度，R（Recruitment）指公开招聘制度，R（Remuneration）指薪酬绩效制度，E（Evaluation）指聘期考核制度，D（Dismission）指解聘退出制度。五个模块分别契合了人才迁移动因理论中的可采用性、诱因（启动器）、成本-收益、职业发展、就业机会多个因素，且与高校教师聘任制度紧密相关，增强了学术人才国际流动的解释力（见图 4-1）。

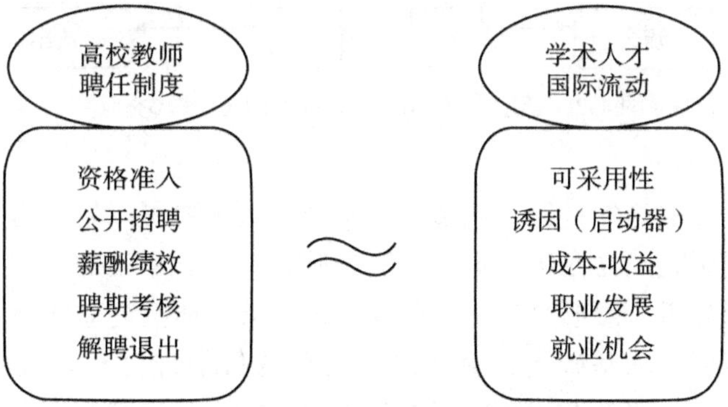

图 4-1　人才迁移动因理论与高校聘任制度内涵的契合性

第一节　研究设计

学术人才承担着知识继承、真理探索与人类上升式延续的伟大任务，在身心素质、知识水平、实践能力、业绩成就等方面具有超常性，其国际流动通常是理性选择的行为。高校作为学术人才国际流动第一跳板，是国际学术人才聘任的主体，拥有一定程度的自主权，高校教师聘任制度影响学术人才国际流动全过程（图 4-2）。

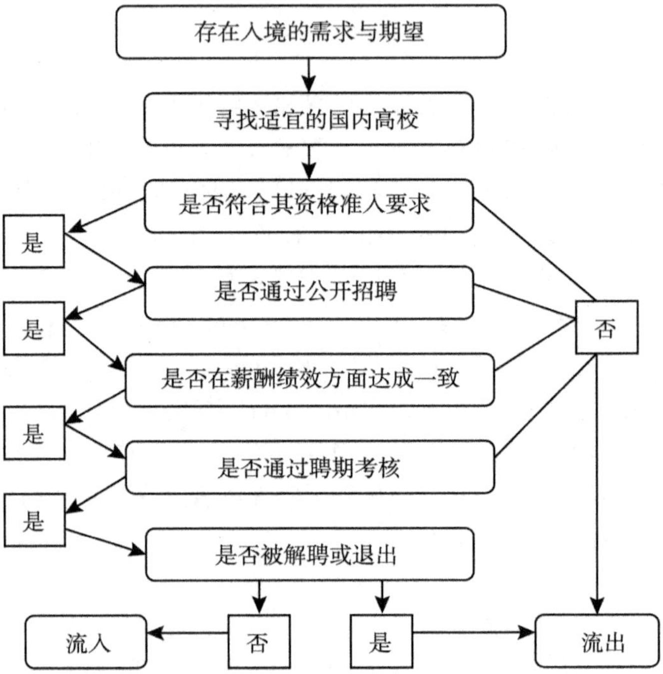

图 4-2 学术人才国际流动的 RRRED 理论模型

依据学科方法论的差异，社会科学研究方法主要可以划分为量化研究与质性研究。量化研究建立在实证主义方法论基础上，利用精确性测量工具对收集数据进行数理分析，形成可量化的研究结论；质性研究建立在后实证主义、构建主义、批判理性的基础上，关注研究对象的价值理性，纳入人的主观能动性，以研究者、被研究者的实地调查和主观判断来认识推演研究结论。问卷调查法与访谈法能够较好地实现量的研究与质的研究的耦合，以访谈法指导修订调查问卷，既遵循"科学主义"道路，也体现"人本主义"关怀。基于此，以人才迁移动因理论为指导，以学术人才国际流动的 RRRED 理论模型为框架，可以提出以下假设：

假设：国际人才流动与否及其效益高低与高校教师聘任制度，及其各个组成部分之间存在显著相关性。

在此，学术人才国际流动及其效益被划分为5个观测点，即学术人才入境后的工作满意度、学术产出数量、学术产出质量、再流失可能性、以才引才可能性。高校教师聘任制度则被划分为5个模块（资格准入制度、公开招聘制度、薪酬绩效制度、聘期考核制度、解聘退出制度）25个观测点。每个观测点参考里克特五点计分法进行调查和打分，并对其最终得分进行回归分析，用多元回归模型表示为：

$$E(Y)=\beta_0+\beta_1X_1+\beta_2X_2+\beta_3X_3+\beta_4X_4+\beta_5X_5$$

为了确定各项β系数值，可以通过编制《学术人才国际流动RRRED模型调查问卷》开展调查，对因变量与自变量分别进行量化，采用多元回归分析方法，对相关问题进行了检验、计量与讨论，最终确定学术人才国际流动的RRRED数学模型。

一、研究工具

本研究使用的分析工具主要是R软件（The R Project for Statistical Computing）。R软件是在S语言的基础上生成的更加简便的数学编程语言，是社会学、心理学、经济学领域内常用的统计分析软件，能够在S语言数据探索、统计分析、作图等功能的基础上，利用编程语言构建一套更加精确、系统的数据分析统计软件，因而具有一定的研究作用。其主要功能包括：数据存储和处理系统、数组运算工具（其向量、矩阵运算方面功能尤其强大）、完整连贯的统计分析工具、优秀的统计制图功能。R软件作为数学计算环境，与传统的集成统计工具不同在于，它提供各种数学计算与统计计算函数，用户可根据研究需要与现实条件使用简单的编程语言自定义数据输入与输出、实现灵活的数据分析，在数据量较少的情况下，最大程度保障计量结果的准确性。

二、调查工具

本研究所使用的调查工具是《学术人才国际流动RRRED模型调查问卷》。正式调查问卷含三个部分，包括“学术人才基本情况”（5个条目）、“国际学术人才聘后效益”（5个条目）、“高校教师聘任制度”（25个条目）。其中，“高校教师聘任制度”部分涉及5个维度，资格准入制度、公开招聘制度、薪酬绩效制度、聘期考核制度、解聘退出制度，其中每个维度又包含5个条目。“国际学术人才聘后效益”与“高校教师聘任制度”30个条目采用李克特五点计分法。指导语设计为：“为了了解学术人才国际流动与高校教师聘任制度的关系，我们设计了该问卷。本次调查采用匿名方式，调查结果仅作为汇总后的数据统计来源，我们会严格遵守相关学术研究规范，请您根据客观事实与真实感受放心作答。感谢您的参与!”问卷编制主要涉及编制原则、编制过程、试测与修正。

（一）问卷编制原则

1. 全面性原则

研究问卷要尽可能全面反映高校教师聘任制度对学术人才国际流动的关系，既要包含流动决策，也要包含流动满意度、流动效益、再流失可能性，以及流动的溢出效应，同时还要涵盖高校教师聘任流程中资格准入、公开招聘、薪酬绩效、聘期考核、解聘退出制度中各个微观因素。尽可能将高校教师聘任制度划分为多项变量，在研究尚未定论时，避免因主观判断而导致的指标不全等问题。

2. 客观性原则

首先，问卷编制者，要保持客观公正的态度，不能为了研究便利或证实自己的研究假设，在问题和选项中设置陷阱，以诱导性问题干扰调查对象的回答，力求问题和答案选项能够反映研究对象的真实面貌；其次，问卷本身要符合客观规律，并在科学理论的指导下编制，问卷要逻辑严谨、条理清楚，实现对研究对象客观描述的同时，抓住最具重要性、本质性、代表性的核心问题；最后，问卷的答题者，应当对调查问题具有一定了解，能够给出真实回答，并保障调查的真实性。

3. 导向性原则

在国际人才抢夺日益激烈、人才计划项目如火如荼、“双一流”建设蓄势待发的背景下开展高校教师聘任制度相关研究的主要目标，在于通过高校这一主体现实学术人才大规模回流，并提高人才引进效益。因此，问卷设计中应该遵循导向性原则，即扩大对学术人才国际流动动因的认识，掌握高校聘任制度对学术人才回流的正、负面影响，力求通过问卷的回收、分析与总结，获取相关的信息，为实现我国人才回流提供有益的建议。

4. 操作性原则

首先，问卷内容要简明易懂，要充分考虑到调查对象的认知领域，避免使用过于专业化的术语。其次，避免歧义与语焉不详，以准确简洁的描述性语言进行问卷编制，避免语义不同、逻辑混乱、关系不清、重复啰嗦等问题，避免选项之间等级不严、区别不大、难以选择等问题。再次，便于量化分析，选项间要做到层层递进，研究采用李克特五点量表，因而五个选项间的关系要处理得当。最后，问卷整体要简洁、避免问题题干过长、答题选项过多，问题过于复杂等问题，从而减少由于答题者倦怠错漏增加的无效问卷。

（二）问卷编制过程

问卷以国际学术人才流动 RRRED 理论模型为基本框架，利用访谈法与德尔斐法进行编制。一方面，2015 年 9 月至 2016 年 3 月，在确定研究方向后，笔者对 8 名武汉地区 5 所高校近 5 年来引进的学术人才以及 2 位高校人事部门主管进行一对一非结构性访谈，在没有定向标准化程序的自由交谈中深入了解学术人才入境的整体流程，以及高校教师聘任制度的操作过程。其次，2016 年 4 月至 2016 年 7 月，在确定博士论文选题后，笔者对 10 名国际学术人才，其中包括 4 名博士（未入选人才计划、1 人为韩国籍）、2 名高校教师（未入选人才计划，1 人为法国籍）、3 名青年千人计划入选者、1 名千人计划入选者（院士），以及 2 名高校院系领导，依据访谈提纲（参见附录 1、附录 2），按照定向的标准程序进行一对一结构性访谈。访谈内容进行文字整理后，通过文本分析软件“词频分析工具@ Excel 大全”，得出访谈中出现频率较高的 52 个词组，经过甄别和筛选，合并整理为 36 个项目。

另一方面，在此基础上，采用德尔斐法，征求 11 位专家学者的意见。为了明确上述 36 个项目与学术人才国际流动之间的关系紧密性，请各位专家学者按照自己的认知进行打分，0 分表示完全无关，10 分表示关系重大，选取平均分在 6.0 分以上的 25 个项目，形成高校教师聘任制度的 25 个主要观测点。同时，由于尚在海外的学术人才联系困难，在相关学者的指导下，笔者将已经来华或回国的学术人才作为研究对象，将其对所在高校工作满意度、学术成就数量/质量变化、再流失可能性，以及“以才引才”可能性作为高校国际人才引进效益，考察与高校教师聘任制度之间的关联性。

（三）问卷试测与修正

为了保障调查问卷的信度与效度，研究采用先试测再施测的技术路径。试测阶段，由于“国际学术人才”这一特殊研究对象的选取要求较为精确，问卷的发放相对困难。考虑到研究成本、研究时间和研究者自身条件限制，研究采用发散型随机抽样的方法，由研究者通过已接受访谈的学术人才以及身边的老师、同学、朋友等自身资源，将网络问卷链接或纸质问卷发放至具有国际学历或工作经历并已经受聘于国内高校的学者，以产生一个散点式辐射网络，扩大研究范围。试测回收问卷共计 56 份，有效问卷 52 份，有效回收率达到 92.86%，所有被试均通过陷阱项验证，确认具有海外学习或工作经历。所有被试均自愿参加测试，无类似测验经历，未收取任何报酬，试测中被试入境时的情况分布如下（参见表 4-1）。

表 4-1　学术人才国际流动 RRRED 模型试测被试分布（*N*=52）（入境时）

性别	男	女	年龄	30 岁及以下	31~35 岁	36~40 岁	41~45 岁	46~50 岁	50 岁以上
比例	63.46%	36.54%	比例	13.46%	13.46%	38.46%	21.15%	9.62%	3.85%
学历与职称	博士（无职称）		博士后（无职称）		终身序列教职		副教授		教授
比例	24		3		12		11		3
专业门类	哲学	经济学		教育学	理学	工学	医学	管理学	法学
比例	1.92%	1.92%		50%	7.69%	11.54%	1.92%	21.15%	3.85%
来源国	美国	加拿大	英国	德国	澳大利亚	法国	俄罗斯	韩国	比利时
比例	57.69%	15.38%	5.77%	7.69%	3.85%	3.85%	1.92%	1.92%	1.92%

一方面，对于纸质问卷，试测采用现场调查的方式，当场作答，当场回收。问卷发放者禁止对问卷作为解释，被试完全依靠自我认知与理解对问题进行回答，并要求被试独立完成问卷填写，且无需对每个条目进行长时间思索，以第一感受作为答题依据，以免对问题进行过度解读而导致的误差。问卷填写全过程为 4~6 分钟，匿名填写的方式有助于保护被试隐私，提高答卷的真实性。另一方面，对于网络问卷，在上述方式的基础上，增添了对网络 IP 与答题所用时间的筛选，剔除网络 IP 重复、答题所用时间过短的问卷。

在试测过程中，有部分被试提出了少数文字修改建议。对试测结果进行初步分析发现，“高校教师聘任制度”的 5 个部分、25 个条目与“国际学术人才聘后效益”部分中的 5 个条目之间存在相关性，其中资格准入制度、公开招聘制度部分与“国际学术人才聘后效益”已经通过显著性检验，研究假设有被证实的可能，需要进一步扩大研究范围加以验证。

第二节　研究过程

研究过程主要指调查问卷的正式施测。在试测问卷的基础上，我们微调后形成了正式的《学术人才国际流动 RRRED 模型调查问卷》(参见附录 3),并开始对问卷进行正式施测,在多元回归分析的基础上,对回归模型做诊断性检验,以保障研究结论的信效度。

一、被试

正式施测通过研究者自身资源以及网络挖掘技术进行随机抽样,尽可能扩大研究范围。共计发放问卷 242 份,其中通过邮箱面向"千人计划"(包括"青年千人")入选者定点发放问卷 96 份,回收 77 份,现场发放问卷 56 份,回收 56 份。共计回收 133 份,其中有效问卷 127 份,有效回收率达到 95.49%。所有被试均通过陷阱项验证,具有海外学习或工作经历。所有被试均自愿参加测试,无类似测验经历,未收取任何报酬,被试入境时的情况分布如下(见表 4-2)。

表 4-2 **学术人才国际流动 RRRED 模型正式施测被试分布($N=127$)(入境时)**

属性		比例	属性		比例	属性		比例
性别	男	63.8%	专业	哲学	2.4%	来源国(地区)	美国	51.2%
	女	36.2%		经济学	3.1%		加拿大	11.8%
年龄	30 岁及以下	24.4%		法学	10.2%		英国	6.3%
	31~35 岁	25.2%		教育学	30.7%		法国	2.4%
	36~40 岁	27.6%		文学	3.9%		德国	4.7%
	41~45 岁	12.6%		历史学	2.4%		欧洲其他	7.9%
	46~50 岁	7.1%		理学	12.6%		澳大利亚	4.7%
	50 岁以上	3.1%		工学	10.2%		新西兰	0.8%
学历/职称	博士	33.1%		农学	0.8%		日本	2.4%
	博士后	8.7%		医学	1.6%		韩国	1.6%
	终身教职	29.1%		管理学	20.5%		新加坡	0.8%
	副教授	24.4%		艺术学	1.6%		我国港澳台地区	3.1%
	教授	8.7%						
							其他	2.4%

一方面,学术人才国际流动 RRRED 模型正式施测过程中,被试分布符合

现实情况，能够一定程度上保障研究结论的信度。从性别来看，被试男多女少，符合当前我国高层次留学生性别分布比例；从年龄来看，以 40 岁以下学术人才居多，同时 40 岁以上学术人才占比 22.8%，与我国人才政策中“年龄不得超过 40 周岁，特殊人才可适当放宽要求”等有关规定耦合，符合当前国际学术人才年龄分布现实情况；从学历、职称来看，学术人才入境时基本获得博士学位，部分学者在国外获得终身教职或副教授职称，少数学者具有教授职称；从专业来看，被试分布在我国高校现行规定的 12 个专业门类；从来源国来看，被试主要来自北美地区、西欧国家，少数分布在东南亚和大洋洲国家以及我国港澳台地区，与我国留学生主要接收国（地区）及其比例（见图 4-3）较为契合。

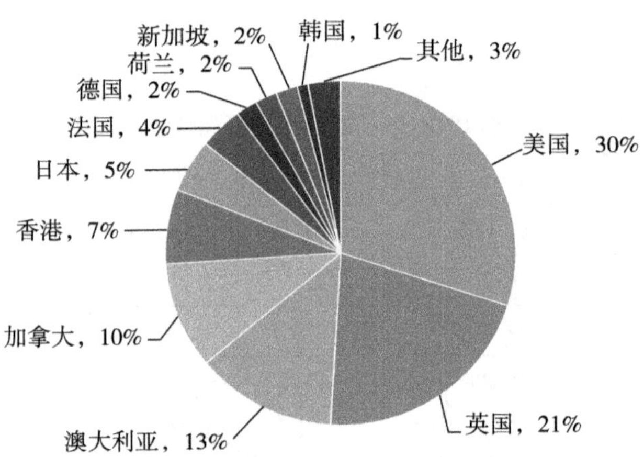

图 4-3 2014 年我国留学生主要接收国（地区）及其接收比例①

另一方面，学术人才国际流动 RRRED 模型正式施测过程中，被试分布存在一定的问题，可能会影响研究建议的针对性。第一，被试的学历/职称分布，虽然符合现实情况，但是其中教授职称的国际学术人才较少，在“百千万人才工程”开展得如火如荼的背景下，对学术领军人才/学术明星的国际流动解释力不足，导致研究结论主要适用于一般性学术人才国际流动。第二，被试的专业分布，教育学专业，以及其他人文社科类专业所占比例较大，理科、工科学术人才人数相对不足，可能导致研究结论存在一定偏差。

① 2014 年出国留学趋势报告［EB/OL］.［2016-10-12］. http：//www. eol. cn/html/lx/2014baogao/content. html.

总之，学术人才国际流动 RRRED 模型正式施测过程中的被试分布在学历/职称与专业分布方面可能稍显不足，但是整体而言符合当前我国学术人才引进的基本情况，调查结果一定程度上反映了现实情况，能够确保研究及其结论具有一定的信度。

二、研究流程

有别于预测，正式施测采取两种途径，一种仍然是通过研究者身边的国际学术人才、其他老师、同学、朋友，将网络问卷链接或纸质问卷发放至具有国际学历或工作经历并已经受聘于国内高校的学者，产生一个散点式辐射网络，扩大研究范围。共计发放问卷 56 份，回收 56 份，其中有效问卷 53 份，有效回收率达到 94.64%。另一种则是通过千人计划网搜索第十、十一、十二批“千人计划”入选者、“千人计划”青年人才入选者名单，及其申报单位，再利用各高校官方网站中培养单位硕博士指导教师名录搜索相应国际学术人才的电子邮箱，通过电子邮箱以网络问卷连接的方式发放问卷，共计发放问卷 196 份，回收 77 份，有效问卷 74 份，有效问卷回收率 94.10%。因此本次调查采用以上两种方式共计回收问卷 127 份，基本涵盖入境学术人才中的各个层次，包含博士毕业生、已获教职者、“千人计划”（包括“千人计划”青年人才）入选者，所有被试均通过陷阱项验证，证实具有海外学习或工作经历。

在整理处理过程中，我们将利用 R 软件，对 127 个调查结果进行多元线性回归分析，并尝试构建多元回归模型（见图 4-3）。

根据以上分析结果，拟合的多元回归模型为：

$$effect = 0.11375 + 0.44553requirement + 0.24recruiting + 0.31900remuneration - 0.18969evaluating + 0.27403dismissing$$

adjusted R-squared 值为 0.7269，说明以上多元回归模型能够解释 72.69% 的数据点，p-value 值小于 2.2e-16，说明自变量与因变量之间关系比较显著，requirement 每增加 1 个单位，effect 增加 0.44553 个单位，recruiting 每增加一个单位，effect 增加 0.24000 个单位，remuneration 每增加 1 个单位，effect 增加 0.31900 个单位，evaluating 每增加 1 个单位，effect 减少 0.18969 个单位，dismissing 每增加 1 个单位，effect 增加 0.27403 个单位。

为了增加研究的严谨性，可以利用 R 软件图像指令 plot 对回归模型做诊断检验（diagnostic test），显示四组诊断图像（见图 4-5），包括回归值-残差散点图（residuals vs Fitted）、回归值-标准化残差方根散点图（scale-Location

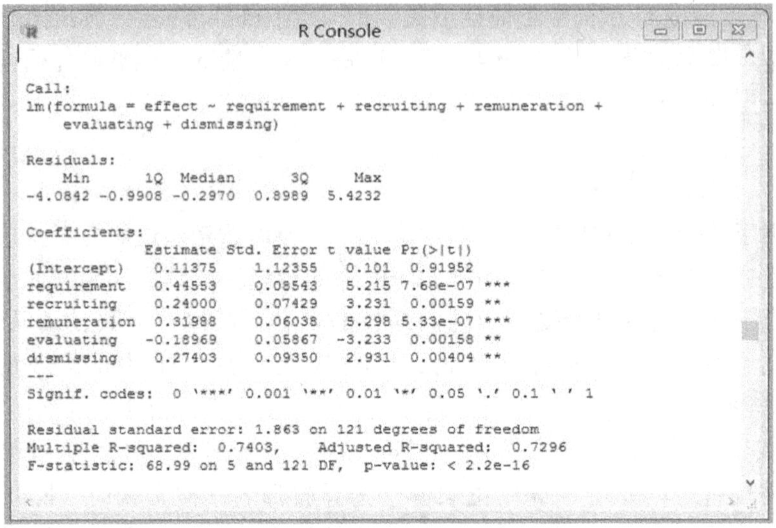

```
R Console

Call:
lm(formula = effect ~ requirement + recruiting + remuneration +
    evaluating + dismissing)

Residuals:
    Min      1Q  Median      3Q     Max
-4.0842 -0.9908 -0.2970  0.8989  5.4232

Coefficients:
             Estimate Std. Error t value Pr(>|t|)
(Intercept)   0.11375    1.12355   0.101  0.91952
requirement   0.44553    0.08543   5.215 7.68e-07 ***
recruiting    0.24000    0.07429   3.231  0.00159 **
remuneration  0.31988    0.06038   5.298 5.33e-07 ***
evaluating   -0.18969    0.05867  -3.233  0.00158 **
dismissing    0.27403    0.09350   2.931  0.00404 **
---
Signif. codes:  0 '***' 0.001 '**' 0.01 '*' 0.05 '.' 0.1 ' ' 1

Residual standard error: 1.863 on 121 degrees of freedom
Multiple R-squared:  0.7403,    Adjusted R-squared:  0.7296
F-statistic: 68.99 on 5 and 121 DF,  p-value: < 2.2e-16
```

图 4-4　学术人才国际流动 RRRED 多元回归模型初步分析结果（$N=127$）

plot)、正态分布图（normal Q-Q)、残差-杠杆值图（residuals vs leverage)。首先，回归值-残差散点图是回归值作为横坐标与残差所做的散点分布图，合理的回归模型中二者应该是独立无关联的，随着回归值的变化残差值做无规律的变化（残差等方差性)，残差值呈现出随机无关联的“均匀”分布在 $y=0$ 的两侧（残差相互独立性)。其次，回归值-标准化残差方根散点图与回归值-残差散点图意义相近，只是使用了残差绝对值的方根，之所以使用标准化残差是因为对于零均值高斯数来说，该值要比残差值具有更小的无偏性。再次，残差 QQ 图表示残差若服从正态分布，则其 QQ 图上应表现为各个点应大致在一条直线上，据此可大致判断残差的正态性假设的合理性。最后，残差-杠杆值图含有曲氏距离变量（Cook’s distance)，它描述了单个样本值变化对整体的影响，即当去除掉某个值时对回归系数造成的影响程度，该值越大则表明样本值的这种杠杆作用越明显，越表明该值很可能是一个异常值，那就需要考虑模型中是否需要剔除该样本值。

根据图 4-5 可以发现样本值 4、74、75 属于异常值，应当移除，以进一步修正多元回归模型。移除后再次针对剩余的 124 个数据点，进行多元回归分析，得出以下结论（见图 4-6)：

剔除数据异常值后，djusted R-squared 值由原来的 0. 7269 提高为 0. 7715，

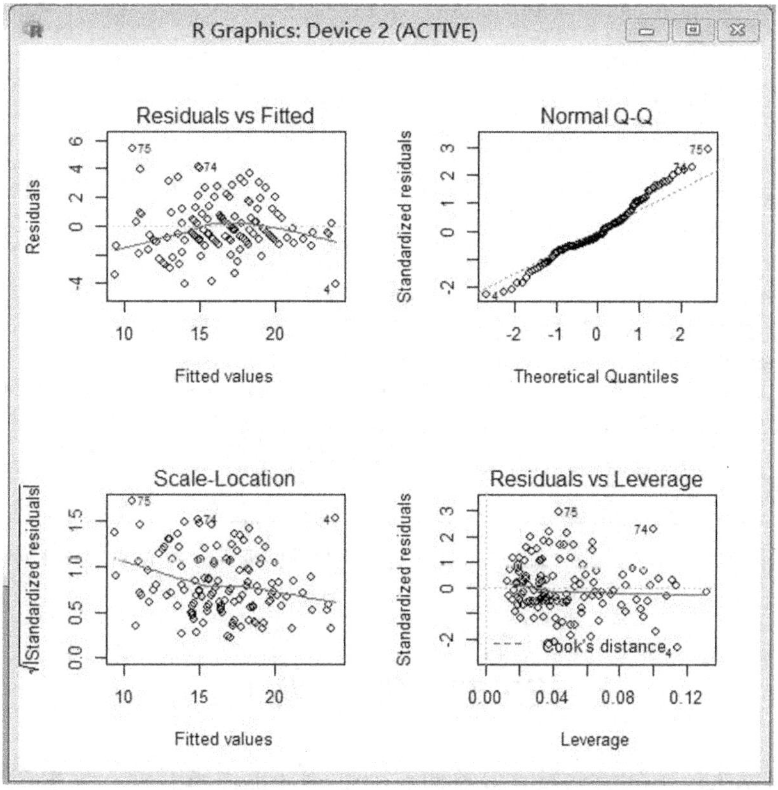

图 4-5　学术人才国际流动 RRRED 多元回归模型诊断检验结果（$N=127$）

说明以上多元回归模型能够解释 77. 15%的数据点，各项 Pr 值均有所缩小，*p*-value 值仍然小于 2. 2e-16，说明此次多元回归分析结果更为合理，所得多元回归模型更加准确。在修正后的多元回归分析结果中，requirement 每增加 1 个单位，effect 增加 0. 45774 个单位，recruiting 每增加一个单位，effect 增加 0. 22490 个单位，remuneration 每增加 1 个单位，effect 增加 0. 33436 个单位，evaluating 每增加 1 个单位，effect 减少 0. 22496 个单位，dismissing 每增加 1 个单位，effect 增加 0. 35557 个单位。根据以上分析结果，拟合的多元回归模型为：

$$\text{effect} = -0.74985 + 0.45774\text{requirement} + 0.22490\text{recruiting} + 0.33436\text{remuneration} - 0.22496\text{evaluating} + 0.35557\text{dismissing}$$

```
R Console

Call:
lm(formula = effect ~ requirement + recruiting + remuneration +
    evaluating + dismissing)

Residuals:
    Min      1Q  Median      3Q     Max
-3.9643 -1.0243 -0.3761  1.1312  4.2512

Coefficients:
             Estimate Std. Error t value Pr(>|t|)
(Intercept)  -0.74985    1.05572  -0.710 0.478937
requirement   0.45774    0.07932   5.771 6.48e-08 ***
recruiting    0.22490    0.07087   3.173 0.001921 **
remuneration  0.33436    0.05625   5.944 2.89e-08 ***
evaluating   -0.22498    0.05623  -4.001 0.000111 ***
dismissing    0.35557    0.08918   3.987 0.000116 ***
---
Signif. codes:  0 '***' 0.001 '**' 0.01 '*' 0.05 '.' 0.1 ' ' 1

Residual standard error: 1.723 on 118 degrees of freedom
Multiple R-squared:  0.7808,    Adjusted R-squared:  0.7715
F-statistic: 84.08 on 5 and 118 DF,  p-value: < 2.2e-16
```

图 4-6　学术人才国际流动 RRRED 多元回归模型修正分析结果（$N=124$）

第三节　研究发现

将学术人才国际流动及其效益的五个方面（工作满意度、学术产出数量、学术产出质量、再流失可能性、以才引才可能性）与高校教师聘任制度五大模块（资格准入制度、公开招聘制度、薪酬绩效制度、聘期考核制度、解聘退出制度）进行多元回归分析后，分析结果显示，学术人才国际流动及其效益与高校教师聘任制度五个维度之间具有较为显著的相关性。一方面，学术人才国际流动及其效益与资格准入制度、公开招聘制度、薪酬绩效制度、解聘退出制度呈正相关关系，这一点较容易理解，及上述四个制度愈加完善，学术人才入境后的工作满意度、学术产出数量质量、以才引才可能性越高，再流失的可能性越低。

首先，合理的资格准入制度是学术人才国际流动的前提。当学术人才已经具备流动意向时，高校教师资格准入制度作为学术人才质量的基本标准与价值衡量尺度，决定学术人才能否在迁入地获取合适的工作岗位、迁入地是否具备个人发展的平台、能否实现人才增值，决定了迁移行为的“可采用性”。适度的资格准入标准将在有效筛选人才的同时，提供较迁出地更为理想的工作机会与工作平台，促进人才流动的实现。高校对学术人才的学历、职称要求（博士（无职称）—博士后（无职称）—终身序列教职（不限职称）—副教授—教授），对学术人才毕业/就职院校的要求（没有限定—国外正规高校（获得我国学历学位认证）或科研院所—知名高校或科研院所—所在国顶尖高校或科研院所—国际顶尖高校或科研院所），对论文发表与专著出版的要求，对教学能力与教学成果的要求，对交流沟通、团队协作等能力的要求，与学术人才国际流动及其效益呈正相关关系，资格准入制度的完善将促进学术人才引进效益提升。

其次，公开招聘制度，尤其是招聘信息的公开性，个人申请、院系筛选、学校审批等程序及其程序正义，较大程度显示了迁入地高校管理水平、学术自由程度、学术权力大小、工作平台/环境，直接影响国际学术人才对所申请的高校的主观感受，成为流动决策的重要影响因素。当高校招聘规划较为科学，招聘信息公开程度较高，个人申请程序相对简便，院系选拔阶段较为公正，学校人才小组审批环节发挥应有作用，则有助于促进国际学术人才流入，改善学术人才国际流动及其效益，提升学术人才引进效益。

再次，薪酬绩效制度完善与国际学术人才市场竞争力提升之间具有较为显著的相关性，当迁入地高校教师薪酬绩效水平较高时，能够对国际学术人才产生较为明显的拉力。马斯洛需要层次理论、双因素理论与存在、关系、成长需要理论纷纷从不同视角反复指出生理需求对人类行为的激励与制约。获取较高的薪酬待遇，提高净劳动所得，实现人才增值，是学术人才国际流动的首要动因。阿特巴赫指出，“根据人力资源流动的一般模型，迁移作为一种人力资本投资形式，其流向由地区和行业收入水平决定”。① 不仅如此，薪酬待遇影响社会地位，学术人才步入学术圈，并不是为了获取巨额财富，但是取得至少不低于社会平均水平的薪酬待遇，是学术人才的普遍需求。以香港科技大学为例，高水平的薪酬待遇、完善福利体系（医疗保险、住房补贴、退休和失业补贴等）吸引世界顶尖人才，是其二十年内发展成为世界一流大学的重要保障。当学术人才对工资收入、科研经费额度、科研经费使用规则、住房或住房补助以及医疗保险、社会保险、失业保险、退休金等其他福利满意度提高，其入境后的工作状态相应改善，再流失可能性减少，学术人才引进效益提升。

最后，解聘退出制度也是学术人才关心的重点，一方面，解聘退出制度不

① 武博．当代中国人才流动［M］．北京：人民出版社，2005：1.

完善不利于促进人才流动，容易导致高校组织结构臃肿，活力不足，同时学术同行水平有限与学术平台搭建困难，可能导致学术人才再流失。另一方面，解聘退出制度可能增加迁移成本，如解聘危机或再流动困难。因此，高校教师解聘退出制度能够在某种程度上影响人才迁移。当高校教师队伍质量较好、高校现有制度实现了优胜劣汰，解聘退出的标准、程序以及后续保障较为合理，则有助于人才回流，提高学术人才国际流动及其效益，提升学术人才引进效果与效益。

另一方面，学术人才国际流动及其效益与“聘期考核制度”呈负相关关系，即聘期考核制度愈加完善，学术人才入境后的工作满意度、学术产出数量质量、以才引才可能性越低，再流失的可能性越高。具体表现为当学术人才对聘期考核主体与方式表示满意，认为考核程序与结果较为公正，认为聘期考核评价结果被有效利用，学术人才国际流动及其效益较低，相反则较高。这种非常态的研究结论引发了作者的深入思考。在通过深入访谈后，研究发现，完善的聘期考核制度给国际学术人才造成了一定的压力，包括教学、科研、服务等方面的工作压力。这种压力导致学术人才工作满意度、学术产出数量质量下降，再流失可能性加大，以才引才可能性降低。从而导致我国高校教师聘期考核制度与学术人才国际流动及其效益之间呈现负相关关系。

深入了解我国高校教师聘任制度现状，找准实现“学术人才流失”到“学术人才回流”的关键，是实现我国高校教师聘任制度转型发展的杠杆，是当前相关领域内研究学者的当务之急。

小 结

学术人才国际流动动因是一个复杂系统，包括微观因素、中观因素与宏观因素。然而，微观因素（又称之为个人因素）差异较大，试图通过调整个人因素促进学术人才国际流动具有实际操作困难。同时，宏观因素，尤其是自然生态环境、经济社会发展、产业结构调整、劳动力市场等因素，具有其客观发展规律，且难以在短期内加以改善。因而，从高校教师聘任制度这一中观因素出发，构建学术人才国际流动 RRRED 模型，从资格准入、公开招聘、薪酬绩效、聘期考核、解聘退出等方面着手，对学术人才国际流动的可采用性、诱因(启动器)、成本-收益、职业发展、就业机会等因素进行更加深入和具体的分析，证实了学术人才国际流动与教师聘任制度存在显著相关性，其中，与从资格准入、公开招聘、薪酬绩效、解聘退出制度呈正相关，与聘期考核制度呈负相关关系。了解当前我国高校教师聘任制度现状，利用二者显著相关关系，找准并理顺其中存在的矛盾冲突，从制度层面可以更好地引导国际学术人才来华、华侨华裔留学生回流。

第五章　学术人才国际流动中我国高校教师聘任制度内容与特征

在经济全球化与高等教育国际化大背景下，在国际形势与国家安全、高等教育市场竞争、文化意识形态博弈、科学技术进步以及高等教育发展等促进因素推动下，世界范围内人才抢夺愈发激烈。其中，学术人才作为高深知识的载体，同时承担高层次人才培养、高精尖科学技术发展的社会任务，对于文化传承与科技进步、经济发展与社会进步、国家竞争力提升，乃至人类上升式延续发挥着重要作用。改革开放以来，我国经济社会发展较为迅速，人均 GDP 大幅增长，具有悠久历史文明和传统魅力，以及散布于世界各地的高层次华人华侨人才，中国在人才抢夺中具有一定优势。以“千人计划”为例，2008 年开始实施以来，截至 2016 年 3 月，分十二批共计引进高层次人才 5399 名，其中大部分流入高校和科研机构。在此过程中，高校作为人才回流的第一跳板和重要媒介发挥了突出作用，不断创新发展，实现了教师由“单位人”向“经济人”、聘任合同由“行政合同”向“劳动合同”、高校与教师间关系由“身份关系”向“契约关系”的转变。

研究通过网络挖掘技术在搜索引擎上收集北京大学、上海交通大学、山东大学、武汉大学、四川大学、西北工业大学、北京信息科技大学、上海师范大学、贵州大学等 26 所高校“国内外高层次人才引进办法”“海外高层次人才引进公告”“××大学××院长/××学科带头人海内外公开招聘公告”，利用文本分析方法，分析当前高校教师聘任制度的基本内容。同时，面向 18 位来自美国、加拿大、澳大利亚、英国、德国、意大利等国家，现工作于北京、上海、杭州、武汉、兰州、西安、成都、贵州等不同城市和地区的学术人才进行访谈，根据访谈内容（小四楷体标注，见下文），结合制度文本，总结当前我国高校教师聘任制度的基本内容。

研究发现，当前我国高校教师聘任制度中，资格准入制度内容不断完善，指标逐步量化与具体化，开始关注“软指标”，注重保护“高校权益”，侧重学术要求；公开招聘制度覆盖了招聘规划、个人申请、招聘信息公开、院系评选、学校审批等程序，呈现出院系招聘自主性、学术人才主动性、招聘流程规范性、学术权力扩大化等特征；薪酬绩效制度包括科研经费、工资收入以及其他福利相关规定，表现出人才计划/工程资助比重较大、薪酬绩效确定机制灵活、薪酬绩效校际差异等特征；聘期考核制度包括考核目标、原则、内容、程序和结果，出现主观性、规范性、学术性等特征；解聘退出制度规定了教师解聘的六大情况，总体而言，解聘条件多、学术限定少，低阶标准多、高阶标准少，校方权益重视多、教师权益重视少。

第一节　高校教师资格准入制度内容与特征

我国高校教师资格准入制度，尤其是海外高层次学术人才引进资格准入制度，重点参照了《引进海外高层次人才暂行办法》与《关于在留学人才引进工作中界定海外高层次留学人才的指导意见》中的有关规定，并根据各高校中长期发展规划与学科发展需求做出进一步调整与细化，同时在执行过程中加以落实，取得了一定进展。

一、高校教师资格准入制度内容

《引进海外高层次人才暂行办法》第十条规定，“千人计划”引进的人才应在海外取得博士学位，不超过55岁，引进后每年在国内工作不少于6个月，并符合下列4项条件之一，其中第一条为“在国外著名高校、科研院所担任相当于教授职务的专家学者”。《关于在留学人才引进工作中界定海外高层次留学人才的指导意见》进一步罗列了海外高层次留学人才7项界定条件。目前我国高校人才引进实施办法正是在上述两项政策的指导下制定的。

为了更加全面直观地了解我国高校教师资格准入制度内容，研究利用文本分析法，针对部分高校教师资格准入的文本，通过“词频分析工具@ Excel大全”软件对其词频分析，得出结果如表5-1所示。

表5-1　　高校教师资格准入制度词频分析结果

IDF排名	词语	词性	词频
1	博士	名词	24
2	学位	名词	17
3	学科	名词	17

续表

IDF 排名	词语	词性	词频
4	周岁	时间词	14
5	学术	名词	18
6	能力	名词	16
7	领域	名词	15
8	博士后	名词	10
9	教授	名词	13
10	国际	名词	15
11	年龄	名词	12
12	水平	名词	12
13	大学	名词	13
14	期刊	名词	11
15	人才	名词	11
16	条件	名词	10
17	学术论文	名词	6
18	副教授	名词	6
19	工作经历	名词	6
20	科研	名词	8

进一步分析与总结可以发现，当前我国高校国际学术人才引进标准主要包含年龄、学位、学历、职称、学术、论文等方面，可进一步归纳为身心素质、知识水平、实践能力与业绩成就四个方面，具体准入标准参见表 5-2。

表 5-2　**高校国际学术人才聘任资格准入指标**

一级指标	二级指标	三级指标
身心素质	身体素质	年龄（青年教师、博士、博士后通常要求 35 周岁以下，助理教授、副教授、副研究员要求 40 周岁以下，教授、学科带头人、院系所领导要求 50 周岁以下，少数高校对紧缺人才、顶尖人才放宽要求至 55 周岁以下）；工作时间限制（大部分高校要求能够全职到校，部分高校要求每年在校工作时间不得低于 6 个月或 9 个月）
		身体健康，具有履行相应岗位或职务工作内容的能力

续表

一级指标	二级指标	三级指标
身心素质	道德品质	爱岗敬业；良好的思想道德品质、严谨求实的学风；有较强的团队协作、组织管理能力
		拥护中国共产党的领导，坚持社会主义道路，遵纪守法
知识水平	教育背景	国际知名高校或科研院所获取博士或博士后学位（部分高校要求毕业院校位于世界大学排名前 200 名，部分高校要求第一学历毕业于国内外一流高校）
	专业资格	副教授或教授引进要求在国外知名高校获得同等职称；博士、博士后研究人员要求获取硕士、博士学位一定年限（如 3 年）内
实践能力	工作经历	国际知名高校终身教职工作经验（3 年以上）、博士学位获取年限（部分学校规定 6 年以上），博士后工作经历
		相应研究领域工作（教学或科研）经验
	外语水平	能够熟练使用英语交流（教学/科研）
业绩成就	学术产出	学术论文国际著名期刊（SCI、EI、SSCI 等）收录要求（各高校要求不同，通常 3~6 篇，少数高校要求 1~3 篇代表性学术论文，少数教师或院所领导职务要求 5~8 篇）；学术著作（1~3 部）、被引次数（如清华大学要求单篇被引 15 次或共计被引 80 次）、署名顺序（第一作者或通讯作者）、整体水平（国内外公认的学术水平，2~3 名同行推荐信等），博士、博士后要求相对降低
		指导或主持科研项目（国内国际重大课题，或相应经费要求）
	成就影响	本领域重要 SCI 期刊或一流国际会议的学术奖励，国内外省部级以上科技奖励
		国际学术会议任 TPC 成员
		本领域重要的期刊任编委

二、高校教师资格准入制度特征

资格准入制度是高校的“入口”，从源头对高校教师身心素质、知识水平、实践能力、业绩成就作出规定以保障高校师资队伍水平，关系到高校发展命运。当前我国高校教师资格准入制度呈现以下特征。

(一) 指标逐步量化与具体化

区别于国家相关政策法规文本中存在话语模糊、边界不清等现象，高校作为人才引进的直接主体，其教师资格准入指标中减少了“知名/著名高校”“高级职称/职务”“良好的学习经历”“学术潜力/影响/成就”“国际先进水平”等模糊表达方法，加以更加具体的量化要求，如“世界排名前200名的高校”“教授/副教授”“第一学历为‘211工程’院校”“2~3名国际同行推荐”等。虽然，过于具体的量化指标可能存在某种误差，但是有助于缩减执行成本，提高执行效果。例如，印度大学拨款委员会（UGC）就曾明令禁止印度大学与全球排名前500名以外的大学合作。我国教育部有关负责人也曾表示，参考权威的大学排名“在我们对外国教育机构缺乏足够了解的情况下，不失为一个判断途径”①。某985高校××学院院长也从他的角度提供了相关意见：

> “大学排名这个东西好，节省了很多时间。基本来说，当前几个主要的世界大学排名还是比较公允的，虽然名次有所不同，但整体而言，世界前200或前300名高校毕业背景，或者世界前500名大学工作背景的要求还是很靠谱的。再差还不如在国内选，何必费那么大人力物力，还不如清华、北大的博士的水平。要求具体了，才好办事，不然就全乱了套了。”

(二) 关注“软指标”

一方面，区别于西方高校“学术至上”原则，我国高校关注了学术人才的政治信仰、宗教信仰等，要求受聘人“拥护中国共产党的领导，坚持社会主义道路”，“不得参加社会非法组织（邪教）或参与非法活动”，这些要求在保障高校教师政治思想觉悟提升的同时，限制甚至打击了保有不同政治意见的学者，尤其是外国学者。以浙江大学聘任××教授为例，作为美国芝加哥大学社会学系终身教授，其学术水平符合浙江大学高校教师聘任标准，但由于其政治见解不同，在申请“千人计划”时遭遇种种困难。另一方面，我国高校关注了学术人才的道德品质，要求受聘人“爱岗敬业”“思想道德品质”优良，

① 中外合作办学新政策解读——教育部有关部门负责人答问［M］. 中国高等教育，2004（20）：24-26.

具有“严谨求实的学风”和“较强的团队协作、组织管理能力”等，这些指标有助于提升高校教师职业道德伦理水平，有助于提升学术人才引进效果，但是存在考察困难等问题。某985高校人事管理部门负责人和××学院院长提供了参考意见：

“最近国内出现了多起审核材料造假问题，给我们工作带来更大挑战。十分担心院系材料审核右漏洞。所以，要是有过造假嫌疑或其他学术道德问题，是坚决不能要的。”

“学院面试其实说明看了人家的材料比较满意，面试面什么？就是要看他的沟通能力，大家坐下来谈一下，言谈举止间能看出很大（多）问题：是不是忧郁自闭？能不能跟同事处得好？会不会服从安排？能不能适应国内大环境……”

（三）注重保护高校权益

一方面，为了保障高校权益，近年来我国高校进一步明确和提高关于在校工作时间限制，“全职到校”成为众多高校学术人才准入的重要指标，部分高校要求相对较低，如“年在校工作时间不得低于6/9个月”。部分国内一流大学（如985院校）谨慎对待“千人计划短期项目”人才引进，以避免沦为部分国际学术人员“国内兼职”或“假期兼职”的对象。另一方面，“能够履行相应岗位或职务的工作内容”“能够履行工作合同中规定的工作内容”成为一项重要资格准入指标，使高校教师聘任合同中有关工作内容/任务的规定成为聘期考核（通常为两个聘期，又称之为中期考核与终期考核）的依据，以考核结果决定是否续聘，约束受聘人工作行为，能够在较大程度上保障高校权益。某985高校人事处负责人反对“兼职聘任”，并给出了自己的意见：

“我建议不要那些在兼职人员。‘千人计划短期项目’没搞好就是浪费钱。说是留在国外出的成果多，可是成果还是人家的，不能当成我们自己的。那些兼职的（我听说有个‘短期千人’在5个大学都是兼职教授）简直不尊重国内大学。现在，我们基本要全职到校，实在不能来，那就算了。已经在国内其他大学兼职的就更不能要，大不了我们再招。”

（四）侧重学术指标

当前我国高校教师聘任资格准入指标最为详细和具体的要求多为以学术产出为代表的学术能力指标。我国高校在招聘国际学术人才时，通常详细罗列了关于学术论文、学术论著的数量、署名顺序、收录情况、被引次数的相关要求，以此衡量受聘人的学术能力，并作为聘用的依据。同时，学术奖励以及在学术组织、学术刊物中的任职情况，逐渐出现在我国高校教师资格准入指标之中。学术能力，或者说学术产出，在较大程度上决定了国际学术人员能否被我国高校聘用。某985高校教授、博导和某西部211高校负责人事工作的副校长的观点验证了我国高校教师聘任“侧重学术指标”这一问题：

> “现在国内高校对论文的要求简直太高了……要求论文数量、被引用率就算了，现在还要求排名顺序，问题是国外部分杂志几个作者是按照字母顺序排的，但大家都对论文有贡献……”
>
> “清华的要求是最牛的，单篇引用率15，平均引用率8……我们不敢这样要求，质量不够，数量来凑，能够在SCI上发文章，来我们学校已经不错了……为了多引进几个人，我们在任职要求那里把CSSCI也算上了，出国之前发的也算。”

第二节　高校教师公开招聘制度内容与特征

随着学术人才国际流动日益频繁，高层次留学生、华人华侨以及外籍学术人才来华意愿加强，高校在实践中积累了一定的经验，逐步丰富公开招聘流程，并完善了相应制度。

一、高校教师公开招聘制度内容

当前我国高校在教师公开招聘流程设置大同小异，其中重要流程包括以下几个方面的内容，即招聘规划、招聘信息公开、个人申请、学院招聘小组初选、院系学术委员会审议、学校专家评审委员会评审、学校人才引进领导小组审批、签订聘用合同（见图5-1）。

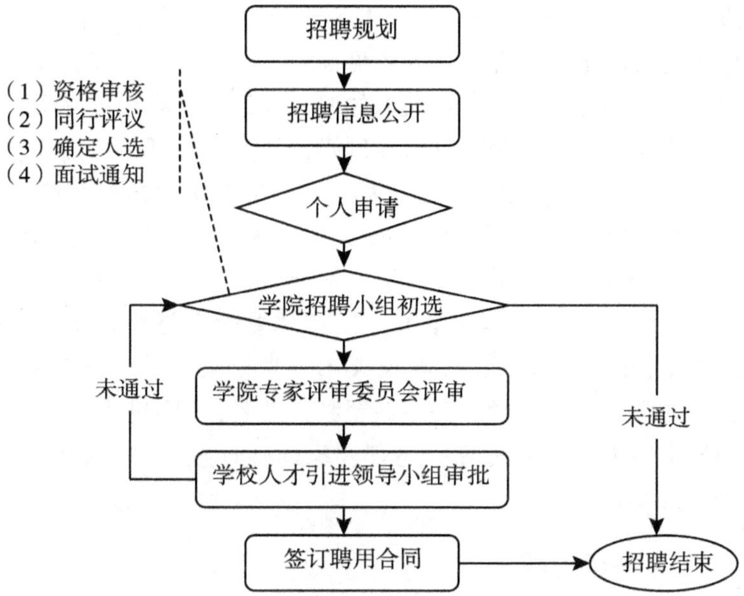

图 5-1　高校教师招聘流程图

（一）招聘规划阶段

不同的高校实行不同的招聘规划方式。一方面，部分高校实行“自下而上”的统一招聘规划方式。院系基层学术组织，如研究团队、教研组、实验室、课题组可以根据自身发展需要与现实困难，设定单独的人才引进方案，然后上报学校审批通过后，由学校统一规划当年人才引进岗位，实施公开招聘。“2016 年度北京大学教授（研究员）岗位招聘启事”囊括 2016 年度北京大学 26 个学院、36 个设岗学科、37 岗位人才招聘职务。另一方面，部分高校实施“院系自主”的招聘规划方式。由各个院系依据自身发展需要进行招聘规划后，独立发布招聘公告，实施招聘。如 2016 年“武汉大学新闻与传播学院诚聘英才”是武汉大学新闻与传播学院为进一步加强师资队伍建设，推动新闻传播学类相关专业学科发展，根据院系发展需要与现有职位空缺，规划所需人才，发布公告开始招聘。

（二）招聘信息公开阶段

现阶段我国高校教师公开招聘主要通过以下几种方式：一是依托国家相关

人才引进项目，如“千人计划”、长江学者，借助政府人才资金支撑，打造高校人才引进平台，如“千人计划网”。二是走出国门，在各大留学生团体与中国驻外大使馆的帮助下，举办高端人才见面会、招聘会。例如，北京大学纽约办事处、武汉大学国际校友会等，类似的机构和组织在高校国际学术人才招聘中发挥着重要作用。三是利用有针对性的媒体平台，包括新兴媒体，有效引进高端人才。2012 年，南京大学、香港大学、北京大学生命科学院、中国能源环保科学研究院等共计 36 所大学、科研院所在 Science 刊物上发布学术人才招聘公告，2013 年则上升为 50 余所大学、科研院所。① 2015 年 12 月 18 日年，暨南大学通过微信公众号“学术中国”发布“暨南大学委托学术中国招聘启事”。四是“以才引才”模式，即高校人才招聘权限下放至各院系、实验室，通过现有教师的学术关系、学缘关系甚至私人关系，引进明星教授或具有一定学术潜力的学术新人。除此之外，还有“家属随迁模式”“跨国公司随迁模式”等其他模式等。

（三）个人申请阶段

在个人申请阶段，我国高校要求应聘人员提供一系列评审材料，其中主要包括岗位申请书、个人简历（包含个人基本信息、学习经历、工作经历、各类学术产出与成就）、相关证明材料与复印件，发表论文收录与被引情况、2～3 份海外同行专家推荐信等。

（四）学院组织初选阶段

院系领导、基层学术组织对学术职位申请人员进行初步筛选，根据资格准入要求，采用主观判断的方法，选取 1～3 名符合院系、学科、实验室、科研团队发展需要、能够履行相应职务、工作内容的申请人。当前我国高校在初选过程中，开始逐步使用并深化“校外学术同行评议”方法。如北京大学规定，在学院组织初选时需要聘请 3 名校内外同行专家对申请人的学术水平加以评估。山东大学也设置相似环节，但是要求申请人提供 1200 元专家鉴定费。通过初选后，学院将通知申请人面试的具体要求与内容，包括面试时间、地点、程序等。由于我国高校国际学术人才缺失，申请人数量有限，甚至仅有 1 名申请人，从而导致国际学术人才在此阶段具有较大的自主权，部分申请人在此阶

① 借助国外刊物争抢海外人才——中国教育在线携手美国 Science 杂志权利助推高校海外人才引进［J］. 神州学人，2014（7）：43-45.

段已经开始通过协商确定薪酬待遇、工作内容。

（五）学院专家评审委员会评审阶段

申请人通过学院初选后，学院专家评审委员会通过面试或学术讲座的方式对申请人的学术能力，尤其是教学与科研能力，加以考察，同时关注申请人的沟通交流能力、外语能力、工作态度甚至团队协作能力。申请人通过学院专家评审委员会评审后，学院将会汇总初审结果，如“招聘教师主审教授意见表”，并将有学院学术委员会主任签字的“基层学术委员会学术评价表”上报学校，请学校最终决策是否录用申请人。

（六）学校人才引进领导小组审批阶段

学校人才引进领导小组主要对国际学术人才提交资料是否属实，以及国际学术人才学术经历、研究方向是否达到学校标准、是否符合学校发展规划进行复查，复查通过则予以批准聘用。

完成以上6个步骤后，高校与学术人才签订聘任合同，聘用合同一般标明三个方面内容，一是受聘人的责任与义务，如聘用岗位、职责和任务要求、合同期限、到校工作时间限制等；二是受聘人的权利与权益，包括科研经费及使用权限、工作环境、生活条件、薪酬、待遇与保险；三是对高校与受聘人合作关系的规定，包括合同解除、终止和续签条件，违约责任。聘用合同作为约束学术人才与用人单位责任义务与权力权利的凭证，以及聘期结束后决定续聘、改聘或解聘的依据。

二、高校教师公开招聘制度特征

我国高校教师招聘制度在不断学习借鉴与实践摸索中，逐步形成特定的模式，展现出以下特征：

（一）院系招聘自主性

当前我国高校教师招聘制度及其实施过程中，院系拥有较大自主权，集中体现在以下几个方面。首先，招聘规划自主性。部分高校实施招聘权力下放至院系，院系可直接通过网络平台、学术刊物、“以才引才”等渠道招聘人才，上报至学校人才聘任工作小组或人事部门批准，或者各个院系进行年度招聘规划后由学校汇总后统一实施招聘。其次，公开招聘自主性。院系，甚至各实验室、课题组可以分别实施公开招聘，例如2016年1月至6月，四川大学32个人才引进公告皆以院系为单位。再次，学院组织初选自主性。虽然学校制定了人才准入制度并列出相应指标，但是院系在人才筛选中仍然掌握较大自主权，并有权选聘同行评议专家。最后，学院自主组织学院专家评审委员会，同时学院学术委员会主任（通常为院长或资深教授担任）签字的“基层学术委员会学术评价表”是决定是否聘用的重要依据。某高校政治与公共管理学院院长的访谈结果皆从一定程度上证实了我国高校教师招聘院系自主性。某“985 工程”高校××学院院长表示，在学术人才引进方面，学院具有一定的自主权：

> “现在国内高层次人才还紧缺的很，能找到人才，就尽可能地引进来。(怎么找到?) 有些祖籍本地的想回来，就找到我们院；有些教授推荐的，有意愿回国的；还有一些我们发了招聘公告主动联系的。只要学术科研水平高，专业领域差别不大，我们就会联系来面试具体了解一下。双方谈妥了，就上报学校，只要没有政治问题基本都能成。”

（二）学术人才主动性

由于我国国际学术人才紧缺，高校对国际学术人才高度重视，同时，部分高校招聘渠道不畅，招聘申请人数量有限，导致学术人才在我国高校招聘中拥有较强的主动性。首先，学术人才具有入境意愿后，通过自身学术关系网，积极主动联系符合自我期待的高校。其次，学术人才在申请阶段提供大量考核材料，甚至缴纳人才考评阶段的专家鉴定费。最后，在院系层面，甚至校级层面协商环节，学术人才具有较大主动型，能够在工作任务设定、职称职务评定与薪酬待遇等方面主动保障和争取利益。某“985 工程”高校教授表示，其回国就业主要是依靠自主联系：

> “父母老了，加上自己也思乡情切，就想着现在国内大环境还不错就主动联系了××大学，这是××市最好的大学，专业学科在国内也比较强。我认识学院的一个老师，就让他帮忙留意一下，他们院长也表示愿意引进，我就专门飞回来。面试谈得不错，年薪也达到我的预想，我就把国外的工作辞了回来了。”

（三）招聘流程规范性

随着国际学术人才招聘经验的不断丰富，以及相关政策法规的不断完善，高校教师招聘形成了相对固定的程序，在一定程度上加强了招聘流程的规范性。即便当前“以才引才”模式仍然大范围存在，依然要遵循学校招聘制度规定的流程。同时，多元人才招聘模式开始替代简单的“以才引才”，公开或“半公开”招聘替代“秘密”招聘。最重要的是，随着高校人事制度改革，高层次人才引进基本实现了“行政合同”向“劳动合同”、“事业单位制”向“聘任合同制”转变。某位从加拿大多伦多大学回国的华人教授的访谈内容可以说明：

“通过身边回国的其他学者，了解到国内待遇不错，我就开始关注‘千人计划’网，还有国内几个高校的人事部网站，同时也向国内一些同仁表达了回国的意向（他们挺积极的）。2012 年我利用学术休假回国接触了两个学校，感觉它们并不积极（不知道为什么）。后来××师大的一位老师联系我，表达了聘任意向，并说明了待遇水平，沟通后我们达成了一致。但是回国后还是挺麻烦的，需要提供的材料很多，走程序走了挺久（包括申请‘千人计划’），于是我先在学院熟悉情况，大概半年后，才最终批下来。”

（四）学术权力扩大化

我国高校教师招聘中学术权力式微积弊难除，例如北京大学教师聘任制度改革，经过反复研究讨论后，改革力度逐渐降低，最终学术权力作出妥协，将人事聘任权让位于学校人事部门。由此可见，我国高校聘任权集在院系领导等中层管理者与校级领导等校级管理者手中。但是随着高层次人才引进工作的持续深入，高校教师招聘的学术权力逐步扩大。一方面，已获聘任的学术明星或学术权威组建了重点实验室或学术团队，具有独立于院（系）之外的招聘权。例如 2016 年上海交通大学系统生物医学研究院公开招聘，其中黄健课题组、张冰课题组自主确定招聘要求、发布招聘公告、实施公开招聘。另一方面，“2~3 名学术同行推荐信”“同行评议”“学院专家评审委员会”在较大程度上决定了招聘结果，提升了高校教师招聘中的学术权力比重。由某位国内××大学生命科学院院长的访谈内容可以说明：

“学术权力在招聘中还是占一定比重的，非常明显的是，在申请材料中，同行推荐信，如果是国际学术权威推荐，那是肯定要纳入考虑的。另外，学院组织初选阶段也有同行专家，因为他的领域我可能外行，但学院一定有内行，外校也有，他们的意见还是很重要的。”

第三节　高校教师薪酬绩效制度内容与特征

阿特巴赫（Philip G. Altbach）指出：“根据人力资源流动的一般模型，迁移作为一种人力资本投资形式，其流向由地区和行业收入水平决定。”① 这一结论是其分析总结 28 个国家学术人员薪酬待遇后提出的。其中，中国学术职业薪酬水平较低，教授月薪位于 28 个调查国中倒数第三，青年教师月薪位于倒数第一②，因此，阿特特巴（Philip G. Altbach）指出我国青年教师“连中产阶级的生活方式也无法维持”③，值得庆幸的是，中国实行高校教师“事业单位编制”制度，集资建房、公租房等福利住房政策在房地产发达、房价高涨的中国为高校教师解决了一定的经济困难，同时养老保险等其他待遇优于非“事业单位编制”人员，勉强维持了中国高校教师队伍人数与质量。然而，随着我国事业单位聘任制度改革，高校教师薪酬待遇的内容和特征已经逐渐发生转变。

一、高校教师薪酬绩效制度内容

自 2011 年《中共中央国务院关于分类推进事业单位改革的指导意见》发布以来，各地各部门加快了探索事业单位改革方案的步伐。2015 年 5 月，北京市发布《关于创新事业单位管理加快分类推进事业单位改革的意见》指出高校保留事业单位性质，探索不再纳入编制管理，对现有编内人员实行实名统计，随自然减员逐步收回编制。2016 年，人力资源社会保障部社会保障研究

① 武博．当代中国人才流动［M］．北京：人民出版社，2005：1.

② Philip G. Altbach, Liz Reisberg. Paying the Professoriate: A Global Comparison of Compensation and Contracts［M］. New York: Routlege, 2012.

③ ［美］阿特巴赫等．全球高等教育趋势：追踪学术革命轨迹［M］．姜有国等，译．上海：上海交通大学出版社，2010：18.

所所长金维刚指出，机关事业单位的养老保险制度改革将会进入实施的阶段。中国高校教师取消“编制”，减少“编制型”福利待遇势在必行。当前我国高校教师薪酬绩效主要可以划分为以下几个方面。

（一）科研经费绩效

科研经费，尤其是各级各类人才计划与工程为国际学术人才提供了较高额度的科研经费支持。首先，国家级各类人才计划，例如“百人计划”“千人计划”（包括“千人”“外专千人”“青千”“青年拔尖”等）、“万人计划”等，及其相对应的“百千万人才工程”，为人才计划入选者提供高额的科研启动经费，同时各依托单位，如高校、科研机构（在此讨论学术人才，因而忽略创业人才）或地方政府提供比低于 1∶1 的科研配套经费，少数学术明星、科研领军人才能够获取数百万甚至上千万科研启动经费，用于实验室建设、团队组建。

其次，部委引才计划及其提供的科研经费。人力资源社会保障部、教育部、中国科学院、自然科学基金委等各部委纷纷出台相关人才计划，主要通过项目合作、人才引进、学术交流等多种方式，为国际学术人才来华工作或活动，提供相应科研经费支持（见表 5-3）。

表 5-3 **部委引才计划列表①**

部委名称	人才计划
人力资源社会保障部	赤子计划、留学人员科技活动项目择优资助、留学人员回国创业支持计划、高层次留学人才回国资助计划
教育部	教育部长江学者奖励计划、高校学科创新引智计划（“111 计划”）、教育部春晖计划、教育部新世纪优秀人才支持计划
中国科学院	中科院“百人计划”、中科院创新团队国际合作伙伴计划
自然科学基金委	自然科学基金委杰出青年计划
中国科协	海智计划
国家海洋局	海洋系统“十二五”引进留学人才计划

再次，各省市地方人才计划项目。各省市地方政府参照国家人才计划，尤

① 部委引才计划列表［EB/OL］. 千人计划网，［2016-10-25］. http：//www. 1000plan. org/qrjh/section/3.

其是“千人计划”，根据地方发展需求与经济实力，设置人才计划项目，并逐渐发展壮大，形成了较为严密的人才扶持和培养资助体系（见表 5-4）。地方人才引进计划项目在科研启动经费支持、住房补助以及家庭安置支持以及其他配套政策支持方面与国家人才计划相似，部分经济发达地区甚至提供了高于国家人才计划的资金资助力度，如无锡“530 计划”提供“两院院士不少于 500 万元配套资金，科技创业领军人才提供 100 万元至 500 万元配套资金”。

表 5-4　　地方人才引进计划项目一览表①

地区	人才计划项目
北京	北京“海聚工程”、朝阳凤凰计划
天津	天津“千人计划”
河北	河北“百人计划”
上海	上海“千人计划”、上海“海聚工程”、杨浦“3310 计划”、曙光计划
江苏	无锡“530 计划”、姑苏人才计划、江苏双创引才计划
浙江	杭州“5050 计划”、创新嘉兴．精英引领计划、浙江海外高层次人才引进计划
福建	闽江学者计划、福建省引进高层次创业创新人才计划
山东	济南市百千万引才工程、济南市“5150 引才计划”、山东省引进海外高层次人才万人计划
广东	珠江学者、广东省引进创新科研团队专项计划、东莞人才引进政策、广东惠州“天鹅计划”
黑龙江	黑龙江引才计划
吉林	吉林“千人计划”、长春“百人工程”、吉林省引进高层次人才创新创业计划、长春高新区“长白慧谷”英才计划
山西	山西“百人计划”、临汾引才
安徽	皖江学者计划、安徽“百人计划”、合肥市“百人计划”
江西	江西赣鄱英才“555 工程”、江西省面向国内外引进优秀高层次专业技术人才
河南	河南“百人计划”、“中原崛起”工程、洛阳“1211 工程”
湖北	湖北“百人计划”、楚天学者计划、武汉东湖“3551 人才计划”

① 各地引才计划［EB/OL］. 千人计划网，［2016-10-25］. http：//www.1000plan.org/qrjh/section/4.

续表

地区	人才计划项目
湖南	湖南“百人计划”、长沙市引进国际高端人才三年行动计划
四川	四川“百人计划”
重庆	两江学者计划、重庆“海聚计划”、重庆千名优秀人才引进计划
贵州	贵州省高层次人才引进工程
云南	云南百名海外高层次人才引进计划
陕西	陕西“百人计划”/西安“5211 计划”/三秦学者计划
青海	青海省引进海外高层次人才工作
宁夏	宁夏“百人计划”
广西	广西八桂学者人才计划
内蒙古	草原英才工程

最后，校级人才计划，各个高校根据自身发展需求与财政实力，自发设置校级人才计划，如武汉大学“351 人才计划”、上海交通大学“SMC-晨星青年学者奖励计划”等，以及各种类型的人才工程，如“125 人才工程”（中南大学）、“168 人才工程”（新疆医科大学）、“333 人才工程”（中北大学）、“214 重点人才工程”（四川大学）、“筑峰人才工程”（中国海洋大学）、“绿卡人才工程”（中国海洋大学）、“兴华人才工程”（华南理工大学）。各高校根据教师学术水平、学科领域设置划定不同等级资金支撑（通常低于国家级、部委级、省市地方级人才计划、人才工程科研经费支持额度，主要集中于 5 万~20 万元人民币）。校级人才计划、人才工程纷繁复杂，在此不一一说明。

（二）工资收入

一方面，目前我国高校国际学术人才工资实行“协商制”，即国际学术人才与高校进行自主协商，在人才引进成本与效益间找到平衡点，达成一致后以“聘任合同”的方式加以限定。为了更大力度地引进人才，部分高校设置了最低工资限度，保证“年薪不低于 35 万元”（上海交通大学），并根据学术能力划分等级，设定相应的薪酬标准。如武汉大学将国际学术人才划分为“杰出人才”、学科带头人（A 类、B 类）、优秀青年学术骨干、选留博士后和博士。另一方面，我国高校博士津贴水平相对较低。2013 年，财政部、教育部发布

《研究生学业奖学金管理暂行办法》第四条规定："从2014年秋季学期起，中央财政对中央高校研究生学业奖学金所需资金，按照博士研究生每生每年10000元。"① 根据相关政策，目前我国高校在读博士津贴基本维持在1000~2500元/月，少数高校、科研院所超过2000元/月，如中国科学院、北京大学、清华大学、上海交大、复旦大学。虽然，部分有条件的高校设置了种类繁多的奖助学金体系，但是我国高校博士、博士后津贴总体水平相对较低，早在2004年，美国NSF项目博士后薪资已经达到30000美元/年。② 博士、博士后薪酬待遇低将不利于吸引潜在学术人才。

（三）其他福利保障

首先是福利住房。随着事业单位改革与高校教师聘任制度改革深化，福利分房，乃至集资建房逐渐减少，高校转而以公租房、过渡房、周转房、青年教师公寓等形式为教师提供短期居住场所。在部分房地产膨胀、房价高涨的城市，则直接以安家费（通常为5万~50万元）形式一次性发放。其次是配偶与子女安置。当前我国人才引进中解决或协助解决配偶工作，同时以附属学校或其他形式解决子女入学问题。再次是医疗保险，杰出人才通常享受医疗照顾人员待遇，其他学术人才及其家属可自由参加中国医疗保险，且由于我国高校通常设有附属医院，职工医保成为学术人才医保重要组成部分。最后是其他社会保障。学术人才可以资助参与中国境内各项社会保险，包括基本养老、工伤保险等。

二、高校教师薪酬绩效制度特征

学术人才入境工作，其薪酬绩效与其能否入选人才计划/工程关系较大，并且在自主协商薪酬绩效的背景下，影响更为明显，同时各地区不同层次甚至同一层次的高校的学术人才薪酬绩效差距较大。

（一）人才计划/工程资助比重较大

能否入选人才计划成为人才工程资助对象，尤其是"千人计划"、长江学

① 关于印发《研究生国家奖学金管理暂行办法》的通知［OB/EB］. 中华人民共和国中央政府门户网站，［2016-8-26］. http：//www. gov. cn/zwgk/2012-10/22/content_2248589. htm.

② 姚锐．新千年美国高等教育国际化动向及其政策背景［J］. 高等工程教育研究，2010（1）：112-116.

者等国家部委级别高层次人才计划项目，对高校教师薪酬绩效影响较大。一方面，是否入选人才计划决定了一次性生活补助与科研经费。例如，“千人计划”中央财政一次性生活补助（安家费）100万元，分层提供科研启动经费，学校提供一次性生活补助（安家费）30万~100万元，科研启动经费不低于1∶1配套。“长江学者”“青年千人计划化”“青年拔尖人才支持计划”相应降低标准，但是资助额度较大。另一方面，是否入选人才计划决定了学术人才在协商薪酬中的主动性。当前我国高校人才引进实行灵活薪酬，即学术人才与高校民主协商确定薪酬。例如中南大学校长张尧学在四届二次教代会、工代会上的讲话表示：“（中南大学）原来实行的35万年薪，50万安家费，还有1∶1的科研启动配套费，如果有需要可以讨论，根据周边学校情况进行修改。但是有一条原则，先跟候选人谈好，请他们申报（人才计划），申报成功了就给予相关待遇条件，申报不成功按其他方式给待遇。”① 在此背景下，能否入选人才计划对高校教师薪酬绩效的影响不言而喻，“小海龟”或者说部分青年海龟，由于达不到人才计划评选标准，无法享受类似薪酬绩效，导致高校教师间科研经费、安家费、工资、福利等各方面存在较大差异。某“985工程”高校教授表示能否入选各级各类人才项目将较大程度影响科研经费以及科研绩效的高低：

> “学校明确规定，能入选（千人计划）就按入选的标准来，没入选就按没入选的标准来，这一下差距就大了。入选的随随便便几百万，实验室也有了，试剂也够了，经费也足了，就连博士、硕士也能多招几个。为了了解其中的门道，我还专门加了群，专门讨论怎么入选‘青千’（千人计划青年学者）。现在先拿了××省‘百人计划’，争取赶快拿下‘青千’。”

（二）薪酬绩效确定机制灵活

当前我国采用“学术人才与高校民主协商确定薪酬绩效”，根据人才紧缺性、学术水平，以及不同学科领域，高校经费、发展规划等对不同人才实施不同的薪酬绩效安排。同样，能否入选人才计划较大程度上决定了“国际学术人才”在协商过程中的主动权，从而导致了同一批引进的学术人才可能

① 张尧学校长在四届二次教代会工代会上的讲话［N］.［2016-9-1］. 中南大学新闻网，http：//news. csu. edu. cn/info/1009/126356. htm.

在薪酬绩效方面存在较大差异，或由于所在学科领域地位不同，导致同一高校、同一职称，甚至同一院系内学者之间薪酬绩效差异较大的现象。某“985工程”高校××学院院长表明“一人一议”的薪酬绩效确定机制相对灵活：

“面试其中主要的一部分就是谈待遇，年薪多少？学校给的标准是不低于35万（每年）房子怎么安排？老婆就业、孩子上学怎么安排……我们就在学校给的限度里面，跟人谈，对方水平高、资源好、年轻、潜力大，就按照标准高一点，相反就适当低一点，如果真的碰到难得的人才，又还没有入选‘千人计划’什么的，我还会去学校人事部门为他争取。”

（三）薪酬绩效校际差异明显

高校教师薪酬绩效分化体现在以下三个方面：一是不同地区高校教育经费相差较大，导致各地区高校教师薪酬绩效不均衡。以2018年“（普通高等学校）教育生均一般公共预算教育事业费支出增长情况”为例（见图5-2），北京、上海的高等教育经费投入是全国平均水平的2.80倍和1.74倍。中国高等教育经费投入存在较为严重的不均衡现象。高等教育经费投入不均衡，导致各地区高校人才引进经费不同，以江南大学与合肥工业大学引进“青年千人计划”人才为例，其中江南大学“按规定享受基本工资和校内工作津贴以外，同时享受以下待遇：专项薪酬津贴5万～50万元/年、科研启动经费20万～200万元、购房补贴50万～100万元、安家费5万～20万元、学科建设经费100万～1000万元”。同期，合肥工业大学规定教师“首聘期内学校提供保障性年收入30万～40万元；按照国家相关政策资助标准，按1∶1配套提供条件建设费；提供购房补助40万元或过渡住房一套”。二是同一地区高校间教师薪酬绩效差异。以华中农业大学与中南民族大学为例，除中央财政津贴外，华中农业大学提供年薪60万～80万元，免费提供人才房；同期，中南民族大学提供年薪80万，安家费200万元。① 参考武汉地区房价，二者间教师薪酬绩

① 各高校教师薪酬绩效详情参照学校官方网站，以及2016高校高层次人才招聘[EB/OL].[2016-09-01].学术桥，http://www.acabridge.cn/html/acabridge/gccrcyj/qrjhzp/index.shtml.

效差距较大。

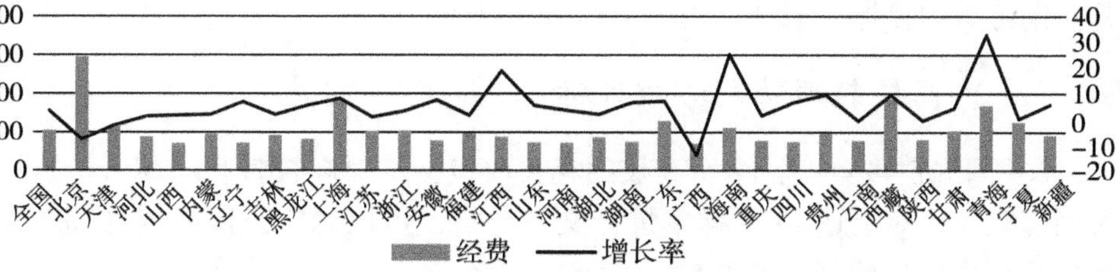

图 5-2　2018 年中国高等教育生均公共财政预算教育事业费、公用经费区域分布图①

第四节　高校教师聘期考核制度内容与特征

与普通教师年度绩效考核、职务职称晋升考核不同的是，国际学术人才通常在正式聘任前通过协商确定了聘期（通常为两个聘期，一个聘期 3~5 年）、薪酬绩效待遇与职称职务，因而关于国际学术人才考核主要为聘期考核，又分为中期考核与终期考核，分别在第一个聘期与第二个聘期结束前进行。

一、高校教师聘期考核制度内容

《中华人民共和国高等教育法》第五十一条规定："高等学校应当对教师、管理人员和教学辅助人员及其他专业技术人员的思想政治表现、职业道德、业务水平和工作实绩进行考核，考核结果作为聘任或者解聘、晋升、奖励或者处分的依据。"《中华人民共和国教师法》第五章有针对性地指出学校或者其他教育机构坚持一定的原则（客观、公正、准确，充分听取教师本人、其他教师以及学生的意见）对教师的政治思想、业务水平、工作态度和工作成绩进行考核，教师考核结果是受聘任教、晋升工资、实施奖惩的依据。在此基础上，各高校明确了国际学术人才聘期考核的目标、原则、内容、程序与结果。

文本分析是全面了解在我国高校教师聘期考核的重要途径。研究采取分层随机抽样，在我国 32 各省、直辖市、自治区各选取一所高校，在百度等搜索引擎上搜索其"教师考核办法""聘期考核办法"，选取高校官方网址显示的

① 数据来源：教育部网站"关于 2013 年全国教育经费执行情况统计公告"[EB/OL]. http://www.moe.edu.cn/srcsite/A05/s3040/201410/t20141031_178035.html.

政策文本，筛除内容不完整、信息过于简单、与国际学术人才聘任关联不大的样本，保留剩余26个样本。对26个样本进一步分析，得出了当前我国高校教师聘期考核的目标、原则、内容、程序与结果。

（一）高校教师聘期考核目标

26个研究样本中有17所高校的相关政策文本对高校教师聘期考核目标有过明确表述。对上述17个样本进行文本分析，可以确定我国高校教师聘期考核的几个主要目标（见表5-5）。

表5-5 **高校教师聘期考核制度目标**

主要目标	文本表达	学校数	所占比例
激励教职员工	调动广大教职工的工作积极性和创造性、强化激励竞争机制等	9	52.94%
建设师资队伍	师资队伍建设、建立……教师/学术队伍、提高教师（教学、科研）水平/素质/质量等	9	52.94%
深化人事制度改革	构建……人事管理制度、人力资源优化配置、深化人事制度与分配制度改革、建立健全……人才引进、人事管理和薪酬模式等	8	47.06%
促进高校发展	办学水平/效益、一流大学、学校核心竞争力、实现办学目标等	6	35.29%
提供教师管理依据	多劳多得、奖勤罚拙，使……管理工作逐步实现科学化、规范化，为教职工的聘任、晋级（职）、提薪、培训、评先、奖惩提供依据等	5	29.41%

尽管各个高校实施教师聘期考核制度的侧重点有所不同，但是无论是激励教职员工、建设师资队伍、深化人事制度改革、提供教师管理依据，还是促进高校发展，其核心目标具有一致性，即通过高校教师聘期考核，优化教师聘任效益，实现高校发展目标。

（二）高校教师聘期考核原则

研究筛选的26个样本中，仅有少数高校明确指出教师考核原则，可以划分为两种不同类型。一是指导性原则。部分高校指出教师考核要坚持客观公正、民主公开、实事求是、注重实绩等原则，如浙江大学、四川大学、广州大学、山西大学、贵州大学等。二是操作性原则。主要包含学术评审和行政审核相结合的原则（北大）；自我评价与领导评价、同行评价、学生或工作对象评价相结合，单项考核与综合考核相结合，定量评价与定性评价相结合（广州大学）；聘期与年度考核相结合、校院两级考核相结合的原则（四川大学）。

（三）高校教师聘期考核内容

与高校教师年度考核侧重“德、能、勤、绩”不同的是，国际学术人才实施聘期考核。一方面，中期考核是指在第一个聘期（3~5 年）结束前，考察高校教师相关人才计划支持项目进展情况，同时结合受聘人聘期内的科研和教学业绩进行，以高水平教学、科研成果以及相关的重大社会服务工作为主要依据。另一方面，终期考核是指在第二个聘期（6~10 年）结束前，考察高校教师人才计划支持项目完成情况，或受聘人与所在院系签订的聘任合同规定的岗位工作目标及任务完成情况，同时结合受聘人聘期内的科研和教学业绩进行，以聘任合同中规定的工作内容与任务为依据。中期考核旨在优化人才管理，激励教师工作积极性与主动性；终期考核结果则是是否续聘的依据。

（四）高校教师聘期考核程序

通过对样本的进一步分析和总结，可以厘清高校教师聘期考核程序（见图 5-3）。（1）学校组织成立教师考核工作小组，小组成员主要由分管人事工作的校级领导、党办、纪委、组织部、人事处、教务处等相关部分工作人员、工会代表、院系领导、教师代表组成，考核工作主要负责审定考核实施细则，审定各院系考核小组成员资格，审定考核结果，处理有异议的考核结果的申诉与仲裁。考核工作小组于人事处设立办公室，处理日常事务。（2）受聘人依据聘任合同规定的工作内容与工作任务，按照学校提供的表格填写并提交考核表或总结报告，并提供教学、科研、服务工作成果及其证明材料。（3）院系教师考核工作小组对个人提交的材料进行审核与评议（部分高校设立了专门的聘期考核委员会或岗位聘任委员会，如贵州大学）。（4）汇总考核结果，确定考核等级。根据教师自我评价与考核材料，确定考核等级（3~4 个等级，即优秀、合格、基本合格、不合格）。（5）上报人事部门存档。将考核结果上报人事处存档，以此作为下阶段教师聘任工作的依据。（6）教职工对考核结果有异议的，可在考核结果给出的 10 个工作日内向本学院（部门）提出申诉。仍不能达成一致的，可向人事处提出书面申诉，由学校教师考核工作小组或其他相关工作部门复核确定。考核工作截止时，若教职工既不提出申诉也不确认考核结果的，视作同意学院（部门）考核意见。

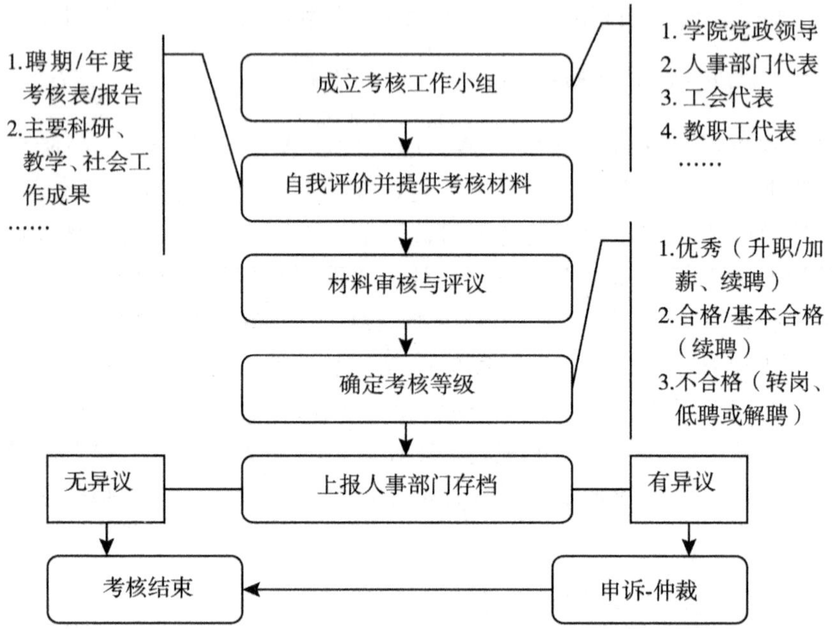

图 5-3　高校教师聘期考核程序图

（五）高校教师聘期考核的结果

我国高校一般将教师考核结果划分为 3~4 个等级，即优秀、合格、基本合格、不合格。不同考核等级产生不同的考核结果。考核等级为“优秀”可直接续聘，或晋升高一级岗位时同等条件下优先。考核等级为“合格”可直接续聘并签订新的岗位目标任务书，已获得续聘者可以签订本级岗位的长期聘任合同或无固定期聘任合同。考核结果为“基本合格”可以续聘，但通常予以一定程度的奖励或惩罚。如上海大学规定考核结果为“基本合格”的教师“下年度不具有晋升专业技术职务、接受进修培训等资格；下年度不得晋升薪级工资档次，年终奖励按照同类人员年度考核合格等级的60%计发”。考核结果为“不合格”则不予续聘，根据不同情况，给予低聘、转岗直至解聘。

二、高校教师聘期考核制度特征

（一）制度内容的主观性

高校教师聘期考核制度主观性较强，集中体现在以下几个方面。一方面，自我评价占据较大比重。教师根据聘任合同规定的教学、科研任务，或院（系）制定的年度考核内容，进行自我总结，包括科研成果、教学成果、服务工作等，填写聘期考核表或考核报告，并提供相应证明材料以供院系教师考核工作小组审议。在此过程中，教师拥有较大自主权，其自我评价具有较大主观性。另一方面，考核等级的确定缺乏科学依据，较大程度上取决于教师考核小组成员的主观判断，带有一定的主观性。某“985 工程”高校教授和某“211 工程”高校教授分别对聘期考核的主观性提出质疑：

“聘期考核其实也是看个人功底的，一份自评报告，写什么、怎么写，同样的考核材料，怎么列表、怎么分类，都有学问。都是流水账，记得全不全面，记得好不好，可能会影响考核结果。”

“聘期考核我们院本来是要求比我职称高的都要评，可是我们院小，教授博导就四个，今年新评了一个，后来不知道是谁提议的，副教授也参评。结果有个今年有 1 个人给了基本合格，后来去问才知道，他竟然不知道 *Nature Methods* 是‘top journals’。”

（二）制度执行的规范性

我国高校教师聘期考核制度逐步由“松散-自发演变”到“科学-规范构建”，高校在政府相关政策指导下，基于一定的目的，形成了一定的原则，对相应的内容，按照固定的流程，实施评价，并合理利用评价结果作为教师管理后续工作的凭证，体现了我国高校教师考核制度在程序上日臻完善，在体制上不断健全的特征。某“211 工程”高校人事部门工作人员指出当前我国高校教师聘期考核制度的规范性愈加明显：

“目前我们学校聘期考核还是比较规范的，一定要保证考核程序的正规性，否则考核结果出来了，是基本合格或不合格，就容易发生纠纷。出了问题，我们人事部门是要负责任的。”

（三）考核指标的适用性

我国高校教师聘期考核制度在实践中实现了整体性考核与单视角考核相结合，适用于当前我国学术人才考核需要。一方面，所谓整体性考核，是指强调"对教师教学、科研等业绩和能力的总体性考核和评价，体现出一种整体性的、感性的、定性的认识和判断，以区别于突出教学或科研的某一单方面的、数量化的、精确的、理性的认识和判断的单视角考核方式"。① 高校人事制度改革以来，考核内容逐渐丰富，考核方法不断优化，形成了较为全面的考核指标体系。另一方面，单视角考核方法，随着高层次人才引进工作深入开展，考虑到学术人才特殊性，有关学术能力的考核更加细化并量化，以定量考核代替定性考核，以理性考核代替感性考核，部分高校甚至对各种学术产出设置了积分制，以计分高低代替了复杂开发的考核系统。整体性考核、单视角考核相结合，使聘期考核更加全面，具有一定的适用性。某"985 工程"高校人事部分工作人员就聘期考核指标的适用性提出了自己的看法：

> "有些指标不是我们不想用，实在是无从下手。就说师德师风、学术态度什么的，列上去了也是你好我好大家好。为了方便考核，我们学校直接将科研产出作为衡量标准，发了几篇文章？什么质量？拿了什么项目？经费是多少？一目了然，方便！重要的是，争议也少。要求就摆在那儿，想要合格，想要续聘，参照标准努力就行了。"

（四）考核目标的学术性

高校教师作为"学术人"，意味着将要承担一项特殊的义务，即通过学术活动获取真理并传承真理、实现人类上升式延续，因而学术属性是学术职业的本质属性之一，也成为高校教师聘期考核的特性之一。为了实现学术人才的核心价值，必须坚持客观公正的原则，对高校教师在知识的发现、传播和应用中的表现或者说贡献作为衡量教师价值的关键。事实上，当前我国高校教师考核十分注重以学术产出为代表的学术能力，详细罗列了学术产出的各个等级及其所占权重或比分，将其作为重要指标明确量化。这种功利化、工具化的考核办

---

① 田一聚．改革开放以来高校教师考核制度变迁的特征与政策思考［J］．江苏高教，2010（6）：76-78.

法，具有较强的操作型，能够减少考核成本，同时存在简单化、片面化等问题，忽略了教师工作的价值属性，强调了教师的工具属性。某“985 工程”高校××院院长根据自我认知指出了聘期考核的学术目标：

“国内人才少吗？不少。那为什么我们还要从国外引进（人才）呢？主要那是看重他们的学术水平和学术资源。国内教师水平不高？未必。但是发不了 SCI，进不了国际主流学术圈，在国际上没有话语权。人才引回来了，学术不能丢，还要更好，比国内大部分学者都要好。”

第五节　高校教师解聘退出制度内容与特征

“解聘退出”是新一轮聘任的开端，合理的解聘退出制度将促进高校教师队伍新陈代谢，实现学术人才合理流动。由于我国高校教师长期以来属于“事业单位编制”，“单位人”思想禁锢比较严重，当前我国高校教师除自然退出（生病、退休、死亡）与少量自动辞职外，较少出现解聘退出，严重阻碍了师资队伍更新与提升。为了深化人事制度改革、优化高校师资队伍，部分高校制定了解聘退出制度，但大部分高校有关教师解聘退出的相关规定主要散见于其他教师管理制度之中。

一、高校教师解聘退出制度内容

原国家人事部《关于在事业单位试行人员聘用制度的意见》规定，5 种情况聘用单位可随时单方面解除聘用合同，2 种情况下应当提前 30 天以书面形式予以通知解聘。《中华人民共和国教师法》第五章第二十四条规定“教师考核结果是受聘任教、晋升工资、实施奖惩的依据”，同时第八章第三十七条规定“教师有下列情形之一的，由所在学校、其他教育机构或者教育行政部门给予行政处分或者解聘：（一）故意不完成教育教学任务给教育教学工作造成损失的；（二）体罚学生，经教育不改的；（三）品行不良、侮辱学生，影响恶劣的”。依据上述法律文件，我国高校指出，教师有下列行为，高校有权予以解聘。

（一）政治素质/观念问题

由于部分高校在资格准入指标中明确要求“拥护中国共产党的领导，坚持社会主义道路”，相应地规定对政治立场、政治素质、政治观念与社会主义或共产主义相悖，可予以解聘。如上海大学规定“政治素质较差，在重大政治是非问题上立场动摇，参加社会非法组织或参与非法活动的”，浙江大学、四川大学规定“受到行政记过或党内严重警告”，将直接导致教师聘期考核“不合格”，从而导致解聘。部分高校虽然没有类似规定，但是出现相似教师解聘行为。

（二）违法乱纪或违反道德伦理

违法乱纪或违反道德伦理主要指严重违反国家法律、行政法规与学校规定，以及严重违反社会伦理与职业道德的行为，部分高校解聘制度文本摘录如下：（1）严重违反国家法律法规被依法追究刑事责任的；（2）因打架、酗酒闹事、参与赌博、迷信、色情等严重违反社会道德、妨碍社会管理秩序，被有关部门处罚的（上海大学）或违反校规校纪（浙江大学）；（3）利用职务便利为自己或他人谋取不正当利益，造成不良影响的（上海大学），或贿赂各级教师职务聘任组织的成员；（4）违反职业道德，造成恶劣影响（四川大学）；（5）其他违反乱纪行为。

（三）重大工作失误

重大工作失误主要指由受聘人导致的教学、科研、管理等工作失误，部分高校解聘制度文本摘录如下：（1）因直接责任事故造成公共财产或他人财产损失 3 万元以上并造成不良影响的（上海大学）；（2）受聘人工作责任心不强/渎职，造成严重后果的，发生重大教学事故的（上海大学、四川大学、贵州大学）；（3）严重扰乱工作秩序致使学校工作不能正常进行的。

（四）胜任力不足

胜任力不足主要指通过考核或观察不能胜任工作内容、不能完成工作任务的，其中部分高校规定第一个聘期考核不合格或基本合格，可以进行再考察，或转岗，或低聘。部分高校解聘制度文本摘录如下：（1）聘期考核等级“不合格”或聘期内有两年年度考核为“不合格”（贵州大学）；（2）难以适应工作要求，不能完成本职工作（浙江大学），年度考核内本人完成的实际业绩低于学院规定的基本业绩要求或聘期内规定最低工作量（浙江大学、贵州大学、上海大学、四川大学）；（3）“非升即走”，即新进教师一定年限内（1~2 个聘期）不能达到评审高一级职称的必要条件，或未评为副高级职称，则要求教师自动离职。当前我国实行“非升即走”制度的高校有北京大学、中山大学、复旦大学、上海交通大学、湖南大学等。

(五) 学术失范行为

学术失范行为主要指故意伪造学历、学位、奖励与专业技术职务证书，谎报学习工作经历、考核材料或剽窃、抄袭压人成果等不良行为，部分高校解聘制度文本摘录如下：(1) 考核材料弄虚作假 (贵州大学)；(2) 弄虚作假，谎报成果或剽窃他人成果 (四川大学)。

(六) 违规休假或旷工

违规休假或旷工主要指违反学校规定，擅自出国、休假、旷工、脱岗、兼职，或拒不履行教学科研工作任务等情况，部分高校解聘制度文本摘录如下：(1) 未经学校同意，擅自脱岗外出进修学习或进修学习期满不归 (贵州大学)；(2) 未经批准逾期不归，或连续旷工超过 3~5 个工作日，或一年内累计旷工/请假超过 10~30 个工作日的 (上海大学、浙江大学)；(3) 年度事假累计 30 天或旷工 3 天以上 (浙江大学)；(4) 未经学校批准，工作时间内在校外兼课或兼职 (四川大学)。

二、高校教师解聘退出制度特征

(一) 解聘条件多，学术限定少

对样本高校教师解聘退出制度进行文本分析可以发现，高校在以上 6 个主要情形中可以解聘教师，其中仅有“胜任力不足”涉及高校教师学术能力问题，更多的则是针对政治问题、道德问题、工作失误、学术失范、旷工或违规休假。当然，以上问题同样较为严重，值得关注。但是有研究显示，2005—2009 年，某校教师退出方式中，退休所占比例为 36%，各种原因调离占 38.8%，学校解聘占 15.9%，教师主动辞职占 3.7%，校内转岗占 5.6%，且解聘多因出国逾期未归等因素。① 人才作为一种核心资源，不仅体现在较强的管理能力、研究能力、创造能力和专门技术能力，更体现在劳动能力的质量以及劳动成果的社会效应，同样，国际学术人才作为高校师资队伍的核心部分，学术产出包括教学、科研、管理服务工作成果，应当是其核心价值体现，也应当

① 章雷．我国高校教师退出机制研究［D］．重庆：西南大学，2010：18.

成为决定是否续聘的关系，由此可见，当前我国高校教师聘任制度中解聘情形较多，但是有关学术能力的限定不足。某“211 工程”高校××学院院长对解聘退出的标准提出了质疑：

> “国内大学老师离开工作岗位，基本是退休或教师主动，比如要做生意、生孩子、学习深造什么的。只有老师做了太出格的事，比如在学校惹事情，跟领导同事关系极其紧张，或者抄袭舞弊，才会被辞退。2015 年，吉林省大手笔，106 个二级教授，7 人被亮‘红牌’，直接解聘；9 人被亮‘黄牌’，缓聘 1 年。我不知道，他们考核的标准是什么，听说考核前，还没有制定《考核办法》（《吉林省二级（三级）专业技术岗位聘任人员聘期考核暂行办法》），也不清楚他们说解聘，是直接解聘呢？还是解聘二级，然后低聘？反正，在我们学校肯定不行，会出大乱子。真要解聘，也要先定规矩，再考核，要加强学术考核，不然还跟以前一样，那就没意义了。”

（二）低阶标准多，高阶标准少

首先，研究样本中规定的教师解聘情形中多涉及违法乱纪、违反道德伦理、学术失范等问题，属于各行各业对从业人员的基本要求，作为“学术崇拜”的对象，仅以低阶标准要求高校教师，显然不足以为高校学生树立良好的榜样。其次，关于胜任力不足的情形，多数高校要求“不得低于院（系）规定的基本业绩要求”或“不得低于聘期内规定最低工作量”。根据人才资源管理薪绩协调原则，高层次人才学术产出应当与薪酬待遇相匹配，当前我国高校人才引进薪酬待遇明显高于其他高校教师，“不得低于院（系）规定的基本业绩要求”或“不得低于聘期内规定最低工作量”等解聘情形将引发校内引进人才与已有教师之间矛盾进一步加大。最后，关于“违规休假或旷工”的标准，尤其是“未经学校批准，工作时间内在校外兼课或兼职”的要求不明确，例如兼课或兼职的时长等缺乏明确要求，从而导致部分人才引进“投资-收益”失衡，甚至使高校沦为部分国际学术人员的兼职对象和赚钱工具。某“985 工程”高校青年教师和教授博导分别就解聘退出标准提出了不同的看法：

> “听说我们学院引进了×××，巨牛，但是我们连影子也没有看到。好不容易回来开讲座，位置都要抢，听了讲座，发现主要是泛泛而谈，根

本没办法深入了解（他的研究），更不要说交流学习了，我不知道聘请这样的‘千人’有什么意义。”

“我是2006年从康奈尔（大学）回来时就是教授博导了，但是没有赶上‘千人计划’。既然学校为他们（‘千人计划’入选者）提供了各种待遇，要求也应当相应提高，尤其是学术成果。否则对其他教师学者来说是一种不公平。”

（三）校方权益重视多，教师权益重视少

当前高校教师解聘退出制度的主要目标在于对损害高校权益的各种情况加以限制，同时以聘任合同作为制约，提高人才引进效益、保护高校权益。然而对于高校教师权益的保护不足。例如，我国仅有部分高校，如辽宁师范大学、沈阳农业大学、长春理工大学等，明确规定了不得解聘的情况，主要包括“因工负伤、致残、丧失劳动能力的；妇女在孕期、产期及哺乳期的；患重症期间”①。部分学校则规定“患重症不能履行工作任务”可予以解聘。2016年8月19日，兰州某高校开除患癌女教师的新闻引发热议，对此，有人指出“还有什么能比开除癌症教师的大学更伤教育尊严”。相关学者表达了对高校解聘“患病或者非因工负伤”教师过程中教师权益如何保障的担忧。此外，我国高校教师解聘退出制度中关于教师的申述权、申诉仲裁权的相关规定不完备，解聘退出引发争议时，教师权益难以保障。某“985工程”院校教授从国际学术人才的角度出发，认为国内解聘退出制度缺乏对教师权益的保障：

“签合同在国外是常事，回国签这个聘用合同，我习惯跟国外一样，认真看里面的条款，结果发现‘出现以下情况，高校有权利直接解聘教师’，我觉得这是不合理的，不管什么情况，也不能直接解聘吧？什么叫直接？有事先通知吗？有解释说明吗？虽然高校承诺我，让我安心工作，但是对于我这种在国外见惯了‘白纸黑字’的人，总担心‘空口无凭’。签了这样的合同，我心里总有点不放心。”

---

① 周文霞，邵懿，王倩．中国高校教师聘任制政策文本研究［J］．浙江工商大学学报，2007（6）：81-87.

小 结

中国高校教师聘任制度，尤其是海外高层次人才（或者说国际学术人才）聘任制度在实践过程中曲折前进、日臻完善，逐步形成了高校教师资格准入制度、公开招聘制度、薪酬绩效制度、聘期考核制度以及解聘退出制度，且各项制度均设有相应的实施程序，整体而言呈现较好的发展趋势。

然而，我国高校教师聘任制度由于实施年限短，实践经验不足，尚带有较为明显的西方发达国家或者说美国高校教师聘任制度的烙印，深入分析则会发现“水土不服”问题，距离“完善”尚有一定的距离。

未来进一步优化高校教师聘任制度以实现国际学术人才回流、提升国际学术人才利用效益，关键是理清高校教师聘任制度五个模块各自存在的根本问题，以更加具有针对性的措施加以解决。

第六章　学术人才国际流动中我国高校教师聘任制度问题分析

要弥补国内学术人才需求缺口，必须在制度层面进行根源剖析，找出制约我国现存高校教师聘任制度的缺陷，引导学术人才回流。根据资格准入制度、公开招聘制度、薪酬绩效制度、聘期考核制度、解聘退出制度五个维度，参考18位访谈对象相关观点，研究发现，资格准入制度存在政治责任与学术自由、工具理性与价值理性、筛选需要与人才紧缺三对矛盾冲突；公开招聘制度存在招聘信息不对称、个人申请材料造假、学院审核"学缘关系"影响、学校审批行政权力与学术权力博弈问题；薪酬绩效制度存在科研经费投入不足、管理方式粗放，工资收入差距较大、国际水平不高，福利保险水平不高、制度不完善问题；聘期考核制度存在考核标准科学性不强、考核程序公正性不显、考核结果利用率不高问题；解聘退出制度存在解聘退出标准流于形式、解聘退出程序不合理、后续保障不健全问题。

第一节　高校教师资格准入制度存在矛盾冲突

我国高校教师资格准入制度中存在政治责任与学术自由间的矛盾冲突、工具理性与价值理性间的矛盾冲突、筛选需要与人才紧缺间的矛盾冲突，以上矛盾冲突相互交织、互相影响，构成一个复杂的矛盾冲突网，导致高校教师资格准入制度自相矛盾、语焉不详，适切性、操作性大打折扣，同时，使得国际学术人才对于高校管理水平、人才筛选的程序公正产生怀疑，从而对入境从事学术工作望而却步，影响我国学术人才回流。

一、政治责任与学术自由矛盾冲突

一方面，全球文化意识形态博弈要求高校教师承担政治责任。复旦大学吴晓明教授曾犀利地指出，"'现代文明'之被定义的内容与实质，它获得理解的基础与根据，以及被用来进行推理和想象的标准与法则，无一不将此一文明揭示为西方文明、欧洲文明，更确切些说，资本主义文明”。① 在经济全球化与高等教育国际化背景下，“国家认同”成为研究热点，2013—2014 年，《中国社会科学》杂志公开发表 8 篇篇名含有“国家认同”的论文。“国家认同”要求高校教师承担相应的政治责任，即“自觉传播主流意识形态，传承中华优秀传统文化，弘扬和践行社会主义核心价值观”②。在国际文化意识形态博弈中，高校教师有责任在纷繁复杂的价值观和意识形态中选择性地传播与发散，以确保政治思想尚不成熟、意识形态尚未定型的青年学生树立正确的世界观、人生观、价值观，追随和信仰符合社会主义发展需要的主流意识形态。国际学术人才在西方教育和资本主义文明中“浸淫”多年，入境从事学术工作，尤其是教学工作，在带来前沿科技的同时，会不自觉地传播了资本主义文化糟粕。高校学生在学术崇拜的同时，“亲其师，信其道”，思想观念更加容易受到影响。因此，要坚持马克思主义、社会主义、共产主义等政治思想，防止西方敌对势力政治思想文化渗透，谨慎对待西方知识科技传播中的价值观渗透与意识形态浸染，成为高校教师聘任时不得不考虑的问题之一。因而，部分学者认为，在教师资格准入指标中，应当纳入“政治素养”指标，甚至提出“无论一个人专业技术水平多强，政治素养不合格绝对不可以成为教师”③ 的观点。

另一方面，学术自由是大学的精神，是学者人格健全与自我实现的重要保证。布鲁贝克认为学术自由合理性至少基于三点：认识的、政治的和道德的。④ 学术自由的重要性体现在三个方面。（1）认识在不断提升，真理在不断更新。包尔生（Friedrich Paulsen）曾说：“科学只存在于新旧真理的不断更替以及新知识的获得中。……因此可以认为，真正的科学教学，只能被看作是绝对自由的。”⑤ 学术自由保障学者不断打破原有认识壁垒，正如进化论打破宗教迷信的壁垒、社会主义打破资本主义一样，只有学术自由才能保障学者不受外界压力，打破认识上的樊篱，仅仅服从真理的标准，实现认识上的突破。

---

① 吴晓明．当代中国的精神建设及其思想资源［J］．中国社会科学，2012（5）：4-20.

② 马英华．论高校教师的政治责任［J］．思想政治教育研究，2015（6）：40-43.

③ 马英华．论高校教师的政治责任［J］．思想政治教育研究，2015（6）：40-43.

④ Brubaeher J S. On the Philosophy of Higher Education［M］. San Francisco：Josscy-Bass，1982：43.

⑤ ［德］包尔生．德国大学与大学学习［M］．张弛，郑海霞，耿益群，译．北京：人民教育出版社，2009：227.

(2) 政治保障言论自由，言论自由涵盖学术自由。目前世界上有多个国家在宪法明确规定公民“言论自由”的权利。博克认为“首先言论和发表权利有助于丰富和激励人们的生活，特别是使之拥有充分参与智力交流活动的机会。这种智力交流活动有助于培养人的价值观，有助于人们认识世界，有助于发挥最具人性特点的思维和想象力”。① 教学、科研、出版自由均与言论自由紧密相关，是言论自由赋予公民的权利。(3) 学术自由是人之本性的内在需要，是道德发展与自我完善的基础。洪堡（Wilhelm von Humboldt）认为“人的真正目的在于最圆满、最协调地陶冶各种潜能，使之成为一个整体，而自由是这一修养首要和必备的条件”。② 刘亚敏教授指出“学术自由保护了人的好奇心和求知欲，使人在学术探究过程中提升道德修养和精神境界，促进健全人格的形成”。③ 总而言之，学术自由是大学存在的理性基础，是高校教师发挥作用的现实保障。

我国高校教师资格准入制度中出现了政治责任与学术自由的矛盾冲突。研究样本中部分高校明确要求申请人“拥护中国共产党的领导，坚持社会主义道路”，“遵守政治纪律”，“自觉传播主流意识形态，弘扬和践行社会主义核心价值观”。然而，多年的海外学习经验和工作经历，使国际学术人才（外籍人员、华人、华侨、留学生）形成了较为稳定的“三观”与政治观念，持有“个人主义”“自由主义”“福利主义”等政治信仰的国际学术人才大有人在。而我国《高等学校教师职业道德规范》有关“不得有损害国家利益……的言行”的规定语焉不详，容易造成错误指导，使高校教师资格准入制度存在执行困难。对此，某“211 工程”高校人事部门负责人和某“985 工程”高校教授、博导分别提出了不同意见：

> “政治审查是人事部门的主要工作之一。由于各院系已经根据自身需要对引进人才做出了专业判断，因此，我们将重点审查政治问题。尤其是这几年，中央反复重申要加强高校政治引导与学生政治素质发展，存在政治问题的人才高校是肯定不敢聘，也不能聘的。举个例子，去年新闻与传

---

① 徐小洲．博克的学术自由与大学自治观［J］．浙江大学学报（人文社会科学版），2002（6）：123-130.

② 陈洪捷．德国古典大学观及其对中国的影响［M］．北京：北京大学出版社，2006：59.

③ 刘亚敏．论学术自由的人本价值［J］．教育研究，2014（2）：48-54.

播学院只是想请国外一个美学专家来开讲座，但是这个人在国外有较为激进地抨击社会主义的言论，人事部不假思索就拒了。更不要说聘用一位有政治问题的学者了。(但是我看贵校人才引进办法中并没有关于政治素养的明确规定啊?) 有些学校可能有，我们学校没有，为了显示学术自由嘛，但是不管哪所高校肯定都会十分注意这个问题的。”（某“211 工程”高校人事部门负责人）

“浙江大学引进芝大（芝加哥大学）的赵教授，是一个比较明显的例子。赵老师在社会学领域的影响力是不言而喻的，按照他的真实水平，应付申请千人应当是绰绰有余了。但是由于他的一些论著，比如 *The Power of Tiananmen* 中有一些不当言论，导致一直没有获批（‘千人计划’）。浙大为了引他进来，提供了大量优越条件。苏振华教授、冯钢教授为了让他通过‘千人计划’的渠道来浙大工作，想方设法找到有关部门，多方协调沟通，最后，总算争取到了该部门的同意。说起来，引进国外人才难免遇到这样的问题，但是国外学术环境与国内不一样，相对自由，找政府的碴是他们研究的一个重点。关注妇女、儿童、少数民族等弱势群体，关注人权问题，社会学、历史学还喜欢关注中国的‘文化大革命’……你要是把这些都剔掉，可引进的（人才）一下子就少了。”（某“985 工程”高校教授）

二、工具理性与价值理性矛盾冲突

一方面，我国高校教师资格准入指标体系基于实证主义方法论基础上，采用量化方法，追求工具理性。工具，是对事实的衡量，对利益的追求。工具理性就是通过实践途径确认人运用工具的有用性，主要通过精确计算功利的方法以追求功效的最大化，即“通过对外界事物的情况和其他人的举止的期待，并利用这种期待作为‘条件’或者‘手段’，以实现合乎理性所争取和考虑的目的”。① 工具理性的科学性表现为，可以通过科学计量实现功利计算，是科学技术发展的必然趋势。然而，随着工具理性的极度膨胀，数字逐渐主宰理智，成为判断的唯一标准。当前，我国部分高校教师资格准入指标陷入了“工具理性”误区，详细罗列学术产出的量化要求，将学术专著、学术论文的收录情况、被引情况（引用率、被引次数）、篇数以统一的标准如“8 篇”、

① ［德］马克斯·韦伯．经济与社会（上卷）［M］．北京：商务印书馆，1998：56.

"单篇引用率不得低于15次，总被引超过80次"加以限定，导致工具理性的膨胀和价值理性的迷失，事实上，一部专著或一篇论文也可以代表一个人的学术水平，多篇论文或多部专著也可能是"学术垃圾"，被引也可能是"自引"。对工具理性的片面追求甚至容易滋生学术失范问题。

另一方面，价值，又称之为基于价值基础上的规范陈述，关注应该做什么、怎么做最好。价值理性"通过有意识地对一个特定的行为——伦理的、美学的、宗教的或作任何其他阐释的——无条件的固有价值的纯粹信仰，不管是否取得成就"。①价值理性行为关注并处理不同的价值问题，包含了对价值的选择。价值理性并不否定"数"，只是更加关注"质"，从长远利益出发，考虑事物、行为的价值。部分高校片面追求价值理性同样有害，如资格准入中规定"特殊紧缺人才可适当放宽要求"，然而"特殊紧缺人才"缺乏评价标准，在实际操作过程中只能凭借主观判断，容易滋生高校管理腐败问题。同样，关于教学能力、交流沟通能力、团队协作能力也只能依靠价值判断。

在高校教师资格准入制度中，出现了工具理性与价值理性矛盾冲突，要缓解或调和二者关系，关键在于方法的选择。工具理性对应量化方法、价值理性对应质性方法，二者可以兼顾。如关于学术产出的要求可以实施"代表作"方法，即仅要求申请人提供1~3篇代表作，通过对代表作的定性评价确定申请人的面试资格。同样，对"特殊紧缺人才"加以细化要求，教学能力、交流沟通能力、团队协作能力通过面试小组成员打分等加以量化，实现量化方法与定性方法在高校教师资格准入指标中的和谐统一。对此，某"985工程"高校××学院副院长和某985高校分管人事工作的副校长就此问题发表了自己的看法：

> "在审核申请人资格时，我们通常以学术产出为主，尤其关注SSCI、SCI、A&HCI等数据库收录的论文数量，EI现在都不算了，因为收录标准太低了，基本所有国际学术会议的论文都收录。还有一个就是被引，这是这两年比较关注的。因为人工判断申请人的学术水平耗时耗力，收录和被引可以帮助判断。"（某"985工程"高校××学院副院长）
>
> "光看数量方便是方便了，可是会带来更大更严重的问题。你要数量，好，我多写、拆发几十篇文章，有好有差，单看数量似乎不错。前几年不清楚里面的门道，还有学校在*Nature*、*Science*里面发表评论的，也当

① ［德］马克斯·韦伯．经济与社会（上卷）［M］．北京：商务印书馆，1998：56.

成宝一样引进来。这种浮躁的作风，害了不少人，我们学校××学院××实验室，它们就是坚持了5年，结果今年就出了大成果。××学院××教授就写了一本书，可谁都知道他在国际法领域的地位。一味地追求‘量’肯定不对，但是如何评价‘质’还需要下工夫。”（某“985工程”高校分管人事工作的副校长）

三、筛选需要与人才紧缺矛盾冲突

一方面，人才筛选是高校教师资格准入的存在依据。高校教师资格准入旨在把好高校教师“入口”，选拔以学术为业的精英人才，他们必须在学术上表现“出众”，因而需要在较多申请人中进行筛选。以德国大学教授筛选指标体系为例，德国高校要求申请人取得博士学位、完成了教授资格专著或者与此等值的多篇论文，并具有教授资格考试（Habilitationss）。从而导致德国教授职称获取存在一定难度，教授普遍年龄较大。2010年，德国教授资格获得者的平均年龄为40.8岁，仅有8.6%的博士能够通过教授资格考试，通过者仅有39.3%被聘为教授。① 美国高校则主要从学术杰出、教学优秀、发展潜力、多元化、院系需要对学术人才进行了较为全面的要求。② 一个优秀的高校教师应当是在众多候选人中较为出色的那位，尤其是薪酬绩效待遇优于普通高校教师的国际学术人才。我国高校也从身心素质、知识水平、实践能力以及成就业绩四个方面进行了规定，试图在申请人中选出适当的对象进入面试环节。

另一方面，我国高校面临人才紧缺问题，不得不降低资格准入要求，或者在实际执行过程中变相降低要求。在人才紧缺的现实背景下，我国高校公开招聘后，申请人较少，甚至仅有一位申请人，难以满足筛选需要，为了尽可能促进高校师资队伍国际化，部分高校不得不降低要求以免“空手而返”。以“全职到校”或“年在校工作时间不得低于6/9个月”指标为例，有调查发现，部分“千人计划”入选者同时在国内外其他高校任职，没有达到每年在国内至少工作6个月的标准，并且存在多次兼职的情况，无兼职情况的科技人才仅

① 孙进．选拔以学术为业的精英人才——德国大学教授资格考试制度评述［J］．中国人民大学教育学刊，2013（2）：47-58.

② 由由．大学教师队伍建设中的筛选机制——以美国五所世界一流大学为例［J］．北京大学教育评论，2013（4）：87-97.

为23%，同时兼任二、三、四、五个工作的分别占51%、19%、5%和2%。① 同时，部分高校要求受聘人在国外著名高校获得“教授/副教授/终身系列教职”等要求在实际执行过程中也大打折扣。继2015年浙江大学27岁博导引发热议，2016年，两名90后“青年千人”分别被聘为电子科技大学与浙江大学教授。② 两位青年学者具有一定水平的学术能力，取得了较好的学术成就，但是分别从博士毕业生与助理教授，一举成为教授、博士生导师，说明有关高校教师资格准入要求未能严格执行。不仅如此，年龄限制也难以执行落实。我国高校一般要求青年教师、博士、博士后年龄要求35周岁以下，助理教授、副教授、副研究员要求40周岁以下，教授、学科带头人、院/系/所领导要求50周岁以下，少数高校对紧缺人才、顶尖人才放宽要求至55周岁以下。但是，有学者通过网络采集科技人才的CV，发现99个“千人计划”入选者回国年龄分布如下，40岁以下占3%，41~45岁占22%，46~50岁占48%，51岁及以上占26%。③

人才紧缺是现实、人才筛选是需要，现实与需要之间存在差距的代价是不得不降低或变相降低高校教师资格准入要求，甚至以牺牲人才质量为代价，以求尽可能扩大国际人才引进数量。高校教师资格准入指标各项要求通常加注“特殊/紧缺人才可适当放宽要求”，最终导致年龄、职称、工作时间限制、博士/博士后毕业年限等要求成为虚假指标，其他指标本身就存在语焉不详，最后仅有学术产出指标成为硬性规定，作为引进国际学术人才的最后一道防线。某“985工程”高校人事部门主管和某“985工程”高校××学院院长的访谈内容证实了这一问题：

> “近年来，回国的人才越来越多，我们也多了许多选择的机会。但是真正符合学校要求的还是比较少，大部分只能算‘中流人才’，跟国内顶尖博士毕业生或知名学者差不多。为了选拔人才，我们不得不放宽要求，尤其是年龄，‘千人计划’也指出可以适当放宽年龄限制嘛！名校博士、博士后本身就很抢手，当然要‘低职高聘’。麻烦的是工作时间限制和兼

---

① 中央组织部人才工作局．“千人计划”实施状况问卷调查综述［J］．中国人才，2011（10）：16-18.

② 90后姑娘入选国家“千人计划”明星颜值学术领军［EB/OL］．［2016-09-01］．新华网，http：//news. xinhuanet. com/overseas/2016-01/04/c_128591770. htm.

③ 刘晓璨，朱庆华，潘云涛．国际科技人才回流规律研究以“千人计划”入选者为例［J］．现代情报，2014（9）：24-30.

职，这个直接影响到人才引进后的效益。”（某“985 工程”高校人事部门主管）

“基本要求这个东西，也就是你说的资格准入，要求太低吧，影响申请人的学术水平，还给我们学院筛选工作增加麻烦，也让其他学校或海外人才看低（我们学院）；要求太高吧，又不太现实，招不到人，尤其是有点学术成就，在国外拿了终身教授博导的，年龄一般都上去了，申请不了‘青千’，待遇也上不去，所以我们学院也为难。”（某“985 工程”高校××学院院长）

第二节　高校教师公开招聘制度存在人才质量问题

高校教师公开招聘制度主要是对高校人才招聘流程做出了详细规定，力求保障招聘程序正义。然而，在公开招聘阶段，我国高校公开招聘途径狭窄，导致高校与学术人才之间信息不对称，引发学术人才“柠檬市场”；在个人申请阶段，审核材料造假问题严重，部分申请人学术道德失范，高校学术审查工作不足；在学院评审阶段，“学缘关系”错综复杂，难以保障招聘的公平公正；在学校审批阶段，行政权力与学术权力博弈。以上种种问题最终将导致学术人才质量不高、难以实现我国高校学术人才引进目标。

一、招聘信息公开阶段：信息不对称

高校教师聘任制意味着高校与学术人才在平等自愿、等价有偿的基础上，签订劳动合同，产生劳动关系，实现劳动力等价交换。然而，等价交换的基础在于信息对称，而事实上由于信息不对称而导致的“柠檬市场”则更为多见。阿克洛夫（George Akerlof）以二手车市场为例，指出当买卖双方信息不对称的情况下，由于买方无法获得有关商品的真实价值，只愿以市场中的平均价格甚至更低的价格购买商品，从而导致优质商品退出市场、劣质或一般质量的商品充斥市场。二手车市场在国外又称之为“柠檬市场”，因而上述观点被称之为“柠檬市场”理论。我国学术劳动力市场存在双向信息不对称。一方面，高校无法全面掌握学术人才的真实价值，只能以平均价格购买学术劳动力；另一方面，国际学术人才由于缺乏对中国高校的了解，招聘信息缺失，且不满于国内高校提供的薪酬待遇，退出国内学术劳动力市场，从而导致国内学术劳动力市场充斥大量水平一般的学术人员，导致入境学术劳动力质量参差不齐。

在公开招聘阶段，我国高校通常在学校官方网站发布招聘公告，其中仅有部分高校采用英文发布招聘公告；难以与国际校友会、驻外办事处展开深入合作，没能建立国际学术人才数据库；“以才引才”模式存在缺陷，容易滋生腐败，导致一般性学术人员引进；“家属随迁”导致部分低于平均水平的人员流入高校。以上招聘方式和渠道均未实现信息交换，保障信息对称，最终导致信息不对称下的高校学术劳动力“柠檬市场”。事实上，在专业学术刊物上公开发布招聘启事，利用国外新闻报纸等传统媒体信息平台，“走出去”才能实现“引进来”。2010 年，中国矿业大学在 *Nature* 上发布公开招聘信息，成功在两个月内引入 3 名海归博士。① 然而，我国高校目前尚未形成在国际信息平台公开招聘的习惯。由专家教授、人事主管、校级领导构成的公开招聘工作小组，直接赶赴海外实施招聘也是值得学习的做法。“如韩国大多数高校都采用直接到国外做招聘工作的方法，从而使 60%左右的韩国留学生都选择了回国工作”。② 我国设立海外招聘工作小组的高校较少，未能站在国际学术人才的角度、努力为其提供应聘便利，未能实现高校与学术人才间的信息交换，尽可能避免“柠檬市场”的出现。这一问题通过某“211 工程”高校副教授和某“211 工程”高校人事部门工作人员的访谈得到了佐证：

“我在国外偶尔也会接到职位推荐信，是某个高校直接寄过来的，或者通过订阅《高等教育纪事周刊》，关注上面的招聘信息。但是，回国时却是我自己联系的学校，还花费了不少精力，有让国内朋友帮忙打听，也在千人计划网上查，但是千人计划网上的招聘，要求很高，我不太适合，最后才辗转找到现在的单位。我觉得不应该是这样子的，国内高校老是说想要招（有）国外经历的（学者），可是国外的找不到途径回来。我认为它们招来招去，最后招的都是跟自己学校有一定学缘关系的，而不是那种长期在国外（学习、工作、生活）的。”（某“211 工程”高校副教授）

“通过学校官网发布招聘公告是最正常（普遍）的一种方式，想来我们学校的会主动关注的。还有就是千人计划网，在上面登广告主要是为了吸引最顶尖的人才。还有高校人才网什么的，但是那个上面主要是国内博

① 刘蕾，江国．我国高校引进海外留学人才工作探究［J］．文教资料，2010（26）：192-194.

② 白艳莉．海外人才引进：构建人力资源强国的重要路径——国际经验与启示［J］．生产力研究，2009（12）：91-93.

士。也考虑过在 *Nature*、*Science* 上面登（广告），但是这种非常规做法要领导开会讨论、批经费，我估计难。我觉得现在（的招聘方式）基本够用。”（某“211 工程”高校人事部门工作人员）

二、个人申请阶段：审核材料造假

个人申请阶段，申请人需要自己提供审核材料，包括简历以及简历内容的相关证明，其中包括本、硕、博教育阶段的学历、学位证书，学术论文及其收录、被引情况证明、主持或参与科研项目及其获奖情况、专利证书、专家推荐信等。由于个人在这一阶段具有较大的自主性，为了提高被聘用的概率，以及提升薪酬待遇与职务职称协商阶段的话语权，部分国外学者选择铤而走险，伪造学历学位、工作履历、学术产出、专家推荐信等审查材料。对此，学术界有人戏称中国高校人才引进存在“人傻，钱多，速来”的严重问题。

2006 年清华大学校长助理刘×伪造论文发表记录，上海同济大学生命科学院院长杨×申报评奖材料作假。① 2011 年，苏州大学“千人计划”入选者张××涉嫌学历与获奖经历造假（2016 年担任云南大学副校长期间再次涉嫌学术论文造假），中国地质大学（武汉）“洋千人”涉嫌履历造假，哈尔滨医科大学“千人计划”入选者王××教授学术论文造假，厦门大学傅×学位造假……值得关注的是北京化工大学生命科学与技术学院教授陆×，其造假材料之“全面彻底”简直涵盖全部审核材料。首先，陆×履历中 7 篇高水平学术论文冒用耶鲁大学助理教授卢×的成果，博士学位冒用祖籍台湾的多伦多大学毕业生，工作经历冒用一名曾在美国默克公司担任研发科学家的 Jun Lu。② 饶毅指出，陆×还曾自称耶鲁大学助理教授卢俊，请诺贝尔奖得主为其写推荐信。陆×的审核材料造假涉及面较广，同时也漏洞百出，如果我国高校审查时对评审材料进行网络搜索，根据个人履历与学术论文发表时间进行交叉比对后，很容易发现其中的问题。因而从另一个角度来看，个人申请材料作假说明我国高校审核程序不够严谨、审核方式不够科学。个人申请阶段审核材料作假

---

① 王蔚，刘丹，吕诺．名校“外援”造假露馅儿，还有多少这样的“海归”［N］．新华每日电讯，2006-8-2（004）．

② “青年千人”陆俊造假事件［EB/OL］．［2016-09-01］．http：//news. sciencenet. cn/news/sub16. aspx？ id= 1152.

事件层出不穷，甚至可能尚有“漏网之鱼”。如何约束个人申请阶段申请人自主权，提高审查材料真实性，成为高校人才引进时不得不考虑的问题。某“211 工程”高校人事部门工作人员和某“985 工程”高校××院院长、教授、院士的观点也是如此：

> “材料造假，论文造假、履历造假……各种各样的新闻越来越多，我们人事部门也就越‘头大’，甚至可以说造假那是防不胜防啊，再加上，人事部门对这些五花八门的学科门类，甚至专业领域，那是不可能很了解的，那些个专业术语我们都未必搞得明白，最多看看履历与论文上时间对不对得上。他（申请人）要是刻意隐瞒，还真是难办。我们要求下面院系审（核），他们也未必清楚。”（某“211 工程”高校人事部门工作人员）
>
> “其实也还是有办法的，比如说论文，一个研究方向能做好就不容易了，不可能掌握两个研究方向；履历那么漂亮，不留在国外，回国又不敢要求太高，肯定也有问题；面试很关键，我曾经面试过一个，论文履历都没问题，还发过 nature cell，还承诺进校后可以立马再发 nature cell。可是面试下来，我总觉得这个人学术水平应该没达到。果然，后来听说他导师撤销了他的文章，从实验室内部得知文章有问题，是不是造假就不清楚了。”（某“985 工程”高校××院院长，教授，院士）

三、院系评审阶段：“学缘关系”错综复杂

社会关系，包括血缘关系、地缘关系、业缘关系，以及学缘关系，构成了一个交错纵横的“关系网”。“关系网”对高校教师聘任的影响并非我国特色，相反，存在于世界各国高校。其中“学缘关系”成为其中最为显性的影响因素。不仅学校内部存在，甚至在“千人计划”执行部门也同时存在。有人反映，我国国际学术人才引进中存在“审批不透明，存在拉关系、走后门现象”①。相较于美国、德国高校严格实施“远缘杂交”的教师聘任原则，即具有本校学缘关系的学术人才必须具有校外工作经验，方可应聘本

① 中央组织部人才工作局．“千人计划”实施状况问卷调查综述［J］．中国人才，2011（10）：16-18.

校教职，我国高校教师聘任更易受到“学缘关系”影响。《德国高等教育总纲法》甚至明确规定“教授必须跨校选聘，本校人员只有在特殊情况下才予以考虑”。①

有学者通过实证研究发现，我国高校学缘关系错综复杂，甚至严重危害了院系评审阶段的公平公正。从高校类型来看，我国研究型大学50%以上的教师具有本校学缘关系，部分高校达到70%，普通本科院校，高职高专院校相应减少，分别为29.8%、6.0%；从职称来看，教授的近亲繁殖比例为最高，达到43.8%。②“近亲繁殖”导致部分高校、院系、教研室存在“四代同堂”的现象，“学霸学阀”甚至开始控制个别学术领域。③ 同时，“学缘关系越丰富的大学教师，取得职称晋升的可能性越大”。本、硕、博留校者晋升副教授和教授的可能性分别是没有本校学缘关系者的3.91倍和4.9倍，仅具有博士学缘关系者晋升副教授和教授的可能性分别是没有本校学缘关系者为1.43倍和1.57倍。④

在国际学术人才引进过程中，学缘关系的影响较为明显，以千人计划网发布的新闻“教职争夺战：小海归难敌关系户”为例，我国部分高校教师聘任中存在“内定”现象，“一个是系里老教授的朋友所托，一个是系里教授的亲戚，还有一个是外系的老师塞进来的。所以，这个招聘流程只是‘走走形式’”，最后小海归小羽（化名）通过“系主任的至交”这层关系如愿地进入了复试，最终获得教职。⑤ 错综复杂的学缘关系让部分国际学术人才担心入境应聘成为“陪衬”，也担心受聘后难以融入国内学术“圈”，不仅在招聘阶段、聘期考核、解聘退出阶段处于劣势地位，甚至影响后续的职称职务晋升与科研项目申请，从而对国内高校望而却步。某“985”高校教授表明其所在高

---

① 张凌云．主动与渐进：德国高校教师聘任制度的特点与改革动向［J］．高等教育研究，2009（5）：92-98.

② 林杰．中美两国大学教师“近亲繁殖”之比较［J］．高等教育研究，2009（12）：39-51.

③ 王晨，陈璞．繁荣背后的危机——中国学术职业深层问题分析［J］．清华大学教育研究，2014（2）：35-42.

④ 钟云华．学缘关系对大学教师学术职业发展影响的实证研究——以H大学为个案［J］．教育发展研究，2012：61-68.

⑤ 教职争夺战：小海归难敌关系户．［EB/OL］．［2016-09-12］．http：//1000plan.org/qrjh/article/36347.

校国际学术人才多数具有本校学缘关系：

“我们学校有一个联谊会，（成员）都是从美国回来的。后来发现，大部分人的本、硕、博总有一个是在我们学校读的，要么也有其他关系，大家聊来聊去都是自己人。就我一个愣头青，我算是比较幸运的。但是，现在头疼啊，里面的门道还没有摸清楚，项目也没申请下来，我都怀疑自己能不能在国内混下去。”

四、学校审批阶段：行政权力与学术权力博弈

有学者根据耶鲁大学与北京大学比较分析发现，两校教师招聘制度存在两大差异，其中一个即为“招聘权利的拥有者不同”①。美国高校教师聘任依据主要是同一学科领域内的其他专家，学术权力的其中一项就算“高级、低级教师的聘任”。因而美国学术权力具有选择、评审、决定教师聘任的权力，行政权力则主要负责岗位设置等工作。相反，根据《北京大学教师聘任和职务晋升（暂行）规定》，“正式候选人报学校人事部门，由学校决定是否录用”。行政权力拥有教师聘任的最终决定权，学校人才引进领导小组由校长、书记、副校长、人事主管、中层管理者构成，成为行政权力代表。

因此，我国高校教师聘任过程中，由学院组织初选、学院专家评审委员会评审通过后的学术人才，依然可能被学校人才引进工作小组否决。学术权力与行政权力在教师聘任中既形成了权力制衡，也形成了权力博弈。导致部分国际学术人才成为二者博弈的牺牲品，严重时甚至影响教师聘任的公平公正。某“211 工程”院校副教授的经历可以作为佐证材料：

“之前一所高校，投了简历 10 天左右，系主任就电话联系我了，让我过去面试，和系主任聊得很开心，到院长那里，院长全程黑着脸，对我各种挑剔，嫌我专业不是很对口，毕业学校档次不够，工作经验不足……关键是这所高校在国内也不是‘985 工程’，以我的教育背景和学术能力进这样的大学绰绰有余了。后来我听那个系主任透露说院长其实已经又人

① 黎军，陈微．中美高校教师招聘制度的比较——基于耶鲁大学与北京大学教师招聘制度的分析［J］．教师教育论坛，2013（7）：94-96.

选了，让我白跑一趟很抱歉。我现在在的团队，大 boss（研究团队领导者）有（高校教师聘任的）决定权。”

第三节 高校教师薪酬绩效制度缺乏国际竞争力

高校教师薪酬绩效制度国际竞争力可以被看作我国高校教师薪酬绩效对国际学术人才的拉动力、吸引力。阿特巴赫指出，“根据人力资源流动的一般模型，迁移作为一种人力资本投资形式，其流向由地区和行业收入水平决定”。①我国高校薪酬绩效结构合理、水平较高，则相对于其他国家高校具有一种潜在竞争优势，能够对外籍人员或华人华侨以及博士、博士后留学生产生拉力。然而，当前我国高校科研经费投入不足且管理方式不科学、工资收入拉大且国际水平较低，福利保险体系有待完善，在一定程度上影响了我国学术职业国际人才市场竞争力。

一、科研经费投入不足，管理方式粗放

科研经费投入是科研成果产出的前提，是学术人才国际流动的重要动因。目前我国科研经费投入整体水平较低，经费管理制度在一定程度上否定了学术人才创造性劳动价值，限制了学术人才科研自主性，同时存在分配不均的问题，在一定程度上降低了国际学术人才流入意愿，是高校教师聘任制度又一瓶颈。

（一）科研经费投入国际水平较低

中央、地方、校级人才计划/工程为入选者提供高额科研启动经费，但是资助范围有限，我国高校科研经费投入整体数额不大，相较于西方发达国家高校存在一定距离。以中美两国 2005—2018 年高校 R&D 支出，以及美国霍普金斯大学 R&D 支出（见表 6-1）（笔者试图在搜索引擎上查找北京大学、清华大学、上海交通大学等高校 R&D 支出，未果）为例，可以发现中美两国科研经费投入差额较大，且我国高校科研经费投入信息不透明，不利于学术工作开展，或成为限制国际学术人才入境的又一因素。

① 武博．当代中国人才流动［M］．北京：人民出版社，2005：1.

表 6-1　　**2005—2018 年中美高校 R&D 经费投入①**

年份	中国（亿元人民币）	美国（亿美元）	霍普金斯大学（亿美元）
2018	1457.9	—	—
2017	1266.0	753.2	25.6
2016	1067.7	719.4	24.3
2015	998.6	686.9	23.1
2014	898.2	673.5	22.4
2013	856.7	670.1	21.7
2012	780.6	657.3	21.1
2011	688.8	652.86	21.5
2010	597.3	612.5	20.0
2009	468.2	572.9	18.7
2008	390.2	541.1	16.9
2007	314.7	515.9	15.7
2006	276.8	495.5	15.1
2005	242.3	475.4	14.6

（二）科研经费管理问题

我国科研经费管理中存在申报不容易、支配不自由、报账不简便等问题。以《国家自然科学基金资助项目资金管理办法》（以下简称《自然科学资金管理办法》）为例，修订后的《自然科学资金管理办法》扩大高校和科研院所自主权，赋予学术领军人才更大人财物支配权、技术路线决策权，扩大了劳务费的开支范围、取消了比例限制，进一步下放了预算调整权限，同时进一步加强了经费监管。但是值得注意的是，《自然科学资金管理办法》仍然存在两大问题，一是修订后的《自然科学资金管理办法》规定劳务费开支范围为“没

① 数据来源：中华人民共和国科学技术部“科技统计”2005-2018 我国高等学校 R&D 活动统计分析［EB/OL］.［2020-05-14］http：//www.most.gov.cn/mostinfo/index.htm?r-url=./xinxifenlei/kjtjyfzbg/kjtjbg/. 以及美国国家科学基金会（NSF）. Total R&D expenditures［EB/OL］.［2020-05-14］. https：//ncsesdata.nsf.gov/profiles/site? method=rankingBySource&ds=herd.

有工资性收入的在校研究生、博士后和临时聘用人员”。科研工作是科研人员的创造性劳动，科研成果是科研人员创造性劳动成果。否决科研人员“劳务费”权限在某种程度上否定了科研成员劳动价值，同时也滋生了学术腐败。这一问题可以分别从某“985工程”高校、教授、博士生导师和某“985工程”院校博士的角度进行验证：

“我国科研经费管理问题的核心在于管理理念方面。现如今的科研经费处处体现出对科研人员的不信任、对科研劳动的不尊重、对科研成果的不重视。这与我们一直提倡的马克思主义劳动价值观不符。商品的价值是人创造的，凝聚了更多劳动时间和科学技术的劳动价值更高，然而，我国却在科研管理者否认了科研人员的劳动付出。以一种近乎苛刻的方式，制定出各种条条框框，材料费占百分之多少、交通费占百分之多少，甚至明确规定有工资收入的高校教师不可以获取一定比例的劳务费。难道有了工资的教师，他们的劳动就不是劳动了吗？又或者，你说工资收入以及包含了科研劳务费，那么科研劳动量大的和科研劳动量小的难道不应当有所区别吗？有数据显示说，我国科研经费投入中劳务费占比23.6%，所以应当缩减。但时我可以明确地告诉你，这个比例远低于发达国家的45%，我国科研人员人均每年劳务成本约为日本的1/12，韩国的1/6。没有科研劳务费所带来的问题十分严重，为了缓解生活压力，部分教师甚至利用科研项目实施圈钱行为，行为十分恶劣。”（某“985工程”高校、教授、博士生导师）

“我老板（博士生导师）项目多、经费多，每个月给我们3500。（我）经常突然收到短信提示到账了，紧接着我师兄就会提醒上交。（怎么上交?）打到老板卡上，支付宝、微信都很方便。你想啊，我们博士一届2个，三届6个，还有延期（毕业）的。一个月下来怎么也得2、3万。还有硕士，一届就有4、5个，但是硕士每个月发得少。我有一次去财务（处）报账，听到说‘你们老板一个月给硕士发3000?！回去重做（报账单)！’也太贪心不足了！”（某”985工程“院校博士，其博导为××学院院长，全国××学科带头人）

二是科研经费管理自主权受限。修订后的《自然科学基金管理办法》规定“项目预算总额不变的情况下，材料费、测试化验加工费、燃料动力费、出版/文献/信息传播/知识产权事务费、其他支出预算如需调整，由项目负责人根据科研活动的实际需要提出申请，报依托单位审批”，一定程度上下放科研经费管理权限，但是对于其他经费项目使用，仍有较多条条框框。如“会议费、差旅费、国际合作与交流费在不突破三项支出预算总额的前提下可调剂使用”，“设备费、专家咨询费、劳务费预算一般不予调增”。以上种种规定限制了科学研究的方向与内容，严重影响了科研人员自主性。更加值得注意的是，我国2001年制定并实施的《国家社会科学基金资助项目资金管理办法》（以下简称《社会科学资金管理办法》）尚未得到有效修正，社会科学领域科研活动限制更加严重。

《自然科学资金管理办法》与《社会科学资金管理办法》通常是我国高校“科研经费管理办法”制定的重要参照。上述问题普遍存在各个高校科研管理工作之中，甚至更为显著。

（三）科研经费资源配置不合理

我国早期的高等教育系统照搬照抄了苏联模式，形成了较为严格的中央集权计划管理体系，资源分配由中央财政统一划付。历史遗留问题同样体现在人才引进方面。国家百千万人才工程、部委级、省市地方级、校级人才计划/工程间缺乏明确边界、一人入选多个人才项目，资金奖励重复划拨，资源浪费情况严重。不仅如此，国际学术人才回国工作时限存在折扣，部分千人计划长期项目入选者实际国内年工作时限未达到6个月，短期项目未达到2个月，转而以学术讲座、学术会议等方式折扣执行；部分学者则回国后同时身兼数职，学术人才聘后效益难以保障，国家资源遭到浪费。另一种资源浪费表现在人才项目、科研项目审批过程中“存在拉关系、走后门现象”，导致人才质量不达标，人才效益与人才支出失衡，既影响人才项目、科研项目的权威性与公正性，也为我国科研资源造成了一定程度上的浪费。某“985工程”高校教授、博士生导师回国后的工作较大程度上受到这一问题的制约：

> “我是有博导资格的，这是回国时就定了的。但是我现在还没有博士（生），今年开始带一个硕士（生），X院长带不了了，有时也帮他‘带一下’（指导）博士（生）。回国两年了，‘本子’（项目申请书）也交了好几个，一直不中。我不太了解国内评审到底看什么，听说要‘跑项目’，也不知道要怎么跑。我准备找院长合作一个项目，谁主持都无所谓，要先弄清楚这里面的门道，总不能一直没有项目，不然博士（生）跟着我没

方向、没经费，就出不了成果，以后就业也有影响。”

二、工资收入贫富差距拉大，国际水平较低

工资收入能够满足人类物质生活需求，是个人价值的直接体现，影响个人社会地位，能够对人才回流产生直接的拉力作用，对建设世界一流大学具有较强的正面效应。相对西方发达国家高校，我国高校教师工资收入差距较大，缺乏国际竞争力。

（一）工资收入贫富差距较大

我国高级、低级学术人员，或者说不同职称、职务等级的高校教师，薪酬绩效差距较大。阿特巴赫指出在中国高级学术人员收入是低级学术人员收入的5倍，其他国家则一般不超过2倍。① 我国低级学术人员（讲师级别的青年教师）“连中产阶级的生活方式也无法维持”②。国际学术人才来华或回国后，能否入选“千人计划”等人才项目较大程度上决定了其职称、职务，以及灵活薪酬绩效中的话语权，从而，进一步影响薪酬绩效分配。2014年，北京工业大学与中国社会科学院历经5年，通过大规模调查发现，中国高校教授中收入最高的10%与收入最低的10%，收入差距达到5.9倍，副教授中这一差距为4.5倍。教授、副教授、讲师个人收入最高者与最低者差异分别达到15倍、23倍与25倍。同期，日本国立大学教授、副教授间收入差距仅为1.4倍与1.5倍。③ 部分没有入选人才项目的国际学术人才无法取得满足其“中产阶级生活方式”的薪酬待遇，无法“在教学、科研之余，有闲暇追求学术”，甚至没有能力“购买相应的科研设备、实验试剂”，没有能力支付“学术会议、学术出版”的相关费用。

不仅如此，我国高校教师贫富差距还体现各级各类福利待遇方面，尤其是住房，包括人才房、过渡房以及公租房等。在房价飞升、医疗改革不完善的背景下，高层次学术人才可以通过各种人才项目获得住房补贴或住房，享受医疗

① Philip G. Altbach, Liz Reisberg, et al. Paying the Professoriate: A Global Comparison of Compensation and Contracts [M]. New York: Routlege, 2012.

② ［美］阿特巴赫等．全球高等教育趋势：追踪学术革命轨迹［M］．姜有国等，译．上海：上海交通大学出版社，2010：18.

③ 张荆，赵卫华等．高校教师收入分配与激励机制改革研究［M］．北京：社会科学文献出版社，2014：4-5.

照顾待遇，而一般学术人才则需要自己租赁或购置住房、担忧重大疾病医疗费用，国内低级学术人员工资难以应付以上情况。

高校教师贫富差距问题可能导致“学术大牛引不进来，普通人才不愿回来”的矛盾冲突，最终导致高校人才引进效率较低、国际人才回流少。某高校青年教师、副教授反映了这一问题：

“我出国前就打定主意要回国的，大三的时候我有幸接触××（国内著名海归学者），很钦佩他，能够在国外顶尖高校学习，并且放弃了国外稳定且高薪的工资，回到我国高校为高等教育贡献力量。当时我就立志向他学习。后来，我来到美国高校读博，虽不是顶尖名校，但是远好于美国普通州立（大学），比国内的高校更是没的说。回来的时候我挺斗志昂然的，但是回国后遇到了许多问题。主要是我没有入选‘青千’，然后就麻烦了，学校原本就是说好了，入选按入选的条件来，没入选就按没入选的来。有一起留学的同学听说了我的情况，建议我回美国做博士后研究，借机重回美国。说实话，我自己也很犹豫。”

（二）缺乏国际学术人才市场竞争力

工资收入较低，导致我国高校在国际学术人才市场中缺乏竞争力。比较来看，我国学术职业薪酬待遇水平相较于西方发达国家甚至其他新兴国家较低。“加拿大学者的平均工资比中国学者多6倍”，美国学术职业的工资年增长率达到5.21%，是其他非学术职业的两倍。阿拉伯湾因其经济因素吸引了大量来自埃及、约旦和巴勒斯坦等地、印度的学术人才。28个调查国中，我国教授月薪倒数第三，青年教师月薪位于倒数第一。工资作为学术人才收入的基础部分，是吸引学术人才回流的主要影响因素之一。

首先，与部分西方发达国家相比，我国高校教师工资收入较低。除各种大人才计划/项目入选者，可以通过自主协商，获取30万~80万元年薪以外，其他国际学术人才与国内高校教师收入相当。2009年，德国初级教授（W1）、副教授（W2）、教授（W3）最低月薪分别为3405.34欧元、3890.03欧元、4723.61欧元，平均月薪分别为3700欧元、4957、6498欧元，总体平均月薪达到5438欧元，甚至超出美国高校教师薪酬水平（见表6-2所示）。2018年英国高等院校（secondary academics）校长（head teacher）、主管教师（leadership teacher）、课程教师（classroom teacher）年收入分别为92589欧元、

64106欧元、37356英镑①，兑换为人民币约为833505元、577095元、336286元。即便考虑到消费水平差异，其收入也较为可观。反观我国，2010年，调查数据显示，我国年收入最低的10%的讲师、副教授、教授年收入分别为31464元、40935元、56157元；收入最高的10%，分别为123095元、183659元、330642元（包括科研奖励等）。② 2016年，麦可思研究院收集4016份"大学教师薪酬福利"调查报告，报告显示大学教师平均月收入为5478元，且收入差异明显，教授（本科：7947元，高职高专：7305元）和副教授（本科：6262元，高职高专：5805元）月收入较高，讲师（本科：5011元，高职高专：4646元）和助教（本科：4130元，高职高专：3786元）的月收入甚至低于全国城镇非私营单位就业人员（5169元）。③

表6-2　**2018—2019学年美国高校教师工资（美元/年）④**

	平均	教授	副教授	助理教授	专职讲师	兼职讲师	无职称
全部	88703	124671	87841	75102	67789	62542	63153
博士（公立）	95942	134213	93266	81563	54719	60750	62179
博士（私立）	112794	163299	101284	86034	66825	72311	81379

其次，与其他行业相比，我国高校教师平均收入水平较低。2008年，美国、加拿大、中国香港地区、英国、澳大利亚、德国教授平均工资与社会个人收入中位数比较，比值分别为5.2、5.6、7.0、3.7、3.9和4.0。⑤ 有学者对26个国家教授工资做比较研究后发现，教授工资平均是其全国平均工资的

① Department of Education (UK). School Workforce in England: November 2018 https://assets.publishing.service.gov.uk/government/uploads/system/uploads/attachment_data/file/811622/SWFC_MainText.pdf.

② 张荆，赵卫华等．高校教师收入分配与激励机制改革研究［J］．北京：社会科学文献出版社，2014：32.

③ 腾讯教育．大学教师薪酬福利调查：平均月收入5478元［EB/OL］．［2020-05-14］．https://edu.qq.com/a/20160907/009496.htm.

④ 数据来源：美国国家教育统计中心［EB/OL］．［2020-05-14］．https://nces.ed.gov/programs/digest/d19/tables/dt19_316.20.asp.

⑤ 最严谨的德国如何选拔晋升教授［EB/OL］．［2016-11-7］．http://www.yidianzixun.com/article/0ErTGSSt?s=&appid=&wuid=640834551304578.

3.04倍，部分国家达到了5倍以上，最低也达到1.32倍。① 我国这一比值在民国时期和中华人民共和国成立初期高达数十倍或十几倍，2002年则缩减到不足两倍。2016年，大学教师平均月收入高于全国城镇非私营单位就业人员月收入（5169元）6个百分点，高于全国城镇私营单位（3299元）就业人员66个百分点。② 由于我国学术职业收入年均增长3.5%，非学术职业收入增长率则在3.5%到6. 21%之间，这一数值还将持续缩小，甚至出现高校教师工资收入低于社会平均水平的情况。③

最后，教师工资薪酬绩效占我国高校经费支出比例较低。以中南大学为例，“十二五”期间，基建、修缮、仪器设备等硬件投入高达24.7亿元，而“包括社保等在内”人均待遇仅为15.2万元，2015年为全体教职员工支出薪酬2000多万。④ 然而，斯坦福大学2011为全体教职工支出薪酬达22亿美元，占全部经费支出62%。⑤ 哈佛大学2012年为全体教职工支出薪酬高达19. 8亿美元，占哈佛大学全部经费支出49%。⑥ 为高层次学术人才提供高于国内平均工资水平、高于发达国家平均工资的工资收入，对于我国在世界范围内人才抢夺战中取得胜利十分关键。某“211工程”高校副教授反映其回国后的工作生活受工资收入的制约明显：

“国外大环境不好，回国后最大的感受就是空气不好，污染太严重。为了家庭原因或个人发展回到国内，希望国内一个教授的工资基本可以保证全家的生活，同时为孩子提供相等水平的教育。回国后，却发现自己要为钱发愁。主要是房子，我现在住在学校通过的‘人才房’，只能保障一个人住，如果我妻子和孩子也回来，那就太过拥挤了。可是目前我们的工

---

① 余强．二十六国教授工资水平比较［J］. 江苏高教，2011（3）：82-84.

② 腾讯教育．大学教师薪酬福利调查：平均月收入5478元［EB/OL］.［2020-05-14］. https：//edu. qq. com/a/20160907/009496. htm.

③ 陈越．国际学术人才市场中我国学术职业竞争力及其提升路径［J］. 教育发展研究，2016（11）：30-36.

④ 中南大学发展现状：张尧学校长内部报告［R］．［2016-10-17］. http：//www. 3023. com/2/542280219. html.

⑤ Stanford University Annual Finance Report For the Years Ended［R］. Stanford University，2011：32.

⑥ Harvard University Finance Report Fiscal Year 2012［R］. Harvard University，2012：7.

资买房子还是挺困难的。”

三、福利保险等其他待遇水平不高，相关制度有待完善

中华人民共和国成立以来，我国高校教师聘任长期实施“事业编制”，具有较强的“单位人”色彩，在福利方面，如福利房（包括单位分房、集资建房等）、甚至婚姻嫁娶、生老病死方面也做到“皆有所养”。阿特巴赫曾经猜想这正是我国高校薪酬绩效水平较低情况下，仍然能够保证师资充足的秘诀。然而，随着高校人事制度改革，原有的“单位人”优势逐渐消失，福利保险制度却未能及时更新进步。以“学术休假”为例，康奈尔大学明确规定，教师在连续聘任12个学期后，获得终身序列教职（包括助理教授、副教授、教授）即可享受1学年的半薪学术休假或1学期的全薪学术休假。① 我国学术休假制度尚未完善，谁该休假、如何休假、休假后工作衔接等问题尚未解决。另一方面则是保险，“功能完备的社会保障给予了被引进的国际人才与美国本土人才同等的社会待遇……成为美国大学国际人才保障体系中的重要支柱，驱动着大学更好地通过社会保障吸引和留住人才”。② 中国保险事业尚在全面建设之中，高校教师保险制度尚未完善，养老保险改革尚未成功，高校教师在摸索中的保险制度中难以获得安全感，成为阻碍国际学术人才来华的又一因素。某“985工程”高校教授发现，福利保险等其他待遇在我国会因为“体制内”“体制外”而大有不同：

> “国内的这些福利保险，我现在还没有搞清楚。国外的保险很全面，还有各种基金。我现在不明白，国内有失业保险吗？我们千里迢迢回国，希望为国家出一份力，但是都是聘任合同，跟以前国内的体制不太一样，如果被辞退了怎么办？其实，回国时，学校给我两条路，一条是人才引进（聘任制），年薪30万元，一条是跟其他老师一样，事业单位编制，工资和其他老师一样。我选择了第一种方式，但是随着对国内高校的进一步了解，我发现，我可能选错了。第二条，应该就是他们说的什么‘体制内’，有保障得多。”

① Cornell University, Faculty Handbook [EB/OL]. [2014-02-15]. http: // the university faculty. cornell. edu/hand book/Chapter3Revised. pdf.

② 王媞．美国大学国际人才引进的国家战略研究［D］．吉林大学，2015：39.

第四节　高校教师聘期考核制度中存在“逆淘汰”现象

聘期考核的本意是通过对学术人才进行一至两个聘期的考察，实现对其学术胜任力的科学评价，以考核评价结果作为续聘、低聘或解聘的依据。然而，当前我国高校教师聘期考核标准科学性不强、程序公正性不显、结果利用率不高，从而未能实现学术人才优胜劣汰、发挥聘期考核的真正作用。数据分析结果显示，学术人才对聘期考核评价越高，人才引进效益越低。我国高校教师聘期考核制度产生了“逆淘汰”效应。

一、考核标准科学性不强

考核标准是考核的准绳，是考核的基础，考核标准科学性不强意味着在起步时即走错了方向，容易导致高校教师聘期考核整体性失误。目前我国高校教师聘期考核标准主要在以下两个方面存在问题：一是“重科研轻教学”。长期以来，我国高校教师考核重视“德、能、勤、绩”四个宏观维度，随着国际学术人才引进工作开展，传统的考核标准难以实现考核目标，各个高校在实践中摸索，形成了以聘用合同为依据，以“德、能、勤、绩”为主要内容的考核标准。在此背景下，考核标准倾向于“科研”，缺乏“教学”回应性。“教学”作为高校最古老的职能，在高校中具有中心、基础地位，“重科研轻教学”的考核指标将错误引导教师忽略教学工作，不利于人才培养与知识再生产。二是“重量轻质”。“重量轻质”是计量学、经济学发展给社会科学带来的负面影响，忽视了高校教师的创造性、异质性，从而造成考核标准客观性、科学性不足，甚至导致教师片面追求数量而“采取一稿多投、一篇拆发多篇，甚至盗取剽窃”等学术不端、学术失范行为，滋生学术腐败的同时，败坏学术风气。某“985 工程”高校教授，××实验室主任阐述了自己是如何一步步对国内高校教师考核标准妥协的心路历程：

“回国之初，我是抱定了发展学科、建设平台的决心，对于科研团队中的青年教师、博士后、硕博士研究生要求也十分严格，禁止他们在学科领域内国际主流刊物以外的刊物上发表论文，结果长时间内没有科研成果，引起了他们的不满。后来只能降低要求，只要是 SCI 来源刊物都可以，果然成果渐渐就出来了，大家也都很高兴。可是一两年后大家情绪又出来了，为什么？原来学校在评职称、发奖金等方面采用的是‘积分制'，CSSCI甚至普通期刊上的论文都是按照一定权重计算的，这样我的要求就变成了青年教师发展和学生评优就业的阻碍。甚至有学生要求换导师，部分青年教师也不愿加入我的团队。为此，我改变了原先的要求，毕竟入乡随俗嘛。"

二、考核程序公正性不显

首先，在成立考核工作小组阶段，小组成员主要由校级领导、党办、纪委、组织部、人事处、教务处、工会代表、院系领导、教师代表组成，部分小组成员缺乏对学术领域的深刻认识，在指导考核工作、审定考核结果、处理考核申诉等工作方面存在一定误差。第二，自我评价阶段，与招聘过程中个人申请阶段相似，容易出现审核材料的造假问题。第三，材料审核与评议阶段，院系教师考核工作小组，或聘期/岗位考核委员会，主要由院系内部人员构成，容易出现打击报复、人情关系影响、行贿受贿等一系列问题。第四，确定考核等级阶段，优秀、合格、基本合格、不合格的标准模糊，具有一定的随意性。最后，申诉或仲裁阶段存在走过场，由学校考核工作小组处理申诉、仲裁违反了行政法律的"自然公正原则"，其处理结果不能视作是对教师权益的维护。

2016年，上海财经大学茆长暄被解聘事件持续发酵的原因之一，正是社会公众、学术界、教育界对高校教师聘期考核程序公正性的质疑，其质疑的两个主要方面，一是"岂能让被举报者组织对举报者的评议"。茆长暄曾实名举报学校几名院长、教授存在行为不端，包括院长周某在另一个单位兼职"捞金"，举报了冯某吃空饷，举报了黄某大半时间在美国拿高薪……此外，他还拒绝了校领导送来的学生。(中国江苏网)。随后，由周某组织开展的聘期考核导致了茆长暄被解聘。二是考核结果是否应该公开。茆长暄对考核结果存有异议，对解聘表示不满，要求学校给出解聘理由，校方称"大多数外审同行专家不支持加上茆长暄的各方面表现，决定不再续聘"，茆长暄进一步要求公开考核标准以及专家意见，对此，人事处负责人指出"常任轨"教师的指标要求只是申请"常任轨"教职的门槛，"考核结果要参考海外同行评议的情况，由学校最后确定"。有校领导称，学校不可能公开哪位专家给出哪些意见，"很多学校都是这样，我们得保护那些进行评议的专家。这也是一种契约精神"。(中国江苏网)有媒体质疑可匿名公开，即不公开评审专家姓名的条件下，公开评审标准及专家意见。

三、考核结果利用率不高

是考核结果缺乏真实性、公正性、科学性，难以运用于教师管理。考核者、被考核者没有树立严肃认真地考核态度，考核缺乏激励作用、缺乏科学标准，在过度重视人情的中国，受社会关系影响，考核过程中，考核者为了顾及“面子”、不伤和气，导致考核过程“走过场”，考核结果“一片和气”，考核等级差距不大。因此，考核结果难以简单与教师续聘、低聘、解聘，以及奖惩挂钩。二是考核结果重视度不够，没有被运用于教师管理。考核结果确定后，由学院上报至学校人事部分存档，存档后则被束之高阁，缺乏利用渠道与利用方式。某“211 工程”高校人事部门主管指明，我国高校教师聘期考核才能在“走过场”的问题：

> “现在各个高校都国际人才视为最稀缺的战略资源，纷纷通过提高工资收入、配套科研启动经费、搭建科研平台、配套住房或安家费等各种手段吸引招揽人才，难免对教师聘期考核失之于宽、失之于软，存在走过场之嫌。考核结果，尤其是基本合格与不合格的情况本来就不多，就是真不合格也不能真就直接解聘，通常会再给一次机会（一个聘期）。”

第五节　高校教师解聘退出制度存在“流动难”问题

为了保障学术自由，“教授会”为西方国家高校教师争取了教授终身制。然而随着高等教育不断发展、高校市场化加剧，“教授终身制”的缺陷浮出水面，各国纷纷着手改良“教授终身制”或制定高校教师解聘退出制度。美国采用终身教授后评估制度（post-tenure review）、长期合同制教师与准终身教师职位（tenurable faculty）。德国在原有的教授公务员制度的基础上引入初级教授职位。日本则要求大学教师任期届满后必须更换工作单位。韩国实行契约制与终身制衔接，推出破格晋升制度。英国实行新老教师双轨制。① 各国改革的主要目标在于完善教师解聘退出制度，实现高校教师的合理流动，提升高校教师队伍质量。对比发现，我国高校教师解聘退出制度在不断改善的同时，存在

① 郝英奇，邱岚．大学教师退出机制改革的国际比较［J］．学术交流，2012（3）：183-187.

标准流于形式、程序不合理、后续保障不健全等问题。

一、高校教师解聘退出标准流于形式

一是，解聘退出标准不合理。一方面，当前我国高校教师解聘退出的标准，包括政治素质/观念问题、违法乱纪或违反道德伦理、重大工作失误、学术失范行为、违规休假或旷工等，均属于各行各业对工作人员的最低要求，因以上原因被解聘的高校教师虽然占解聘退出队伍的主体，但是总体人数较少。另一方面，作为“胜任力”衡量标准的年度考核指标不科学，无法实现择优汰劣的考核目标，同时考核结果科学性有待考证，以此作为解聘退出标准容易引发争议。不仅如此，聘期考核指标体系不公开透明，聘期考核结果作为衡量“胜任力”的依据认可度不高，甚至在实践过程中导致“逆淘汰”。

二是，解聘退出制度缺乏法律保障。《劳动法》、《教育法》、《教师法》《高等教育法》等相关法律法规缺乏明确规定，高校教师解聘退出制度缺乏具体法律依据和规范，依法管理流于形式，难以贯彻执行聘任制。例如，北京大学规定讲师 2 个聘期（共 6 年）、理工医科类副教授最多三个聘期（共 9 年），人文社科类副教授最多 4 个聘期（共 12 年），教授享有终身聘任。事实上，国际学术人才回国后多以博士毕业生、博士后研究者、讲师或助理教授身份直接被聘请为“教授”，当即享受“终身聘任”，部分“非教授职称”的教师则享受“无定期合同制”，也称之为“常任轨”。某“211 工程”高校人事部门工作人员对上述问题提出了佐证：

> “虽然多所高校声称实行‘聘任制’‘聘期制’什么的，但是实际操作过程中还是‘铁饭碗’，要想打破实在很难。首先，各类各级大学评估、大学排名什么的，师资是很重要的一块。我们聘到的海外人才，一般有博士学位，再加上又国际教育背景，在各种评估中多少占有优势，舍不得辞退；其次，高校毕竟是国家单位，人家从国外回来，尤其是那些长期在国外长大或工作学习的，回来的成本也高，压力也大，你把人请来了，又把人辞退，人家这么办？最后只能造成了能“进”不能“出”（的局面）。聘期考核结果都是好的，不合格的很少，实在不行，就基本合格，以示警醒，人家自然也就知道了，下个聘期努力通过，再签个无定期或永久型合同就算完事了。”

二、高校教师解聘退出程序不合理

原国家人事部《关于在事业单位试行人员聘用制度的意见》规定，5种情况聘用单位可随时单方面解除聘用合同、2种情况下应当提前30天以书面形式予以通知解聘。上述规定在扩大高校教师解聘自主权的同时，加大了教师解聘退出的恣意性，导致“解聘主体模糊，解聘权力功能泛化，解聘权行使不规范；缺乏明确的解聘理由、行为规范和依据，依法管理流于形式；解聘教师程序的法律规定缺失，导致高校解聘过程中存在解聘程序简单化、缺乏民主性、解聘权的行使缺乏有效的程序等问题；教师申诉制度程序缺失，解聘救济途径不畅通等。”①

根据行政法基本原则，高校教师解聘退出应当符合“程序正当”原则。有学者总结了英美两国高校教师解聘的程序要件。其中，英国高校教师解聘程序主要包含：（1）非正式通知，告知工作业绩不佳；（2）提供必要培训，提升胜任工作的能力；（3）经培训仍然不见效，正式书面通知；如达不到应有水平，有可能被辞退；（4）经过一段时间后，经培训和直接监督指导仍然不见效者，在可能的情况下调换工作；（5）如没有可调换的工作或该人拒绝接受调换，再作出辞退决定。②美国高校教师解聘一般通过法律程序，其中必须包括以下要件：（1）及时发出对教师控诉的通知；（2）给予教师听证的机会；（3）给予充足的时间让教师准备反驳；（4）教师有权得知控诉自己的证据事实与证人的姓名；（5）教师有权聘请法律代表为其辩护；（6）教师有权提出有利于己的证据与证人；（7）双方均得提交互相质询对方的证人；（8）教师有权要求听证过程与决定的记录；（9）对于不利于己方的决定，双方均有权向法院提起诉讼。③

对此，我们可以发现，我国高校教师解聘退出“程序不正当”，缺乏以下部分要件：（1）高校教师聘任制度详细规定解聘标准与解聘时间；（2）书面形式通知解聘；（3）告知解聘事实、依据与理由；（4）保留教师自我申辩的机会与时间；（5）举行听证；（6）坚持回避原则，成立解聘委员会，重复决定解聘结果；（7）再次书面通知解聘与否；（8）保留教师向人事仲

---

① 杜学元，彭雪明．论我国高校教师退出机制［J］．国家教育行政学院学报，2011（2）：72-76.

② 刘永林．我国高校教师解聘程序制度分析［J］．黑龙江教育，2011（1）：15-19.

③ 刘永林．我国高校教师解聘程序制度分析［J］．黑龙江教育，2011（1）：15-19.

裁委提起仲裁的权利；（9）保留教师提起法律诉讼的权利。在缺乏以上要件的基础上，我国高校教师解聘退出制度可以被认定为“不合法”，解聘结果存在争议。

三、高校教师解聘退出后续保障不健全

一是，解聘退出后人员安置工作不到位。我国高校在对待解聘教师问题上，缺乏人文主义管理思想，人员安置工作不够细致。部分高校规定，教师在聘期考核结果为“不合格”，或年度考核连续两年不合格的情况下，可直接予以解聘，而未调查校内是否有其他岗位适合被解聘的教师，特别是行政岗位、后勤岗位，或者实现高校教师在科研岗位与教学岗位之间流动，争取先内部消化，再外部分流。同时，部分国际学术人才回国后短期内科研成就不大、工作业绩不佳、可能因为工作适应性问题、或工作环境不良、学术团队不优导致的。当前，我国高校未做到先调查、再处理，没有给部分教师自我发展完善后再次公平竞聘的机会，从而引发部分人才流失，难以保证高校教师队伍稳定发展，不利于提高国际学术人才安全感，以及培养其对高校的忠诚度。某985高校教授，千人计划入选者解聘退出年限应当予以延长，以符合高校教师工作规律。

> 其实，回国的头两年基本属于准备阶段，各种材料审批程序、人才项目申请、科研项目申请、科研团队组建、实验室建设，然后才能正式开展工作。所以有人评价说“千人计划”没有成绩、“土鳖”教授成就更大，这是不公平的。要看5年后，甚至10年后。

二是，“一刀切”解聘方式，不利于被解聘教师再就业。国际学术人才能够被高校聘任，说明自身具有一定的学术水平，当其无法适应或胜任高校学术工作时，高校有责任帮助其面对自身问题，转遍观念，实现再就业，以实现我国人才引进效益最大化。然而，目前我国高校实行“一刀切”解聘方式，一旦解聘，高校与学术人才之间的联系切断，既没有做到工作推荐，实现人文关怀，也忽视了单个学术人才背后的学术网络，可能造成信任危机，不利于后续人才引进。

最后，缺乏完善的社会保障体系作后盾。社会保障体系是指“政府利用法律和制度手段，聚集和动员社会力量，使公民在年老、疾病、事业及遇到其

他不测的情况下，能够从政府和社会获得经济援助和其他服务，以保证基本生活”①。社会保障在教师被解聘后为其提供基本生活保障，对于建立社会安全网、维护社会稳定具有积极作用。然而我国社会保障事业正处于“发展中”阶段，尚不完善。高校更是缺乏完善的医疗、养老、失业等保障体制，在此背景下，被解聘意味着教师当即面临生活困难，成为高校解聘退出制度难以贯彻落实的阻碍。

小　　结

当前我国高校教师聘任制度中存在较多问题，一定程度上影响了国际学术人才回流。在资格准入制度中，政治责任与学术自由、工具理性与价值理性、筛选需要与人才紧缺等矛盾冲突不断；在招聘制度中，信息不对称引发“柠檬市场”，审核材料造假，学缘关系错综复杂，行政权力与学术权力博弈，引发人才质量问题；在薪酬绩效制度中，科研经费投入不足且管理不科学，工资收入国际水平较低且贫富差距较大，福利保险制度不完善，导致我国高校教师薪酬绩效缺乏国际竞争力；在聘期考核制度中，考核标准科学性不强、考核程序公正性不显、考核结果利用率不高，导致国际学术人才“逆淘汰”；在解聘退出制度中，标准流于形式、程序不合理、后续保障不健全，难以实现人才合理流动。这是高速发展的高等教育与严重的学术人才缺口之间的矛盾导致的，是大规模高层次人才引进实践与低层次、小规模的理论研究之间的矛盾导致的，是西方高校经验本土化困难与国内高校情况特殊之间的矛盾导致的。面对以上问题，砥砺奋进、有针对性地加以该进，是突破樊篱、形成系统优化的高校教师聘任制度，实现大规模国际学术人才回流的重要途径。

① 何斌．从教师“进”与“出”谈我国高校教师聘任制度改革［J］．教育发展研究，2005（13）：72-75.

第七章　学术人才国际流动中我国高校教师聘任制度完善路径

在学术人才国际流动RRRED模型基础上，通过分析和总结了我国高校教师聘任制度内在困境，探索了其对人才回流的制约因素，在制度层面有针对性进行“远近施策”“内外结合”，尝试提出解决国际学术人才流动的技术策略。具体而言，分为五个方面：一是重构高校教师资格准入指标体系，保障人才引进质量；二是修正高校教师招聘流程，保障招聘程序正义；三是提高高校教师薪酬绩效水平，提高学术职业国际竞争力；四是规范高校教师聘期考核制度，防止“逆淘汰”；五是完善解聘退出制度，保证高校教师合理流动。全面完善高校教师聘任制度体系，促进国际学术人才回流，提升高层次人才引进效益。

第一节　重构高校教师资格准入指标体系，保障人才引进质量

根据人才的四重维度，确定的学术人才评价指标体系具有一定的科学性，但是存在多重矛盾冲突，尤其是政治责任与学术自由、工具理性与价值理性、筛选需要与人才紧缺三组矛盾冲突，相互交织、互相影响，构成一个复杂的矛盾冲突网，影响我国海外学术人才回流。

一、缓解矛盾冲突，科学筛选指标

重构高校教师资格准入指标体系，首先要针对问题，缓解矛盾冲突，做到坚持政治底线与有限的学术自由、融合工具理性与价值理性、保障筛选质量、保留人才，科学筛选高校教师资格准入各级各项指标。

（一）坚守政治底线与有限的学术自由

一方面，以政治底线替代政治责任来要求国际学术人才。高校教师在学生培养过程中有意或无意地传播文化意识形态，必须承担相应的政治责任。然

而，国际学术人才由于其西方生活、教育、工作背景，已经形成了既定的政治宗教信仰，不能与国内学术人才同样要求，需要特殊对待，适当降低要求。不要求“热爱中国，热爱中国共产党、拥护中国共产党的领导”“坚持社会主义道路”，转而要求“不传播与社会主义、共产主义相悖的言论”“不诋毁污蔑中国共产党”“不恶意抨击中国历史、时政”不宣扬“普世价值”“历史虚无主义”“新自由主义”思潮。国际学术人才可以坚持自身学术观点、追求客观真理，同时做到不宣扬、不诱导、不迷惑中国高校学生。这是与中国高校缔结合约的契约精神，也是学术自由对学术人才保持中立立场的客观要求。中国高校应当在坚守政治底线的基础上囊尽天下英才，建立一支质量过硬的师资队伍。

另一方面，为国际学术人才提供有限的学术自由。马克斯·韦伯（Max Weber）认为任何组织活动的进行都要依靠一种权威，包括法理型、传统型和魅力型。“学术自由”起源于某种个人非凡品质的魅力型权威，笼罩在克里斯玛魅影之下。即便是学术自由的启蒙者之一的伊曼努尔·康德（Immanuel Kant）的“学术自由观”也存在矛盾冲突。他一方面指出“可是我却听到从四面八方都发出这样的叫喊，不许争辩，军官说不许争辩只许操练，税吏说不许争辩只许纳税，神甫说不许争辩只许信仰，到处都有对自由的限制”①，另一方面又指出“可以争辩，随便争多少，随便争什么，但是必须听话”②，隐晦地指出了自由是有限的自由。随后，康德的追随者，恩斯特·施莱尔马赫（Ernst Schleiermacher）、约翰·戈特利布·费希特（Johann Gottlieb Fichte）、威廉·冯·洪堡（Wilhelm von Humboldt）相继提出“精神上的自由”“思想自由”“教育自由”。进一步完善了“学术自由”的内涵与外延。然而，民族国家对经济的干预、对公共事业的控制、对社会福利的支持显示出国家、民族、政府的作用，即便在宣扬“学术自由”的美国，契约与宪法在保护教师课堂内外言论自由、课业成绩评价自由、科学研究自由方面也存在较大争议③。

世界上没有绝对的自由，任何自由都是有限度和制约的。学术自由是

① 伊曼努尔·康德．答复这个问题，什么是启蒙运动［M］//江怡．理性与启蒙——后现代经典文选. 北京东方出版社，2004：8.

② 伊曼努尔·康德．答复这个问题，什么是启蒙运动［M］//江怡. 理性与启蒙——后现代经典文选. 北京东方出版社，2004：9.

③ 徐蕾，王煜．美国公立高校教师学术自由保护路径选择——基于宪法和契约的视角［J］. 外国教育研究，2016（7）：57-69.

"政治底线"基础上的学术自由。高校教师资格准入，尤其是国际学术人才资格准入既要设定"政治底线"，也要最大限度保障"学术自由"。

（二）融合工具理性与价值理性

试图依靠数据计量追求纯粹理性的学术人才资格准入指标，在实践过程中被证实是一种"没有实际意义的伪评估"，考虑到学术人才的特殊性，以及高校教师价值属性的长效性，以经验数据定量化模式，或主观感受为主的价值评价，均不能较好地体现学术人才的价值，满足高校人才引进工作的现实需要。因此，在高校教师资格准入过程中要兼顾工具理性与价值理性。

一方面，以定性规定详细量化高校教师资格准入的各项要求。如年龄限定、健康要求、学术失范行为、学术道德表彰级别次数，工作经历具体内容与年限、学历/职称级别、毕业院校世界排名、学术产出数量质量等具体指标应当设计相应的类别或级别，并赋值（如按照五点计分法划分为1~5分）。工具理性支撑的量化评价方法，能够保障高校教师资格准入指标体系的可测算性与可操作性。

另一方面，四个维度若干观测指标如何赋予权重则可采用层次分析法与德尔菲法相结合，最大程度上依靠相关研究领域内专家学者的主观判断。在确定指标选取结果并形成判断矩阵的基础上，综合多位专家的观点，用层次分析软件 Yaahp10.5 计算指标体系的权重，并创建高校教师模糊评价模型，实现主观与客观、工具理性与价值理性的统一。

（三）保障筛选质量、保留人才

一方面，资格准入指标体系要突出筛选作用。资格准入制度的本质是对国际学术人才的筛选，不能发挥筛选作用的资格准入指标是不合格的。国际学术人才引进成本较高，对象的学术能力应该具有超常性，指标选取要注重与国内学术人才以及国外普通学术人员拉开距离。做到"择优汰劣"，是国际学术人才引进工作的原则之一。

另一方面，在高等教育国际化进程中，补充具有国际教育/工作经历的高校教师具有一定的必要性。符合条件的人才要引进，不符合条件的人才可以通过国内外统一招聘途径纳入高校，与国内教师享有同样的薪酬绩效，以期为高校师资队伍注入新鲜血液的同时，实现师资队伍的国际化、多元化。因此，指标选取与体系利用应当尽可能保持灵活性，还可以对指标模型计量结果进行分级分类，区别对待，尽可能保留人才。

二、高校教师资格准入指标体系具体内容

根据当前我国高校教师资格准入制度的基本现状，坚持以上指标体系构建原则，对其进行修正重构，可以形成以下三级指标。

表 7-1　　**高校教师资格准入指标体系**

一级指标	二级指标	评价指标观测点概要（五点计分法）
身心素质	身体素质	年龄
		年在校工作时间
		身体健康状况
	道德品质	守住政治底线（一票否决制）
		无学术失范行为（一票否决制）
		职业道德（一票否决制）以及相关表彰
知识水平	教育背景	各层次学历取得院校的国际国内排名
		各层次学历专业的国际国内排名/声誉
		导师、所在实验室国际国内排名/声誉
	专业资格	专业职称或行政职务
		专业资格证书（数量、等级）
实践能力	工作经历	工作年限、工作内容、担任职务、所在单位国际国内地位
		工作经验相关度
	推荐信评价	推荐人国际国内学术声誉
		推荐人对申请人的评价（包括对科研、教学、外语能力以及沟通协作能力）
业绩成就	学术产出	学术论文（被 SCI、EI、SSCI、ISI、ISTP 收录）与学术著作的数量、被引次数、署名顺序、整体水平
		主持或参与科研项目的数量、科研经费、参与人数、承担任务
		学术代表作校外同行评议结果
	国际影响	参与或组织国际学术会议、学术活动情况
		在国际国内重要学术团体、机构任职情况
		担任国际国内权威学术刊物编辑职务情况

三级指标根据高校自身发展需要以及能够提高的福利待遇水平进行五级划分，分别以 1、2、3、4、5 个单位表示，也称之为五点计分法。

首先，身心素质划分为身体素质与道德品质。一方面，身体素质进一步划分年龄、年在校时间、健康程度。年龄划分 50 岁以上、45~50 岁、41~45 岁、36~40 岁、35 周岁以下五个等级；年在校时间划分为 3 个月以内、4~6 个月、7~9 个月、10~12 个月、全职到校五个等级；健康制度划分为一般（3）、良好（4）、优秀（5）三个等级，有重大疾病或健康隐患，为防止高校沦为部分学术人员入境疗养院，采用一票否决制。另一方面，道德品质进一步划分为是否超出政治底线、有无学术失范行为以及职业道德相关表彰。是否超出政治底线、有无学术失范行为、是否违反职业道德采取一票否决制，相关表彰则划分为院系级、校级、省（州郡）级、国家级、世界级。

其次，知识水平划分为教育背景与专业资格。一方面，教育背景可进一步划分为三个方面。其中，各层次学历取得院校的国际国内排名（尤其是博士学位）划分为世界大学排名 500 名开外、201~500 名、101~200 名、51~100 名、50 名以内五个等级。各层次学历专业的国际国内排名、导师/所在实验室国际国内排名缺乏权威的统计量表支撑，可按照不知名、一般、知名、著名、十分著名划分为五个等级。专业资格中，专业职称按照博士（无职称）、博士后（无职称）、终身序列讲师、副教授、教授划分五个等级，学术职务按照系领导、院领导、校领导、国家教育行政部门领导、国际教育组织领导划分五个等级。另一方面，专业资格证书按照数量、等级、国际认证等进行划分，同样划分五个等级。

再次，实践能力划分为工作经历与面试成绩。一方面，工作经历中，工作年限可划分为 1 年以内、3 年以内、5 年以内、10 年以内、10 年以上五个等级，工作内容与担任职务可根据重要程度（不重要、不怎么重要、一般、比较重要、重要）划分为五个等级、所在单位（主要为高校）国际国内地位可根据世界大学排名（500 名开外、201~500 名、101~200 名、51~100 名、50 名以内）或组织级别（院系级别、校级、省/州/郡级、国家级、世界级）进行划分；值得注意的是工作经历相关性，按照工作经历与应聘工作内容的相关程度划分为不相关、关系不大、一般、比较相关、紧密相关五个等级；另一方面，面试成绩则主要由面试官对考核申请人的教学能力或学术讲座水平、外语水平、沟通交流能力、团队合作能力进行打分，分别为 1~5 分。

最后，业绩成就划分为学术产出与成就影响。一方面，学术产出中，学术论文与学术著作的数量划分为 1~3、4~5、6~8、9~10、11 篇以上五个等级，被引次数划分为总被引 5 以下、6~10、11~15、6~20、21 以上，或单篇被引 1~3、4~5、6~8、9~10、11 篇以上五个等级，署名顺序划分为多为排名较后、排名前后参半、一般、排名靠前居多、多为第一作者或通讯作者五个等级，整体水平划分为整体较差、多数较差、参差不齐、多数较好、整体较好五个等级；科研数量 1~3、4~5、6~8、9~10、11 项以上五个等级、科研经费根据不同学科类别划五个等级，承担任务主要包括无具体任务、部分简单任物、部分重要任务、主要参与人、主持人五个等级；学术代表作校外同行评议结果则由校外学术同行对申请人学术代表作进行评价，评价结果（不合格、基本合格、合格、良好、优秀）划分为五个等级。另一方面，成就影响主要包含参与或组织学术会议、学术活动情况，在国际国内重要学术团体、机构任职情况，以及担任国际国内权威学术刊物编辑职务情况，根据学术会议/活动、学术团体/机构、权威学术刊物的国内外影响以及申请人具体表现划分为五个等级。

三、高校教师资格准入指标权重赋值

根据美国匹兹堡大学教授萨迪（T. L. Saaty）提出了层次分析法（Analytic Hierarchy Process，AHP），作为 AHP 的决策目标 A，其影响因素有 B_i（$i=1, 2, 3, 4$），设其权重分别为 W_i（$i=1, 2, 3, 4$），$A=B_1W_1+B_2W_2+B_3W_3+B_4W_4$，建立判断矩阵 A：

$$A=\begin{bmatrix} w_1/w_1 & w_1/w_2 & w_1/w_3 & w_1/w_4 \\ w_2/w_1 & w_2/w_2 & w_2/w_3 & w_2/w_4 \\ w_3/w_1 & w_3/w_2 & w_3/w_3 & w_3/w_4 \\ w_4/w_1 & w_4/w_2 & w_4/w_3 & w_4/w_4 \end{bmatrix}$$

同样的判断矩阵可运用于其他二级指标权重的构建过程中去。

依据层次分析方法的具体要求，下载并应用 Yaahp10. 5 软件，利用相应的统计分析功能，将表 1 构建的高校教师资格准入指标体系输入至 YaahpV10. 5 软件，构建相应指标体系模型，生成 AHP 专家调查表。首先，根据调查表要求专家针对同级指标两两比较，判断两个指标相比而言的重要程度，从极其重要到极其不重要共计 9 个评价尺度，构建判断矩阵。(参见表 7-2)

表 7-2　　　　　　　　　　　　指标评价尺度

重要性	极其重要	非常重要	明显重要	重要	一般	稍微不重要	不重要	很不重要	极其不重要
数值	9	7	5	3	1	1/3	1/5	1/7	1/9

注：以上评价尺度之间的中间值分别 2、4、6、8、1/2、1/4、1/6、1/8。

其次，对专家调查结果进行回收，利用 Yaahp10. 5 的相关功能对专家判断矩阵进行计算并做一致性检验，剔除其中不一致或一致性比例过高的调查结果，保留合格问卷。值得注意的是，调查之前应当尽量选取了解层次分析法的专家学者，或调查前向各位专家学者解释 Yaahp10. 5 软件的工作原理，避免出现专家调查结果废弃率较高的情况。

最后，利用 Yaaph10. 5 软件中的群决策功能，录入的合格专家的判断矩阵，对判断矩阵的结果进行加权平均运算，得出多位专家对各级指标的判断权重（见图 7-1）。

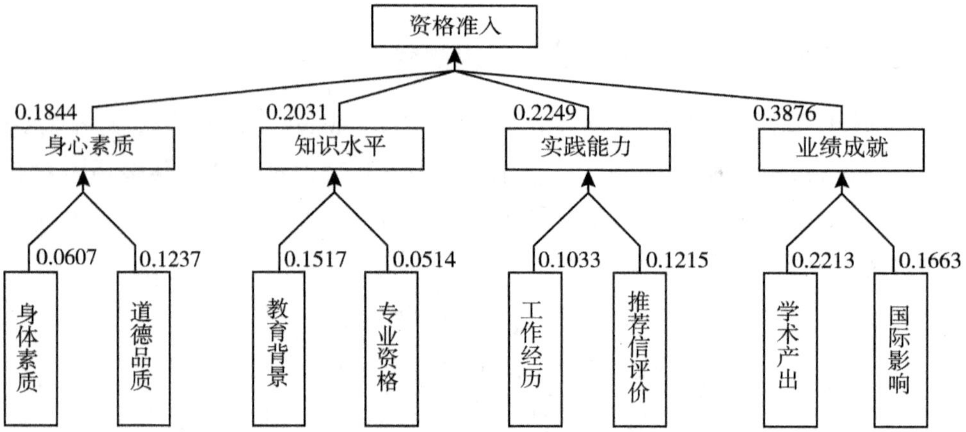

图 7-1　高校教师资格准入指标权重

四、高校教师资格准入指标体系利用

设高校教师资格准入的各项“评价指标观测点”（index）量化值为 i_1，i_2，i_3，…，i_n，用向量表示为 $I=(i_1, i_2, i_3, \cdots, i_n)$，根据 AHP 层次分析法获取相应各项“评价指标观测点”的权重（*weight*）为 w_1，w_2，w_3，…，w_n，向量表示为 $W=(w_1, w_2, w_3, \cdots, w_n)$，则高校教师资格准入 R

（Requirment）为各项指标与权重之积的和，表示如下：

$$R=IW=(i_1, i_2, i_3, \cdots, i_n)\ T\ (w_1, w_2, w_3, \cdots, w_n)=\sum_{m=1}^{n} i_m w_m$$

当高校教师聘任中申请人较多，可根据计量结果选取其中得分较高的 1 至 3 名国际学术人才进入面试环节，当申请人不足时，也可根据实际情况设定最低聘用分数线，对于未达到最低聘用分数线的可用人才，推荐并鼓励其参与学校面向国内外学者的统一公开招聘，争取做到选拔优秀人才，留住一般人才。

第二节　修正高校教师公开招聘流程，保障招聘程序正义

事实上，当前我国高校教师招聘制度中规定的整体流程是相对合理的，其中招聘规划已经基本实现了“自下而上”方式，保障了学术权力，保证了规划的科学性。当前问题主要集中于公开招聘、个人申请、学院评审（包括学院组织初审与学院专家评审委员会评审）与学校审批等环节。程序正义是实质正义的重要保障，要实现招聘程序正义，必须针对现存问题，完善或修正相关制度，严格执行相关规定，缩短理想与现实间的差距。修正后的高校教师公开招聘流程如下（见图 7-2）。

一、招聘规划环节

转变“自上而下”，实行“自下而上”的招聘规划方式，是实现科学规划的制度前提。首先，由系、实验室、研究所甚至科研团队，根据职位空缺与工作需要，向学院递交拟聘任申请，撰写申请报告，说明拟聘请人员数量、学历、年龄、职称、年在校工作时间、学科专业领域、学术产出等各项资格准入标准，以及招聘缘由、理由、依据。其次，由院长或院学术委员会主任对拟聘任申请进行审核，根据学院发展目标、工作任务与价值标准，以及师资队伍结构与建设需要，作为拟批准或拟驳回的决定。再次，将通过学院批准的聘任申请提交至学校相关部门，或者由学院领导与负责人事工作的副校长沟通协商，决定是否提交高校人才聘任工作小组或相关人事部门进行表决，表决通过则进入下一环节。最后，拟聘任申请得到学校人才工作小组批准后，由原提出申请的系、实验室、研究所以及科研团队组织“人才聘任委员会”，进一步明确公开招聘信息，包括聘请人员数量、学历、年龄、职称、年在校工作时间、学科专业领域、学术产出等要求，以及所能提供的受聘职务职称、薪酬绩效待遇等聘任条件，自主发布、提交学院发布或由学校统一发布招聘公告。

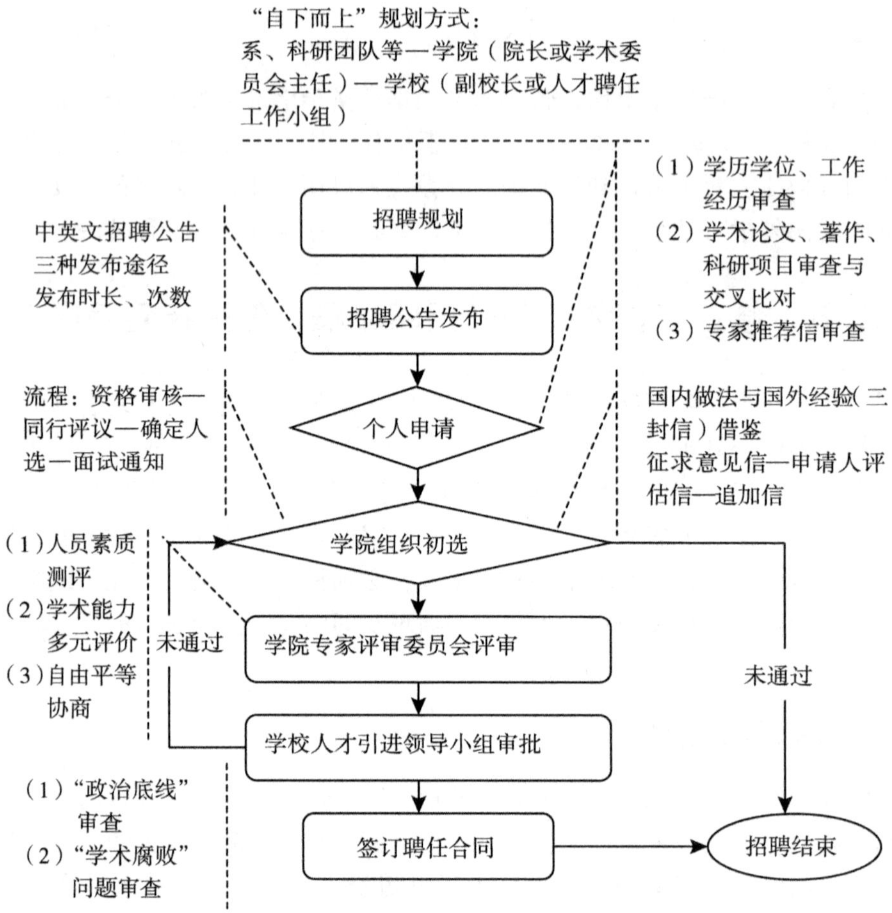

图 7-2　高校教师招聘制度修正图

二、招聘公告发布环节

首先，招聘公告内容应当全面简洁。招聘公告应当含有岗位说明、资格要求、薪酬待遇。岗位说明中主要含有岗位职责、工作内容、工作要求、应当承担的义务，依法享有的权利；资格要求主要包括学习、职称、科研成果、教学水平、管理能力等；薪酬待遇包括科研经费、工资收入以及其他福利待遇，在国际学术人才招聘中，尤其要说明配偶安置、子女入学、住房保障等内容，以较高水平的薪酬待遇吸引人才回流。同时，由于招聘公告发布渠道，如报纸、权威期刊广告费用较高，因而，招聘公告内容可适当简化，力求全面简洁。值得关注的是，国际学术人才招聘中，应当将英文作为招聘公告的工作语言，尽可能将外国籍等英语为常用语的人才纳入聘任范围。

其次，招聘公告发布途径应当做到“三管齐下”。一是利用阅读量较高报纸，在西方高等教育发达国家发布招聘公告，并且学习和借鉴美国、德国、中国香港地区相关经验，以大学章程、甚至法律的形式规定招聘公告发布途径、次数、时长等。美国高等教育法规定，高校教师聘任必须在全国范围内广泛刊登招聘公告，以至于美国《高等教育记事周刊》约一半篇幅用以刊登高校教师招聘公告；德国高校则要求招聘公告必须发布在校刊、校外报刊、专业协会杂志及网络上，面向全国和欧洲其他国家实施招聘；香港科技大学要求在地方性和全球性报刊分别刊登中文、英文招聘公告，且有刊登次数要求。① 二是通过专业期刊发布招聘公告，尤其是顶尖的专业类期刊。国内目前已有部分高校通过 *Nature*、*Science* 等期刊发布招聘公告，为了进一步扩大招聘范围，提高招聘针对性，个别院系、实验室、科研团队可以在相关专业顶尖学术期刊（Top Journal）上发布英文招聘公告。三是通过网络发布招聘公告，尤其是通过千人计划网、学术桥（网站）等国家人才信息平台，面向有入境意愿的学术人才公开招聘信息，引进几率相对提升。同时利用“留美博士”“留学欧洲”等微信公众号以及其他学术型公共信息平台，也是一种能够实现低投入-高产出的招聘信息公开方式。

三、院系组织初选环节

国内外高校院系组织初选、确定候选人的方式区别较大。其中我国高校主要采取申请人申请、院系审核方式确定候选人。由申请人根据招聘公告具体内容和相应要求，提供个人基本信息、学历学位、工作经历证明、学术代表作及其收录、被引情况、科研项目情况、专利获奖情况、专家推荐信及其证明材料。由院系，尤其是招聘具体实验室、科研团队承担材料审核义务，防止申请人学术材料造假。一是辨别学历学位、工作经历证明材料的真伪，对其获取时间进行逐项比对，查无错漏。二是严格审查学术论文、著作、科研项目，避免英文姓名相同或相似导致的“鱼目混珠”。当前我国高校图书馆基本购买了国际重要数据库，在对学术产出检索与核查过程中，要仔细核对姓名、工作单

① 郭为禄，刘恋．论高校教师聘任程序法制化［J］．教师教育研究，2008（5）：14-18.

位、出版时间，并与个人学习经历、工作经历进行交叉比对，防止个人材料造假。三是大力发挥专家推荐信的作用，考察推荐专家个人声誉、学术地位，及其与被推荐人之间的关系，防止被个人声誉有损、学术领域不同、学术水平较差、对被推荐人了解不深的推荐信"瞎子指路"，从而聘用不合格的学术人员。同时，由于国外著名专家学者通常爱惜羽毛，其推荐信具有一定的可靠性，推荐内容能够在一定程度上反映国际学术人才的水平，应当予以重视。

国外部分高校则采取"三封信"方式，也称之为全过程同行评议方式，确定候选人。第一封信——"征求意见信"，即在发布招聘公告的同时，向相关领域知名专家学者投寄信件，根据岗位需求请求推荐适当人选。征求意见对象则由院系人才聘任工作小组确定。第二封信"申请人评估信"，为了减少候选范围，降低国际学术人才聘任成本，院系可将符合招聘要求的申请人资料投寄至校外同行专家，请求其针对申请人学术水平、学术潜力做出评估，按照1∶3或1∶2的比例提供推荐人选。评审材料主要为1～5篇学术代表作（以3篇为宜)，在减少评议工作量的同时，提高评议结果的有效性。第三封信——"追加信"，即当校外同行专家意见不一致，或经院系、实验室、科研团队、课题组初步筛选有异议，则需要追加投递第三封信，深入咨询相关专家、申请人所在单位（高校)、申请人导师/科研团队领头人，以确定候选人。

国内高校候选人确认方式具有节约成本的优点，国外高校候选人确认方式则更加体现学术性和民主性，我国高校借鉴国外公开招聘经验，积极构建国际专家咨询库，重点囊括国际知名华人专家学者或著名校友，以便后续工作开展。同时值得注意的是，国外高校"三封信"方式是改良后的校外同行评议制度，可能存在成本较高的缺陷，但是相对高水平人才引进工作效益来说，依然属于高收益，且受益者主要为高校，因而，必须由高校承担候选人筛选费用，禁止向国际学术人才索要"1200元校外同行评议费"等类似行为。

四、学院筛选环节

候选人确定后，应当由学院进一步筛选，在候选人中确定聘任对象。学院筛选环节又可细分为人员素质测评（也称之为人事测量)、学术能力多元评价(学术讲座形式）和自由平等协商。

首先，人员素质测评（也称之为人事测量）主要采用适用于人事招聘的投射测验，各院系可根据人才素质需求和学科领域特征，自主选择主题统觉测验（Thematic Apperception Test，TAT)、罗夏克墨迹测验（ Rorschach Inkblot Test，RIBT）或房树人测验（Tree-House-Person，THP)，采用科学的方法，对申请人个性特征、社会成熟程度、行为风格等有关政治思想素质、团队协作能力、沟通交流能力等因素进行价值判断与量化，计算得分。

其次，学术能力多元评价（学术讲座形式），即国际学术人才面向全院师生提供一定时长（通常不低于1个小时）的学术讲座，由院系针对国际学术人才特征制作教学能力测量表，包括教学仪态、教学目标、教学内容、教学方法、教学技术、教学效果等方面，由院系师生对其实施评价，同时将师生按照学生、讲师、副教授教授、资深教授/科研团队领头人进行划分，去掉一定比例的最高分、最低分或异常值，取其平均值，按照一定的权重进行汇总计量。为了避免“学缘关系”和“行政权力”对国际学术人才引进的不良影响、坚持人才招聘的学术性，应该借鉴香港科技大学校外同行评议“六不准”原则①，剔除与候选人有学缘关系的教师或院系领导。

最后，自由平等协商，由院长与国际学术人才通过平等自主协商的方式，明确双方权利与义务，并以劳动合同的形式加以限定。主要内容包括实验室与科研团队建设经费、工资收入、福利保险等薪酬绩效水平，职位类型划分（教学型、科研型、教学科研并重型）、学术产出等聘期考核内容，年在校时间限制、道德素质要求、考核结果等级等解聘退出限制，以及其他可能涉及双方权益的事项。双方就工作合同内容协商一致，则可初步确定聘任对象，由学院上报至高校人才聘任工作小组审批。

五、学校审批环节

学校审批环节，要弱化行政权力，保障学术权力，尊重学术人才的特殊性，将审查的重点放在“政治底线”与“学术腐败”。一方面，要求申请人在国内外无涉及“政治底线”的公开性不当言论，如破坏国家主权、领土完整，抨击国内人权问题、恶意贬低国内主流意识形态、公开反对中国共产党领导的言论和行为。另一方面，防止“学术腐败”，防止“学霸”“学阀”对高校内部某一学科领域的控制，审查申请人与校外同行评议专家以及学院其他评议主体之间的关系，防止学缘关系以及其他社会关系对人才聘任的把制。在此基础上，则要信任学术权力、依靠学术权力、利用学术权力，以学术视角引进高层次学术人才，确保人才引进的学术性。

---

① “六不准”原则即“外部评审人不可以是你原来学位论文的指导教授们；不可以是与你共同发表过论文、论著的人；不可以是与你共同主持一个研究项目的人；不可以是你过去单位的同事；不可以是你现在单位的同事；当然不可以是你的亲属。”

根据我国高校教师招聘制度的现实问题，在已有制度的基础上加以修正，可以构建一个更为科学合理的聘任流程，形成一个较为完善的高校教师招聘制度，在最大程度上保障公开招聘的程序正义。

第三节 提高高校教师薪酬绩效水平，提高学术职业国际竞争力

“流动是学术职业生而具有的天然基因”①，经济性是职业的首要属性，“职业是指获得报酬的活动”②。经济动因是学术人才国际流动的主要动因。当前，英国27%的大学教师是非英国籍的，较20年前上涨了50%③，四分之一的剑桥大学教师来自海外。④ 美国理工科博士学位获得者三分之一为外国公民，其中40% 在美国求职后定居⑤，美国国家科学院、国家工程院外籍会员共计500人⑥。同时期，我国学术人才流失问题严重，与我国高校教师薪酬绩效水平缺乏国际竞争力有关。我国高校教师薪酬绩效由三个部分组成（见图7-3），提高我国学术职业国际竞争力，必须从以下三个方面着手。

一、科学配置、合理使用科研经费

科研经费是高校教师薪酬绩效的重要组成部分，甚至对于部分有学术追求与学术志趣的人才而言，科研经费成为学术职业国际竞争力的主要构成。为此，我国高校要积极促进科研经费合理配置，保障科研经费合理使用。

---

① 刘进，沈红．大学教师流动与学术职业发展——基于对中世纪大学的考察［J］．高校教育管理，2015（3）：110-119.

② ［美］C. 赖特·米尔斯．社会学的想象力［M］．陈强，张永强，译．北京：生活·读书·新知三联书店，2001：226.

③ Universities U. Policy Briefing Policy Briefing, Talent Wars: The International Market for Academic Staff London: Universities UK［EB/OL］. http: //bookshop. universitiesuk. ac. uk/downloads/Policy %20Brief%20Talent %20Wars. pdf. 2007.

④ Terri Kim. Shifting Patterns of Transnational Academic Mobility: a Comparative and Historical Approach［J］. Comparative Education, 2009, 45 (3): 387-403.

⑤ ［美］阿特巴赫等．全球高等教育趋势：追踪学术革命轨迹［M］．姜有国等，译．上海：上海交通大学出版社，2010：30.

⑥ ［美］阿特巴赫．高等教育变革的国际趋势［M］．别敦荣，译．北京：北京大学出版社，2009：29-30.

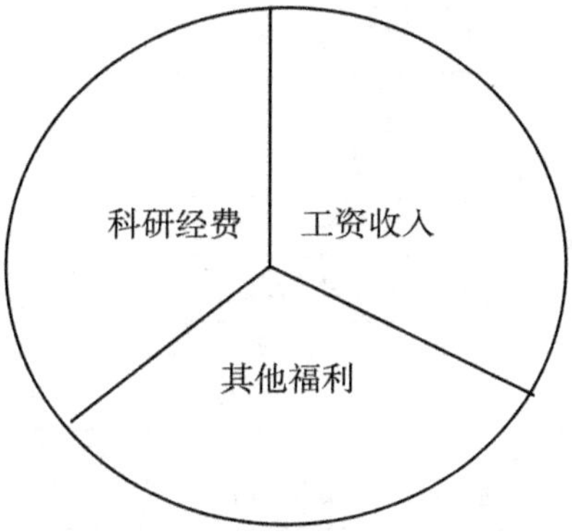

图 7-3　学术职业薪酬绩效构成

（一）科研经费配置

不同于“千人计划”“青年千人计划”等项目入选者，大部分国际学术人才回国初期面临着科研经费短缺问题，解决这一问题重要途径在于申请科研项目。合理规划科研项目申请流程，有助于避免中国式“跑项目”，实现科研经费配置程序正义，凸显科研经费的合理性。

我国科研项目申报基本流程（见图 7-4）显示，要实现科研经费配置的科学性，高校可以从资格审查、送审和审批阶段入手。

一是“资格审查”阶段，也称之为“初审”。目前我国科研项目一般划分为“重大项目”“一般项目”和“青年项目”，其中“青年项目”具有较为特殊的作用，即在学术权威，以及部分“学霸”“学阀”年龄较大，且占据了较大的学术资源的背景下，在各级各类科研项目中专门划拨一部分项目，用于扶持具有一定科研能力与科研潜质的青年学者。为促进国际学术人才尽快适应国内科研环境、在其入境初期，可仿照“青年项目”，设置一定比例的“海归项目”或“国际人才项目”，使其与同样不具备国内“学缘关系”，或尚未融入国内“学术圈”的学者竞争。在这一项目内，明确限定申请资格，如“入境工作 5 年内”“具有其他国籍的学者”“在国外生活或工作 10 年以上的学者”等。

二是“送审”阶段，也称之为“同行专家评议”。此阶段，“学缘关系”盘根错节、“行政权力”影响较大，为保障“送审”阶段的公平公正，需要借鉴“六不准”原则：“外部评审人不可以是你原来学位论文的指导教授们；不可以是与你共同发表过论文、论著的人；不可以是与你共同主持一个研究项目

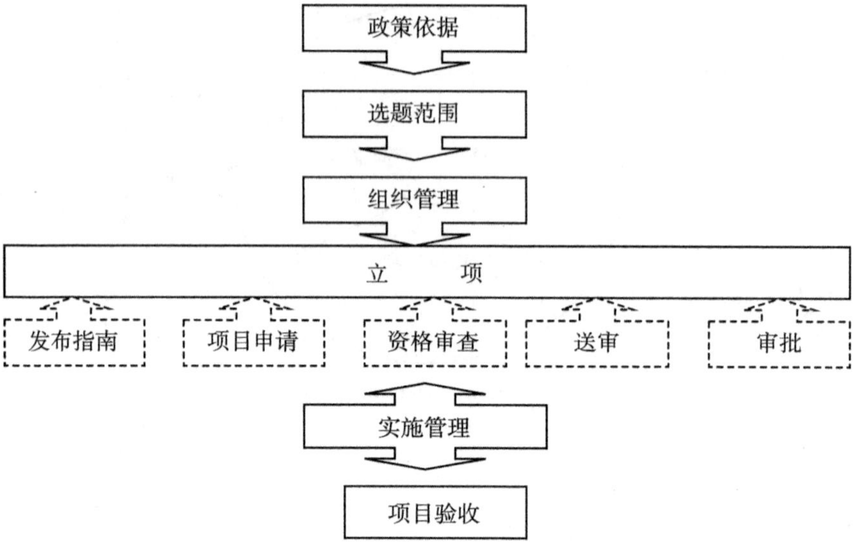

图 7-4　科研项目申报流程图

的人；不可以是你过去单位的同事；不可以是你现在单位的同事；当然不可以是你的亲属。"① 同时实现双向盲审，以项目"论证活页"代替"项目申请书"，避免项目申报人信息泄露。同样，评审人采取匿名评审，以避免"碍于情面"，或"害怕打击报复"而导致评审结果不公正。另一方面，则要建立和完善科研课题立项评审结果透明机制，在双向匿名评审的基础上，积极公开评审的标准、流程和结果，使真正优秀的科研课题能够获得立项资助，使评审人的评审权在全方位监督下有所限制，使申报人有理可依、有据可凭，能够对评审结果进行反思总结，不断实现自我提升，实现科研项目评审的公平公正。

与此不同的是，对人才计划/项目入选者的评选涉及高额的科研经费，需要加大入选资格审查力度，尤其是要求所在单位对入选者年在校工作时长、兼职情况进行审查，提高科研经费投入产出效益。

（二）科研经费使用

经济发展对科研提出更高要求的同时，也为其提供了更为坚实的经费支

① 丁学良．什么是世界一流大学［M］．北京：北京大学出版社，2004：144.

持，我国科研经费问题不在于“不够用”，而在于“不会用”，是现有的经费管理办法对科研主体的限制过多，导致学术人才难以根据实际科研需要合理使用科研经费。相关法律文件相互羁绊，互为“矛”“盾”，盲目刚性限制多，缺乏灵活性，以“有罪推论”为前提，不重视、不关心、不信任科研人员，严重影响了高校教师科研工作积极性，降低了科研投入产出效益。要改善这一问题，既要治标，又要治本，努力实现标本兼治。

一方面，“治标”，进一步完善《自然科学资金管理办法》，积极开展《社会科学资金管理办法》修订工作，以此作为各个高校《科研经费管理办法》修订依据，实现科研人员经费自主权的进一步扩大。一要尊重科研人员的创造性劳动价值，将“有工资收入”的项目负责人以及其他主要参加者纳入科研经费“劳务费”的支付范围，并根据其实际科研工作量按比例支付。同时，由依托单位（高校）根据科研成果质量、科研经费使用情况、科研人员劳动付出，在“间接费用”中提取一定比例用于“绩效奖励”。二是，持续松绑经费管理，实现科研经费调整自主化。科研人员是专业学科领域内的专家，而非预算专家，其本身的知识领域限制了科研项目预算的科学性，过于细致明确的经费预算可能无法适应实际科研需求。而且，科学研究本身具有不可预见性，随着研究的深入，研究方法与路径可能出现较大变化，材料费、测试化验加工费、燃料动力费、出版/文献/信息传播/知识产权事务费可能出现变动，会议费、差旅费、国际合作与交流费相互间调剂使用存在困难，设备费、专家咨询费、劳务费可能需要调增。因而，科研经费管理办法必须打破原有的条条签字、层层盖章的繁文缛节，给予科研人员经费使用的自主权，让科研人员把更多精力用到研究上，从而实现最大的科研产能。

另一方面，“治本”，转变“有罪推论”的官僚化科研经费管理观念，以“无罪推论”的人本主义教师管理理念制定科研经费管理办法。一是改变官僚作风，简化科研经费申报手续，实现高校行政工作的服务职能。二是坚持“无罪推理”，相信教师、依靠教师，不戴有色眼镜看人，不以条条框框限制科研人员的主动性与能动性，不打击科研人员的工作积极性。三是做到人本管理，发挥我国高校教师“单位人”思维惯性的优势，将计划经济制度遗留下来的“单位人”思想加以改造后融入现代高校管理中，通过对国际学术人才细致的关心和照顾，实施人本管理，实现学术人才与所在高校以及其他学术人员之间紧密甚至依赖关系，提高学术人才对高校的“忠诚度”。

二、提高工资收入整体水平、缩小差距、分类付薪

在科研经费充足、合理分配、有效使用的基础上，高校教师工资收入成为我国国际学术人才市场竞争力的关键。为此，高校应当积极提高教师工资收入整体水平，缩小差距，科学实施分类付薪。

（一）提高高校教师工资收入整体水平

虽然不能恢复至民国时期“相当于一般劳动者收入的几十倍”① 或中华人民共和国成立初期“大约十倍于普通劳动者”② 的水平，甚至 2002 年的“不足两倍”③，但是必须改变当前高校教师工资收入低于或将要低于社会平均水平的问题。例如 2010 年北京社会建设分析报告指出，2008 年北京市高校讲师的平均月收入在 4000 元左右，低于统计局公布的北京市城镇在岗职工月平均工资 4694 元。④ 近年来我国学术职业收入年均增长 3. 5%，低于全国多个行业收入增长率（各行各业收入增长率在 3. 5%至 6. 21%之间），同期美国学术职业的工资年增长率达到 5. 21%，是其他非学术职业工资年增长率的两倍⑤，截至 2012 年，美国高校教师平均工资在 22 个行业中排名第 5，是美国各行各业平均工资的 1. 6 倍⑥。近年来，我国多次调整机关事业单位工资向基层倾斜，相对来说，高校教师工资收入调整力度不强。要提高我国高校教师工资收入在国际学术人才市场中的竞争力，必须加大政策力度，提高高校教师工资收入增长率，使其处于劳动力市场平均薪酬的前 50%，至少保持在 25%~50%，保持其领先型工资水平，而非匹配性甚至拖后型工资收入水平。

---

① 吴岩，沁泉．人力资本与教授收入［J］．北京：人口与经济，2000（4）：22.

② 袁顺奎．对高校教师社会和经济地位的反思［J］．上海：上海青年管理干部学院学报，2001（3）：18-20.

③ 中国统计年鉴．http：//www. stats. gov. cn/yearbook2003.

④ 陆学艺，张荆，唐军．2010 年北京社会建设分析报告［M］．北京：社会科学文献出版社，2010：62-63.

⑤ Howard Bowen. Academic Compensation：Are Faculty and Staff in America Higher Education Adequately Paid［R］. Teacher Insurance and Annuity Association，1979.

⑥ United States Department of Labor May 2012 National Occupational Employment and Wage Estimates United States［DB/OL］.［2016-10-17］. http：//www. bls. gov/news. release/ocwage. htm.

（二）缩小高校教师工资收入差距

高校教师工资收入差距主要体现在行政职务、学科差异以及职称等级等方面，要理顺不同行政职务、不同学科专业、不同职称等级教师间的工作关系，需要从宏观层面深入改革。从高校层面来说，缩小工资收入差距较为直接有效的手段是调整工资结构，改变目前高校教师工资项目繁杂（包括国家工资、校内津贴、职务补贴、房租补贴、住房补贴、附加津贴、书报费、洗理费、政府津贴、特聘教授津贴以及奖金酬金等等）的现状，参照美国高校基本工资所占比例（美国大学基本工资所占薪酬比例达50%~60%，公立大学这一比例高达80%），将高校教师基本工资比重由当前的10%~30%（尤以15%~20%最为集中）努力提升至50%-60%，同时减少绩效薪酬比重，例如2013年清华大学、北京大学、中山大学等10所高校教师的绩效薪酬比重均大于30%，远远高于美国的5%~15%。① 我国高校应当贯彻落实《国务院批转发展改革委等部门关于深化收入分配制度改革若干意见的通知》（国发〔2013〕6号），积极完善薪酬待遇制度，“调整优化工资结构，降低津贴和补贴所占比例，提高基本工资占比”。根据高校教师教学、科研和社会工作长效性等特点，依据学术职业精神属性，淡化高校教师工资收入的功利主义色彩，缩小高校教师工资收入差距。

（三）实施分类付酬

国际学术人才引进可依据人力资源类型实施分类付酬。大卫·里派克（David P. Lepak）与斯科特·斯奈尔（Scott A Snell）根据价值高低与独特性将人力资源划分为核心人力资源、普通人力资源、辅助人力资源和特殊人力资源四类，建议实施不同的薪酬管理模式（见图7-5）。② 国际学术人才作为高价值人力资源主要为学术领军人才与一般学术人才，前一种被认定为核心人力资源，是高校发展的中坚力量，可主要采取人才引进类型的聘任制，以自主协商方式给予较高工资提高竞争力，保证人才流入。而一般学术人才作为普通人

① 罗仲尤，刘樱．美国公立大学教师薪酬制度的特点与启示——以加州大学为例[J]．长沙：大学教育科学，2015（4）：28-31.

② David P. Lepak, Scott A. Snell. Examining the Human Resource Architecture: The Relationships Among Human Capital, Employment, and Human Resource Configurations [J]. Journal of Management, 2002, 28 (4): 517-543.

力资源，主要指一般教学研究人员和各类管理人员，可以采取事业单位制度下的聘任制，与国内学者公平竞争上岗，采取绩效付薪，保持绩效工资比例，提高激励力度。

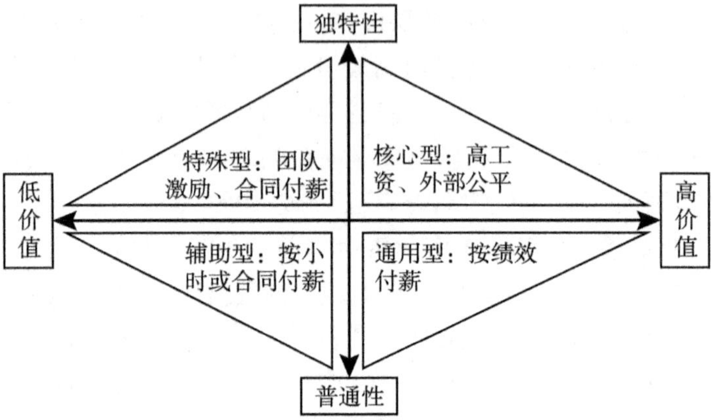

图 7-5　战略-核心能力-核心人才管理模型

三、完善福利项目体系

我国高校目前福利项目可以主要划分为现金补贴类、服务类、发展类与保险类（见表 7-3）。为贯彻实施福利项目体系，我国高校应当学习国外先进经验，保障学术职业国际竞争力，并逐步构建自助式福利账单。

表 7-3　**高校教师福利项目**

项目类别	具体内容
现金补贴类	住房公积金、购房补贴、租房补贴、购车补贴、交通补贴、午餐补贴……
服务类	解决配偶工作、子女入学问题、健身保健计划、教师食堂、免费交通车……
发展类	休假（年假、学术休假、产假）、学习进修……
保险类	（补充）养老保险、医疗保险、失业保险、工伤保险和生育保险……

一方面，学习国外先进经验。其中英国、澳大利亚、新西兰、南非、加拿

大、中国香港地区五个国家和地区高校教师养老保险、医疗保险、休假以及其他各种福利制度，具有较强的借鉴意义（见表 7-4）。尤其是“休假”福利，必要时应当按比例强制实施，保障教师得到充足“闲暇”养精蓄锐，致力于实现更高层次的学术目标。

表 7-4　**部分国家和地区高校教师福利现状①**

	养老保险	医疗保险	休假	其他
英国	个人缴纳 6%~6.35%	国家卫生保健系统，无补充医保	两次年假共 52~70 天；（6 年一次）6~12 个月学术休假；带薪产假 39 周，带薪陪产假 10~30 天，无薪陪产假 3~6 个月	大学奖金，眼科福利，搬家津贴，育儿津贴
加拿大	个人缴纳 3%~9%	全民医疗与附加医保	年假 11~30 天；3 年休半年，6 年休一年学术休假；带（95%）薪产假 3~12 个月；事假 10 天	眼科、牙科补贴，搬家补贴、人寿保险、残疾津贴、子女入学、雇员资助项目、专业发展津贴和全球医疗资助项目等。
南非	高校全额支付，或个人支付 7.5%	高校全额支付	年假 21~50 天；（5 年一次）1~3/6~12 个月学术休假；带薪产假 3~6 个月，陪产假 10 天；家庭假；照顾性准假	住房津贴、子女学费、搬家津贴和奖金，人寿保险，手机和电脑
澳大利亚	个人支付 0%~7%	全民医疗保险	年假 20~40 天；长期服务假；学术休假 4~12 个月；产假 1~5 年，带薪 16~24 周，陪产假 10 天	奖金、手机、电脑

① 参考：梁爱华．英联邦五国大学教师的薪酬水平及福利情况［J］．世界教育信息，2010（11）：41-45；姜海珊．香港公立高校教师薪酬制度与激励机制及启示［J］．高教探索，2012（3）：57-61.

续表

	养老保险	医疗保险	休假	其他
新西兰	个人支付3%	国民医疗保健体系，无补充医保	年假20~30天；3年休半年，6年休一年学术休假；带薪育儿假30~90天，无薪育儿假6~12个月	个别高校提供搬家补贴、子女学费补贴
中国香港地区	“约满酬金”，个人支付5%	三类医疗福利，保障40万港元以内医疗费用	年假22~26天；（3年以上）学术年假2~6个月	住房补贴1万~4万港元/月改为综合现金津贴（含住房津贴与子女教育津贴）

另一方面，构建自助式福利账单。为了满足高校教师个性化需求，根据福利成本设计“自主福利体系”，将教师福利标准折合成点数，形成较为全面的“福利账单”，各位教师根据实际需要用福利点数“购买”所需福利项目，减轻高校福利投入的同时，实现高校与教师双赢的局面。

第四节 规范高校教师聘期考核制度，防止“逆淘汰”

由于我国高校教师聘期考核制度出现“逆淘汰”现象，为保障考核的正面效用，必须严格执行聘任合同相关要求，将其作为考核依据，实现考核主体多元化与考核流程规范化，公开考核结果，考核等级与教师管理挂钩，防止“逆淘汰”，实现优胜劣汰。

一、考核理念：人本位

聘期考核的目标不仅仅是“择优汰劣”，更要注重激励和推动教师专业发展，实现高校教师能力提升与高校发展同步，立足“人本位”，实现“以人为本，共同发展”。

一方面，制定一对一自助式考核内容。高校可根据国际学术人才的科研水平、教学能力乃至个人偏好，以及高校发展需要，在聘任前确定学术人才岗位类别，实施分类管理，将其划分为教学为主型、教学与科研并重型、科研为主型、行政管理类等几大主要类别，并根据不同类别划定工作内容，通过聘任合同的方式加以确定。在考核过程中坚持尊重合同管理的原则，明确高校教师的责任与义务，要求其按照合同履行职责。既要打破“铁饭碗”“大锅饭”，也要体现聘期考核的人文主义色彩，弘扬以人为本的管理理念。

另一方面，设置分类梯级考核指标。一是根据国际学术人才受聘岗位，以及职务职称级别，合理设计不同层次业绩要求，例如教授、副教授、讲师等不同职称业绩要求比例可以控制在 1.2∶1∶0.8 左右，实行能者多劳、多劳多得；二是实施关注过程的中期考核（第一个聘期结束前）与关注结果的终期考核（第一个聘期结束前）。由于高校教师工作具有长效性特征，且科学研究、人才培养、管理服务不能立竿见影，需要投入大量时间精力，需要较长周期，因而，中期考核应当关注过程，考核结果发挥约束、导向、警示作用；终期聘期则应当适度关注结果，加大对科研产出、教学效果和管理服务工作效果的考察。聘期考核结果汇总并作为是否续聘的依据时，中期考核与终期考核结果应当按照一定的权重比例（3∶7 或 2∶8）进行计量，根据计量结果确定考核等级（不合格、基本合格、合格、良好、优秀），实施奖励、续聘、低聘、改聘或解聘。

二、考核依据：聘任合同

人事制度改革后高校与教师间人事关系发生深刻变革，由身份关系变为契约关系，由行政隶属关系转变为聘任合同法律关系，这种关系的主要依据是聘任合同。聘任合同是高校与教师通过自由平等协商确定的明确双方权利、责任与义务的协议。

聘任合同形式与内容的合法化是聘任合同作为考核依据的前提。聘任合同作为聘期考核基本依据应当以“高校教师聘任办法”“大学章程”甚至法律的形式加以确定。各个高校在人才引进过程中，积极妥善处理聘任合同的签订、履行、解除、法律救济等工作，在同一格式下，有针对性地详细规定受聘人与高校双方的权利义务，包括受聘职务职称、年在校时间限制、聘期年限、薪酬绩效、工作条件、工作内容、工作要求、续聘/晋升条件、解聘条件等。聘任合同中应当避免语义模糊、权责不清的情况，且在双方达成共识的基础上签订，以避免聘任合同纠纷。

其次，聘任合同的法律效力是聘任合同作为考核依据的基础。聘任合同一旦签订，即具备法律约束力，成为高校与教师劳动关系的基本保障，聘期考核的内容也就得到了规制。例如，聘任合同明确规定“非升即走”“聘期考核等级为不合格，高校具有解聘教师的权利”“乙方（受聘人）必须完成不低于我校规定的教授职称的年最低工作量”“乙方（受聘人）必须保证全职到校”，将会优化聘期考核标准、减少高校劳动纠纷。

三、考核主体：多元化

打破传统的个人考核为主，院校审查为辅的考核方式，实现考核主体多元化。一是在教学考核中以学生为考核主体，将“学生评教”作为考核的重要内容，实施考前动员、考中审查、考后落实，将学生意见作为聘期考核结果的重要构成部分，激发学生的主人翁意识，提高学生评教积极性。二是在科研考核中以校外同行专家与院系同事为考核主体，尤其要重视和落实校外同行评议办法，同时结合院系同事匿名评审办法，要求学院内职称不低于被评审人的教师参与评审；三是有效利用自主评价，明确个人职责义务，申明材料造假行为后果，避免个人利益冲突导致的学术失范行为；四是在院校评审中以高校人才工作小组为考核主体，树立考核主体意识，重视考核程序公正、保证考核结果利用效率，多层次、多方位、多角度实施教师考核。实现考核主体多元化，有助于较大程度上避免人情羁绊导致考核流于形式的问题。

由于学生、同事、院系/学校人才工作小组成员均与考核对象有直接接触，可能存在一定的矛盾问题，为避免“打击报复”，从而降低考核结果科学性与可信性，可采取“掐头去尾”的方式去掉一定比例的最高值和最低值，或者去掉与整体评价不符的异常值，取平均值作为考核结果。同样，要严格遵循校外同行“六不准”原则，保证校外同行评议的真实性与可靠性。

四、考核流程：规范化

程序正义是实质正义最大的依傍。规范考核流程就是最大程度上保证考核方式、考核过程、考核结果的正义。规范的考核流程应当包含考前通知动员、成立考核工作小组、分类实施多元主体考核、汇总考核结果、确定考核等级、公开考核结果、申诉/仲裁等程序（见图 7-6）。

首先，考前通知动员程序。高校应当在考核前一定时间内（如聘期结果前 30~90 天）通知考核对象、使其及时总结工作内容，完善相关考核材料，以便院系及时利用工作会议、院系活动等机会公布考核对象、考核内容、考核后果等，动员学生、教师等考核主体积极参与评审，以客观公正的态度认真对待聘期考核。其次，成立院系、学校考核工作小组，认真筛选小组成员，筛除与考核对象有利益冲突、学缘关系的相关人员。再次，分类实施多元主体考核，针对聘任合同规定的工作内容与业绩要求，制定相应的考核评价指标体系，分头开展学生评教、同行评议（针对科研）、院系行政考核、自我评价

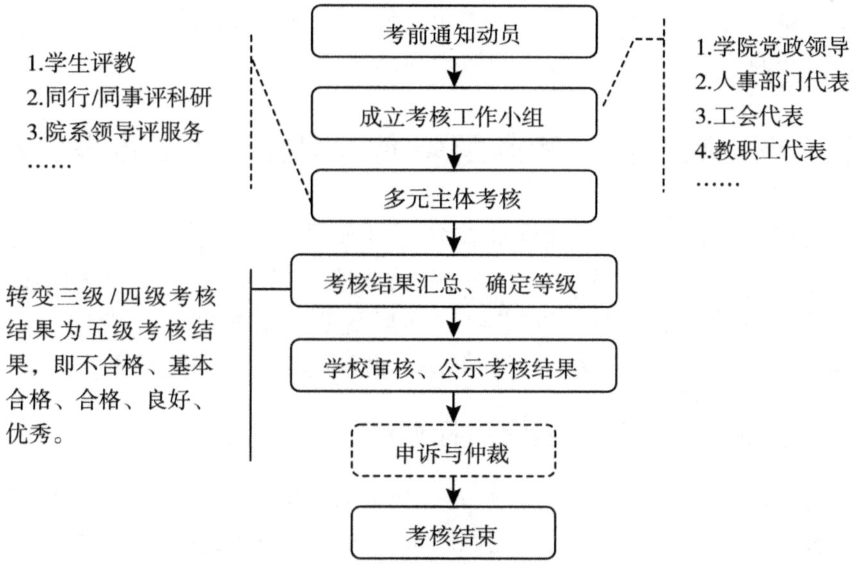

图 7-6　高校教师聘期考核程序

等。第四，由院系对多元主体考核结果进行总结，剔除异常值或最高最低值，并确定各自权重，计算最终考核得分，根据预先设置的考核标准，确定考核等级。第五，由学校考核工作小组对院校提供的考核结果进行审核，公布考核结果，并设定一定的公布时限，如7~30天。最后，公示期间，考核对象对考核结果存有异议，应当在公示期内向学校考核工作小组或高校劳动争议仲裁委员会递交仲裁申请，也称之为申诉，再次审查考核结果，必要时向考核对象提供匿名的未经汇总的原始考核结果，以及考核结果汇总办法。仍不能达成一致的，考核对象仍可向学校相关部门或上级教育行政部门提出申诉，要求重新审核处理考核结果。

五、考核结果：公开与适用

确定考核等级、形成考核结果并非国际学术人才聘期考核的最终目标，考核结果应当成为教师管理下一步的依据，因而要求较高的认可度。为此，学校审核后应当及时公开考核结果，必要时公布考核实施细则与未汇总的匿名考核结果。以便存有异议的考核对象以及其他相关人员提出申诉、要求仲裁与法律诉讼。经过进一步调整与完善，最终达到考核主体与考核对象双向认可，以便进一步开展工作。同时，为提高考核结果的适用性，提升聘期考核激励作用，将原本仅作为是否续聘的依据的三级或四级考核结果转变为五级考核结果，即不合格、基本合格、合格、良好、优秀，分别对应解聘、低聘、缓聘、续聘和奖励，真正意义上实现聘期考核的激励与惩罚作用。

第五节　完善高校教师解聘退出制度，保证合理流动

为完善解聘退出制度，保证高校教师合理退出，高校应该全面制定“涉及政治底线”“学术道德失范”“难以践约或违规违约”三个方面的解聘退出标准，规范解聘前置程序、实施程序和后置程序，扩宽再就业渠道、设置“校内绿卡”、探索“失业补偿金”办法，做好解聘退出安置工作。

一、完善高校教师解聘退出标准

面对当前解聘退出标准零星散布、语焉不详的情况，高校应当尽快推出或完善高校教师解聘退出标准，并在国际学术人才聘任前通过聘任合同加以文字说明，形成契约、达成共识，以避免由于缺乏解聘依据导致的人事矛盾，甚至出现法律诉讼，间接增加人才引进成本。

表 7-5　　**高校教师解聘退出主要标准**

标准	具体内容
涉及政治底线	公开诋毁或抨击社会主义、中国共产党；公开宣扬西方极端意识形态；参与非法组织/活动；在重大事件中立场动摇……
学术道德失范	招聘/考核材料造假；科研项目造假；严重违反师德；严重社会道德问题；学术贪污、学术腐败……
难以践约或违规违约	年在校时间低于最低限度；身心健康问题导致的难以履行工作认为且服务年限较短；同时身兼数职，未能履行相应职务……
	聘期考核不合格或联系两个聘期考核基本合格；学术成果数量质量为达到最低要求；重大教学、科研事故主要责任人……

明确高校教师解聘退出三维标准（参见表 7-5），即涉及政治底线、学术道德失范、难以践约或违规违约。三维标准设定应当遵循以下原则：一是政治底线，绝不放松。坚决解聘潜在西方敌对势力，以防我国人才储备资源（高校学生）受到西方敌对势力有意引导而误入歧途，防止西方意识形态渗透。

二是道德问题，一票否决。坚决打击学术造假、学术腐败，以及其他重大道德失范行为，国内高校应当积极合作，对国内外重大学术道德问题责任人进行汇总，共同构建“学术失范人员黑名单”，使学术失范人员失去藏身之所。避免类似千人计划入选者张××2011 年、2016 年先后在苏州大学、云南大学涉嫌学术造假，反复浪费国家资源的现象。三是科学考核，照章淘汰。严格按照聘任合同相关规定实施聘期考核，对于违反合同约定，不能践约或违规违约的人员实施解聘，保证解聘有法可依，有据可凭。

二、规范高校教师解聘退出程序

高校教师解聘退出程序主要包括解聘前置程序、解聘实施程序和解聘后置程序，各程序同时包含数个重要步骤。根据正当程序原则，规范解聘退出程序是我国高校教师聘任制度建设的最后关卡，是实现高校教师聘任正义，提升国际学术人才引进效益的重要途径（见图 7-7）。

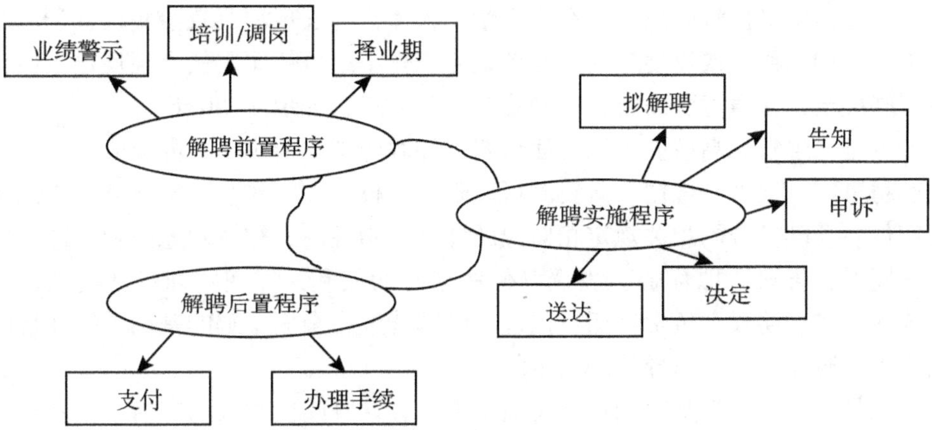

图 7-7　高校教师解聘退出规范程序

（一）解聘前置程序

首先，业绩警示，也称之为退出预警，是指当高校教师行为表现达到解聘退出标准（参见表 7-5），尤其是年度考核、聘期考核出现基本合格的情况，高校应当书面或口头警告，督促教师在一定时限内加以改正或加强工作力度、提高学术产出，争取在下一个年度考核或第二个聘期考核中表现突出，以降低被解聘的概率，减少国际学术人才流失频率。业绩警示既符合自然正义原则或者正当程序原则，也体现了以人为本的高校教师管理理念。

其次，培训/调岗，是指当高校教师行为表现符合解聘退出标准，高校可通过培训或调岗的方式实施缓聘，为其提供一定时限的缓冲期，同时规定培训后仍不能胜任相应工作职务的予以解聘，同意调岗并能够履行调岗后工作职务的，可调整工作岗位，同时变更聘任合同。调岗后的国际学术人才通过学习深造或自我努力，其学术水平达到所在高校教师准入资格的，可申请参加公开招聘，通过聘任审查后再次变更聘任合同。

最后，择业期，是指当高校教师行为表现符合解聘退出标准，且不同意调整岗位、变更聘任合同的，调岗后不能履行岗位职责的，或高校暂时没有适宜的岗位空缺的，高校可为其提供 3 至 6 个月的择业期，以供国际学术人才在国内相关高校或其他行业流动，尽可能实现人尽其才、物尽其用，减少国际人才流失。择业期内，高校提供基本工资，择业期满后，高校可实施解聘。

（二）解聘实施程序

一是，做出拟解聘决定。在国际学术人才行为表现涉及政治底线、学术道德失范、难以践约或违规违约，高校人才工作小组可依照聘任合同规定，做出拟解聘决定，并通过张贴公告、网络公示等方式，公示 7~30 天。

二是，告知。高校应当以书面形式告知教师拟解聘决定，内容应当包括拟被解聘事实、理由、依据，必要时可以附上高校人才工作小组拟解聘工作记录复印件、与聘任合同相关规定相对应的详细解聘理由、被解聘原因相关证明材料。同时，告知“拟解聘”教授其依法享有的权利，详细罗列权利类型及其形式的方式、期限、负责部门，以确保教师能够在全面了解的基础上行使自己的权利，避免权责不清导致的人事纠纷。

三是，申诉。教师收到拟解聘通知书后，认真阅读相关内容后，仍然对被解聘决定持有异议，有权利进行申诉，包括非正式申诉和正式申述。其中非正式申述是指将申述文件、证明材料递交到校人才工作小组或其他相应人事部门，通过协商、仲裁等方式对解聘依据有误、解聘程序不公、解聘材料造假等解聘行为进行纠正，取消解聘决定。正式申诉则是指教师直接向人事仲裁部门提出仲裁或向教育行政部门提出行政诉讼，甚至提出法律诉讼。

四是，决定。高校人才工作小组或相关人事部门做出拟解聘决定后，按照规范程序向校长提供拟解聘事实、依据、理由，由依法享有人事解聘权的高校校长，对事实清楚、证据确凿、依据充分、定性准确的拟解聘决定做出最终正式决定。

五是，送达，正式解聘决定确定后应当以书面形式送达至被解聘教师，送达方式多种多样，包括现场送达、邮寄送达、留置送达、公告送达等，但是必须留存证明材料。同时解聘决定送达之日起，被解聘事实生效。

（三）解聘后置程序

一是支付，即正式解聘决定生效后，高校应做好后续服务工作，按照相关规定，积极主动支付相应报酬、处理有关待遇、给付经济补偿、做好五险一金衔接工作，做到有始有终，保障教师权益。

二是，办理手续，是指解除聘任关系，转移工作档案，接管福利住房等其他相关问题，避免因后置程序出现漏洞导致遗留问题。

三、做好高校教师解聘退出安置

由于上述高校教师解聘退出规范程序中已经包含了部分安置工作，在此提出安置主要指扩宽再就业渠道与健全社会保障体系。

（一）扩宽高校教师再就业渠道

首先，建立多元交流机制，拓宽教师再就职渠道。高校应当积极加强与其他高校、事业单位、政府部门、企业间的沟通与交流，共建海外高层次人才资源库，实施人才资源共享，实现国内人才流动自由化。在部分教师聘期考核等级较低、考核结果不合格或基本合格的情况下，鼓励或推荐教师流入其他层次一般、人才资格准入标准较低的高校，实现“内销转外销”、防止人才流失。

其次，拓展多元退出方式，保障教师稳定流动。除直接解聘外，缓聘、低聘、改聘也是重要的高校教师退出方式。缓聘是指考核基本合格、岗位任务完成、学习深造、健康问题导致的暂不能履行工作职责的教师，暂时（通常为1年）保留任职资格，需再次竞聘上岗，竞聘失败则低聘或解聘。低聘则是不能履行或明显低于任职要求，有重大工作失误的教师实行至少低于原职务/职称一级聘任，一个聘期后再次确认其任职资格。改聘则是指对于不能胜任教学、科研任务等专业技术职务改聘为行政管理岗或工勤技能岗。对于不能胜任工作职能，符合解聘退出标准的国际学术人才，应该改变“一刀切”的解聘方式，转而根据高校发展需要以及人才个人意愿采取缓聘、低聘、改聘等多元退出方式。

最后，提供免费再就业培训，做好相关服务工作。一方面，提供免费再就业培训，对国内其他高校、政府部门、企事业单位进行免费推介，对国内就业渠道进行宣传，对就业求职办法进行指导，使国际学术人才能够找到满意的去向，对求职就业有一定的了解，能够顺利实现再就业。另一方面，高校利用“就业信息与服务中心”等部门机构，向拟解聘人员提供其他相关就业信息与服务，实现人才再流动。

（二）积极探索“失业补偿金”办法

高校应当提供常规的“五险一金”，并提高支付比例和金额，使国际学术人才入境后能够实现老有所养、病有所医、失业有保、生育有养、工伤有赔、居有所补。除此之外，高校还应该针对国际学术人才积极探索“失业补偿金”制度，以补偿学术人才国际迁移成本。以“收定支、略有结余”的原则，从国际学术人才年收入中提取一定比例，构成“失业补偿基金”，为可能被解聘的高校教师提供除常规失业保险以外的第二重保障，确保教师安心乐业，退有所偿。高校着手创新“校内绿卡”制度。利用国内大部分高校具有附属医院、幼儿园到大学一系列教育机构等优势，为国际学术人才提供全方位生活服务，确保国际人才在高校间流动时能够实现相应福利的衔接。

小　　结

面对我国高校教师聘任制度对学术人才回流的制约，我们应该试图从五个方面完善高校教师聘任制度。一是重构高校教师资格准入指标体系，保障人才引进质量；二是修正高校教师招聘流程，保障招聘程序正义；三是提高高校教师薪酬绩效水平，提高学术职业国际竞争力；四是规范高校教师聘期考核制度，防止“逆淘汰”；五是完善解聘退出制度，保证高校教师合理流动。

由于研究从中观视角出发，将高校作为国际学术人才引进重要主体，将高校教师制度作为人才回流的中介桥梁，因而，上述对策建议聚焦于高校层面，提高针对性的同时，难免欠缺一定的全面性。事实上，要扭转我国学术人才流失形势，高校是重要主体，而非唯一主体，需要与政府部门、民间组织形成合力，共同发挥作用。

结语与展望

第一节　主要研究结论

在经济全球化与高等教育国际化大背景下，在国际形势与国家安全、高等教育市场竞争、文化意识形态博弈、科学技术进步以及高等教育发展等促进因素推动下，世界范围内人才抢夺越发激烈，国际学术人才市场初具规模，学术人才国际环流趋势明显，人才回流目标有望实现。实现国际学术人才回流，落实高校人才聘任自主权成为战术选择，完善高校教师聘任制度则成为重要手段。基于以上考量，研究重点审视了学术人才国际流动与高校教师聘任制度之间的关系，得出以下结论：

第一，人才国际流动动因主要有迁移行为可采用性、触发器、经济收益、个人发展、失业可能性影响，具体到高校教师聘任制度，则主要受资格准入、公开招聘、薪酬绩效、聘期考核、解聘退出制度影响。

第二，在学术人才国际流动 RRRED 理论模型的基础上，构建计量模型，可以发现，我国国际学术人才引进效益与高校教师聘任制度呈显著相关性，当国际学术人才对资格准入、公开招聘、薪酬绩效、解聘退出制度的评价越高，其工作满意度、学术产出数量质量、再流失可能性、“以才引才”可能性提高。值得注意的是，学术人才国际流动与聘期考核呈负相关关系，表明我国高校教师聘期考核制度存在“逆淘汰”效应。

第三，根据高校教师聘任制度文本与相关访谈结果，我国高校教师资格准入、公开招聘、薪酬绩效、聘期考核、解聘退出制度在实践中不断完善，取得了一定成绩，并表现出不同特征。

第四，当前我国高校教师聘任制度尚存在一定问题，制约了人才回流。我国高校教师聘任制度存在的问题主要表现为，资格准入制度存在政治责任与学术自由间的矛盾冲突、工具理性与价值理性间的矛盾冲突、筛选需要与人才紧缺矛盾冲突；公开招聘制度存在招聘信息不对称、个人申请材料造假、学院审核“学缘关系”影响、学校审批行政权力与学术权力等问题；薪酬绩效制度，科研经费投入与管理水平不高，工资收入贫富差距较大、国际水平不高，福利保险水平不高、制度不完善；聘期考核制度，考核标准科学性不强、考核程序公正性不显、考核结果利用率不高；解聘退出制度，解聘退出标准流于形式、解聘退出程序不合理、后续保障不健全。

第五，完善高校教师聘任制度，吸引国际学术人才回流，应当从五个方面着手。一是重构高校教师资格准入指标体系，保障人才引进质量；二是修正高校教师招聘流程，保障招聘程序正义；三是提高高校教师薪酬绩效水平，提高学术职业国际竞争力；四是规范高校教师聘期考核制度，防止“逆淘汰”；五是完善解聘退出制度，保证高校教师合理流动。

第二节　研究不足与展望

一方面，研究样本数量较少。由于我国尚未构建国际学术人才资源库，研究样本（国际学术人才）分布松散，联系方式难以获取，且部分国际学术人才工作繁重，无暇积极配合相关研究。研究者通过各种途径试图获得扩大研究范围，最终也只获取了一部分研究数据。虽然为了减少研究样本数量不足对研究结论的限制，研究采用了能够根据自定义编程语言进行数据分析的 R 软件，但是要进一步提高研究结论的信效度与适用性，必须提高扩大研究范围，提高研究样本数量。随着“大数据”技术发展与国际学术人才资源库建设，本人将持续关注相关研究领域，争取扩大研究范围，提高样本数量，以进一步提升研究结论的信效度。

另一方面，研究结论的适切性还有待加强。由于本人自身知识能力不足，以及研究时间限制，研究内容集中于高校层面，主要针对高校教师聘任制度，导致研究的理论深度，尤其是研究结论的适切性还有待加强，主要表现为，对学术人才国际流动的社会关系等个人动因，以及社会经济发展等宏观动因的关注不足。未来，研究将深化研究内容，扩展研究深度。积极利用国际学术人才数据库，通过大数据分析，获取回流人才的个体特征，以便为相关决策提供参考。同时，关注我国人才签证政策，这是此次研究过程中，访谈对象多次提及的一个主要问题，但是由于超出高校权限范围，故而未列入此次研究范围。

参 考 文 献

中 文 文 献

著作类

[1] [德] 包尔生. 德国大学与大学学习 [M]. 张弛, 郑海霞, 耿益群, 译. 北京: 人民教育出版社, 2009.

[2] [德] 柯武刚, 史漫飞. 制度经济学——社会秩序与公共政策 [M]. 韩朝华, 译. 北京: 商务印书馆, 2000.

[3] [德] 马克斯·韦伯. 经济与社会 (上卷) [M]. 北京: 商务印书馆, 1998.

[4] [德] 伊曼努尔·康德. 答复这个问题, 什么是启蒙运动 [M]. 何兆武译, 江怡, 理性与启蒙——后现代经典文选. 北京: 东方出版社, 2004.

[5] [美] W. 理查德. 斯科特. 制度与组织——思想观念与物质利益 [M]. 北京: 中国人民大学出版社, 2011.

[6] [美] C. 赖特·米尔斯. 社会学的想象力 [M]. 陈强, 张永强, 译. 北京: 生活·读书·新知三联书店, 2001.

[7] [美] Charlotte Danielson, Thomas L. McGreal. 教师评价 [M]. 陆如萍等, 译. 北京: 中国轻工业出版社, 2005.

[8] [美] G. 邓肯. 米切尔. 新社会学词典 [Z]. 蔡振扬等, 译. 上海: 上海译文出版社, 1987.

[9] [美] 阿特巴赫等. 全球高等教育趋势: 追踪学术革命轨迹 [M]. 姜有国等, 译. 上海: 上海交通大学出版社, 2010.

[10] [美] 伯顿·克拉克. 建立创业型大学: 组织上转型的途径 [M]. 王承绪, 译. 北京: 人民教育出版社, 2003.

[11] [美] 伯顿·克拉克. 高等教育系统——学术组织的跨国研究 [M]. 王承绪，译. 杭州：杭州大学出版社，1994.
[12] [美] 道格拉斯·C. 诺斯. 制度、制度变迁与经济绩效 [M]. 李强，译. 上海：上海三联书店，1996.
[13] [美] 道格拉斯·C. 诺斯. 经济史中的结构与变迁 [M]. 陈郁等，译. 上海：上海三联书店，1994.
[14] [美] 菲利普·G. 阿特巴赫. 失落的精神家园：发展中与中等收入国家大学教授职业透视 [M]. 施晓光等，译. 北京：中国海洋大学出版社，2006.
[15] [美] 菲利普·G. 阿特巴赫. 变革中的学术职业：比较的视角 [M]. 别敦荣等，译. 青岛：中国海洋大学出版社，2010.
[16] [美] 菲利普·G. 阿特巴赫. 国际学术职业：十四个国家和地区概览 [M]. 周艳，沈曦，译. 北京：中国海洋大学出版社，2008.
[17] [美] 菲利普·阿特巴赫. 高校教师的薪酬：基于收入与合同的全球比较 [M]. 徐卉，王琪，译. 上海：上海交通大学出版社，2014.
[18] [美] 菲利普·阿特巴赫等. 全球高等教育趋势：追踪学术革命轨迹 [M]. 姜有国等，译. 上海：上海交通大学出版社，2010.
[19] [美] 克拉克·科尔. 大学的功用 [M]. 陈学飞，译. 南昌：江西教育出版社，1993.
[20] [美] 塞缪尔·亨廷顿. 变革社会中的政治秩序 [M]. 李盛平等，译. 北京：华夏出版社，1988.
[21] [美] 维斯特. 一流大学卓越校长：麻省理工学院与研究型大学的作用 [M]. 蓝劲松，主编. 北京：北京大学出版社，2008.
[22] [美] 约翰·范德格拉夫等. 学术权力——七国高等教育管理体制比较 [M]. 王承绪等，译. 杭州：浙江教育出版社，1989.
[23] [美] 约翰·S. 布鲁贝克. 高等教育哲学 [M]. 王承绪，译. 杭州：浙江教育出版社，1998.
[24] [日] 青木昌彦. 比较制度分析 [M]. 周黎安，译. 上海：上海远东出版社，2002.
[25] 陈洪捷. 德国古典大学观及其对中国的影响 [M]. 北京：北京大学出版社，2006.
[26] 丁学良著. 什么是世界一流大学 [M]. 北京：北京大学出版社，2004.
[27] 高兆明. 制度伦理研究·一种宪政正义的理解 [M]. 北京：商务印书

馆，2011.
[28] 耿益群．美国研究型大学学术职业的制度环境研究［M］．北京：北京出版社，2007.
[29] 郭丽君．全球化下的跨国高等教育——视点、问题与中国的应对［M］．北京：中国社会科学出版社，2009.
[30] 郭丽君．大学教师聘任制——基于学术职业视角的研究［M］．北京：经济管理出版社，2007.
[31] 何亚平．上海国际化人口研究［M］．上海：华东师范大学出版社，2012.
[32] 黄明东．研究型大学师资队伍发展研究［M］．武汉：武汉大学出版社，2011.
[33] 黄明东．中、美、法高校教师法律地位比较研究［M］．武汉：武汉大学出版社，2011.
[34] 孔宪铎．我的科大十年续集［M］．北京：北京大学出版社，2011.
[35] 李竞能．现代西方人口理论［M］．上海：复旦大学出版社，2004.
[36] 李志峰．学术职业与国际竞争力［M］．武汉：华中科技大学出版社，2008.
[37] 刘圣恩，马抗美主编．人才学简明教程［M］．北京：中国政法大学出版社，1987.
[38] 刘献君等．中国高校教师聘任制研究——基于学术职业管理的视角［M］．北京：科学出版社，2009.
[39] 陆学艺，张荆，唐军．2010年北京社会建设分析报告［M］．北京：社会科学文献出版社，2010.
[40] 吕晨．人口的迁移与流动——人口空间集疏的机理研究［M］．广州：中山大学出版社，2014.
[41] 吕思勉．吕著中国通史［M］．上海：华东师范大学出版社，1992.
[42] 倪鹏飞．人才国际竞争力：探寻中国的方位［M］．北京：社会科学文献出版社，2010.
[43] 潘晨光．中国人才发展报告［M］．北京：社会科学文献出版社，2011.
[44] 王春艳．美国高校学术职业解读［M］．南京：东南大学出版社，2012.
[45] 王德劲，陈晓毅．人才外流的经济影响问题研究［M］．北京：中国社会科学出版社，2013.
[46] 王辉耀．建言中国：海外高层次留学人才看中国［M］．北京：东方出版

社，2010.
[47] 王辉耀．当代中国海归［M］．北京：中国发展出版社，2007.
[48] 王辉耀．国际人才蓝皮书·中国国际移民报告（2015）［M］．北京：社会科学文献出版社，2015.
[49] 王辉耀．国家战略：人才改变世界［M］．北京：人民出版社，2010.
[50] 王辉耀．人才战争［M］．北京：中信出版社，2009.
[51] 王通讯．人才学通论［M］．天津：天津人民出版社，1985.
[52] 吴鹏著．学术职业与教师聘任［M］．北京：中国海洋大学出版社，2006.
[53] 武博．当代中国人才流动［M］．北京：人民出版社，2005.
[54] 叶忠海等．人才学概论［M］．长沙：湖南人民出版社，1983.
[55] 张英丽．学术职业与博士生教育［M］．武汉：华中科技大学出版社，2009.
[56] 赵曼．公共部门人力资源管理［M］．北京：清华大学出版社，2005.

期刊类

[1] Annamaria Silvanade Rosa. 博士生教育国际化的新形式：欧洲博士学位［J］．王福胜，庄丽君，译．学位与研究生教育，2011（1）．
[2] 哀顺奎．对高校教师社会和经济地位的反思［J］．上海青年管理干部学院学报，2001（3）．
[3] 白艳莉．海外人才引进：构建人力资源强国的重要路径——国际经验与启示［J］．生产力研究，2009（12）．
[4] 曹俊怀，杨聚鹏．教育国际化对我国高校教师管理制度影响的政策学分析［J］．当代教育科学，2014（17）．
[5] 曹雯雯，朱乐红．美国高校教师聘任制度及其评价［J］．湖南农业大学学报（社会科学版），2006（4）．
[6] 曾凤玲．试论高校教师聘任制度改革对学术评价的新要求［J］．高教探索，2009（5）．
[7] 查永军．高校教师考核目标的背离与纠偏［J］．教育发展研究，2011（23）．
[8] 陈德文．立足人力资源开发深化人事制度改革——兼谈北京大学人事制度改革意义及启示［J］．国家教育行政学院学报，2003（5）．
[9] 陈乐一等．薪酬理论及其对完善我国高校教师薪酬制度的启示［J］．高教探索，2011（2）．

[10] 陈如东，单正丰．高校教师绩效考核存在的问题及建议［J］．国家教育行政学院学报，2010（10）．

[11] 陈万明，冯承强．高校教师薪酬制度改革理性评析与展望［J］．复旦教育论坛，2006（4）．

[12] 陈亚玲．民国时期学术职业化与大学教师资格的检定［J］．高教探索，2010（6）．

[13] 陈艳．从北京大学人事改革方案看我国高校人事制度改革的必要性［J］．湖北社会科学，2004（1）．

[14] 陈越．国际学术人才市场中我国学术职业竞争力及其提升路径［J］．教育发展研究，2016（11）．

[15] 仇勇等．我国高校教师的薪酬制度改革研究——基于历史走势分析与国际经验借鉴［J］．国家教育行政学院学报，2015（10）．

[16] 崔波．论对高校教师公正考核的制度保障［J］．高教探索，2009（11）．

[17] 戴长征，王海滨．国际人才流动与人才安全问题［J］．经济社会体制比较，2009（6）．

[18] 丁文珍．美国教师聘任制状况研究［J］．外国教育研究，2002（9）．

[19] 杜学元等．论我国高校教师退出机制［J］．国家教育行政学院学报，2011（2）．

[20] 葛婧．改革争论、合法性竟争、利益表达渠道与制度变迁——从组织与个体劳动地位角度看 2003 年北京大学人事改革［J］．社会科学战线，2008（12）．

[21] 顾永红．美国大学教师聘任制度的变迁及启示［J］．中国行政学院学报，2012（10）．

[22] 顾远东等．绩效考核对高校教师工作满意度的影响：职业压力的中介作用［J］．管理学报，2010（1）．

[23] 郭卉．高校教师聘任中的利益关系及其制度调整［J］．高等教育研究，2007（10）．

[24] 郭为禄，刘恋．论高校教师聘任程序法制化［J］．教师教育研究，2008（5）．

[25] 韩亚菲，马万华．北京市高校教师国际流动的现状及其影响因素的实证研究［J］．中国成人教育，2015（13）．

[26] 郝英奇，邱岚．大学教师退出机制改革的国际比较［J］．学术交流，2012（3）．

[27] 何斌. 从教师"进"与"出"谈我国高校教师聘任制度改革 [J]. 教育发展研究, 2005 (7).
[28] 黄福涛. 中日韩大学教师国际化的比较分析 [J]. 现代教育论丛, 2014 (6).
[29] 黄明东. 北美地区高校教师发展状况探析 [J]. 高等教育研究, 2008 (6).
[30] 黄明东等. 美国高校教师参加学校管理的制度保障探析 [J]. 中国高教研究, 2014 (1).
[31] 黄乃文. 当前我国高校教师绩效考核的现存问题及对策 [J]. 高教探索, 2010 (4).
[32] 黄泰岩, 程斯辉. 关于我国高校教师考核评价的几个基本问题 [J]. 武汉大学学报 (哲学社会科学版), 2008 (1).
[33] 黄旭华, 盛世明. 中世纪欧洲大学教师资格制度及启示 [J]. 清华教育研究, 2013 (1).
[34] 霍宝柱. 正确导向分层指导分类评审——改进与完善高校教师职务任职资格评价机制 [J]. 江苏高教, 1994 (5).
[35] 姬冰澌, 徐莉. 中国留美高层次人才回流不足问题探究 [J]. 教育学术月刊, 2014 (7).
[36] 贾永堂. 坚守还是弱化终身教职制度——美国高校教师聘任制改革动向 [J]. 高等教育研究, 2008 (12).
[37] 姜海珊. 香港公立高校教师薪酬制度与激励机制及启示 [J]. 高教探索, 2012 (3).
[38] 姜建明, 马竞飞. 美国高校教师考核与晋升探析 [J]. 学海, 2009 (6).
[39] 姜艳. 岗位聘任制下的高校专任教师准入与退出机制研究 [J]. 人力资源管理, 2015 (7).
[40] 姜勇, 康永祥. 美国爱达荷州立大学教师职业准入制度的改革与启示 [J]. 高教探索, 2007 (5).
[41] 蒋立杰, 黄明东. 论研究型大学教师队伍的国际化 [J]. 河北师范大学学报 (教育科学版), 2012 (2).
[42] 柯常青. 欧盟启动新一轮伊拉斯莫世界计划 [J]. 世界教育信息, 2009 (3).
[43] 孔宪铎, 理查德·F. 内维尔. 马里兰大学教师晋级和永久聘任校外同行评审制度应用的分析和建议 [J]. 科技导报, 1987 (2).

[44] 黎军，陈微．中美高校教师招聘制度的比较——基于耶鲁大学与北京大学教师招聘制度的分析［J］．教师教育论坛，2013（7）．
[45] 李碧虹，黄小忠．论大学教师薪酬分配制度中的观念冲突［J］．黑龙江高教研究，2007（10）．
[46] 李碧虹，舒俊，曾晓青．中美学术职业国际化的比较研究［J］．比较教育研究，2014（10）．
[47] 李碧虹．论大学教师薪酬制度的现状及优化［J］．大学教育科学，2009（2）．
[48] 李碧虹．人力资本理论：大学教师薪酬制度研究的新视野［J］．兰州大学学报（社会科学版），2008（4）．
[49] 李碧虹．我国大学教师薪酬制度的特征及优化［J］．中国高等教育，2010（7）．
[50] 李国强．德国学术交流中心推出促进博士后研究人员国际流动新举措［J］．世界教育信息，2014（19）．
[51] 李惠．中美高校教师绩效评价制度比较——以美国长滩加利福尼亚州州立大学为例［J］．上海政法学院学报（政法论丛），2014（6）．
[52] 李明欢．当代西方国际移民理论再探讨［J］．厦门大学学报（哲学社会科学版），2010（2）：5-12.
[53] 李醒民．价值的定义及其特性［J］．哲学动态，2006（1）．
[54] 李泽彧，陈杰斌．论高校教师专业技术职务聘任条件——基于地方本科院校制度文本分析［J］．国家教育行政学院学报，2015（9）．
[55] 李志峰，李菁华．我国高校教师薪酬激励制度价值取向的变迁［J］．黑龙江高教研究，2007（12）．
[56] 李志峰．论高校学术职业国际竞争战略及其表现［J］．扬州大学学报（高教研究版），2009（1）．
[57] 李子江，李子兵．国外高校教师队伍建设的经验与特色［J］．大学教育科学，2006（1）．
[58] 梁爱华．英联邦五国大学教师的薪酬水平及福利情况［J］．世界教育信息，2010（11）．
[59] 林杰．中美两国大学教师“近亲繁殖”之比较［J］．高等教育研究，2009（12）．
[60] 林琳．智力环流——人才国际流动“共赢”模式的新探索［J］．国外社会科学，2011（2）．

[61] 刘昌明，陈昌贵．韩国人才回流的社会成因及启示［J］．高等教育研究，1996（2）．
[62] 刘进，沈红．大学教师流动与学术职业发展：基于对二战后的考察［J］．清华大学教育研究，2014（2）．
[63] 刘进，沈红．大学教师流动与学术职业发展——基于对中世纪大学的考察［J］．高校教育管理，2015（3）．
[64] 刘进，沈红．中国研究型大学教师流动：效率、路径与类型［J］．复旦教育论坛，2014（1）．
[65] 刘蕾，江国．我国高校引进海外留学人才工作探究［J］．文教资料，2010（26）．
[66] 刘娜，邵光成．高校教师薪酬制度改革［J］．河海大学学报（哲学社会科学版），2005（3）．
[67] 刘天卓，桂润楠．高校引进的海外高层次人才工作满意度分析——基于Logistic回归模型［J］．研究生教育研究，2014（3）．
[68] 刘婉华等．高校教师工资待遇国际比较与思考［J］．清华大学学报（哲学社会科学版），2004（6）．
[69] 刘献君．高校教师聘任的制度设计——基于学术职业管理的研究［J］．高等教育研究，2008（10）．
[70] 刘晓璨，朱庆华，潘云涛．国际科技人才回流规律研究以“千人计划”入选者为例［J］．现代情报，2014（9）．
[71] 刘亚敏．论学术自由的人本价值［J］．教育研究，2014（2）．
[72] 刘业进．大学自由、学术评价和教师聘任晋升制度改革［J］．现代大学教育，2007（5）．
[73] 刘永林．我国高校教师解聘程序制度分析［J］．黑龙江教育，2011（1）．
[74] 刘永平．关于完善高校教师考核工作的思考［J］．扬州大学学报（高教研究版），2003（4）．
[75] 刘峥嵘等．辩证看待高校教师末位淘汰制［J］．科技管理研究，2007（10）．
[76] 龙献忠等．高校教师流失治理——基于“退出-呼吁-忠诚”理论视角［J］．高等教育研究，2014（6）．
[77] 卢铁城．实行教师聘任和职务晋升制度改革是建设高水平研究型大学的必由之路［J］．国家教育行政学院学报，2003（5）．
[78] 罗燕，叶赋桂．2003年北京大学人事制度改革：新制度主义社会学分析

[J]. 教育学报, 2005 (12).
[79] 罗哲. 高校教师弹性福利制度思考 [J]. 经济体制改革, 2014 (5).
[80] 罗仲尤, 刘樱. 美国公立大学教师薪酬制度的特点与启示——以加州大学为例 [J]. 大学教育科学, 2015 (4).
[81] 吕志霞, 陈伟. 高校教师绩效考核: 现状、问题与对策 [J]. 现代教育管理, 2013 (8).
[82] 马凤岐. 综合改革高校教师管理制度 [J]. 中国高等教育, 2014 (6).
[83] 马英华. 论高校教师的政治责任 [J]. 思想政治教育研究, 2015 (6).
[84] 缪榕楠. 学者行会的成员资格——中世纪大学教师录用的历史考察 [J]. 教师教育研究, 2007 (2).
[85] 年晓萍, 徐俊. 警惕我国高校教师待遇分化趋向——基于高校行政化、学科分化和资本互化的视角 [J]. 安徽农业大学学报 (社会科学版), 2013 (6).
[86] 宁欣. 论唐代荐举 [J]. 历史研究, 1995 (4).
[87] 齐泽旭, 谭寒冰. 美国高校教师管理制度的结构特征——新制度经济学的视角 [J]. 外国教育研究, 2009 (9).
[88] 齐泽旭. 美国高校教师管理制度的正式制度变迁 [J]. 外国教育研究, 2008 (10).
[89] 齐泽旭. 美国高校教师资格制度的现状和发展趋势 [J]. 外国教育研究, 2008 (11).
[90] 祁占勇, 陈鹏. 我国高校教师聘任制的困境及理性选择 [J]. 陕西师范大学学报 (哲学社会科学版), 2009 (4).
[91] 钱小龙, 汪霞. 美国高校师资的国际流动: 流入与流出 [J]. 外国教育研究, 2011 (8).
[92] 任友洲. 高校教师岗位聘期考核: 定位、方法及对策 [J]. 华中师范大学学报 (人文社会科学版), 2013 (3).
[93] 商磊, 王金涛美国高校教师激励制度给我们提供怎样的借鉴与反思? ——基于中美两国比较的视野 [J]. 北京科技大学学报 (社会科学版), 2010 (3).
[94] 沈红. 论学术职业的独特性 [J]. 北京大学教育评论, 2011 (3).
[95] 司晓宏. 管窥美国公立大学的教师聘任制度——以明尼苏达大学为例 [J]. 当代教师教育, 2011 (3).
[96] 宋虎珍. 基于模糊综合评价的高校教师绩效考核研究 [J]. 教育探索,

2012（11）.
[97] 宋瑞芝，裴兆洪．浅谈高等学校人才引进战略［J］．清华大学教育研究，2003（6）．
[98] 孙进．选拔以学术为业的精英人才——德国大学教授资格考试制度评述［J］．中国人民大学教育学刊，2013（2）．
[99] 唐果．高校教师绩效考核存在问题探析［J］．北京：教育行政学院学报，2010（2）．
[100] 田一聚．改革开放以来高校教师考核制度变迁的特征与政策思考［J］．江苏高教，2010（6）．
[101] 田正平，吴民祥．近代中国大学教师的资格检定与聘任［J］．教育研究，2004（10）．
[102] 汪晓媛．高校教师绩效考核：教师教学工作评价的问题与改进建议——基于样本高校的实证分析［J］．苏州大学学报（哲学社会科学版），2008（4）．
[103] 汪怿．学术人才国际流动及其启示［J］．教育发展研究，2006（7）．
[104] 王晨，陈璞．繁荣背后的危机——中国学术职业深层问题分析［J］．清华大学教育研究，2014（2）．
[105] 王集权，焦伟．高校教师薪酬制度的现状及改革措施［J］．江苏高教，2007（1）．
[106] 王丽梅，何喜军．高校教师分类考核体系研究［J］．黑龙江高教研究，2013（7）．
[107] 王丽梅．基于层次分析的高校教师考核指标体系及评价［J］．黑龙江高教研究，2010.
[108] 王琼，高其胜．高校教师退出机制初探［J］．当代教育论坛，2010（10）．
[109] 王祖山，张志军．高校教师福利自制现象［J］．现代大学教育，2010（5）．
[110] 文希．基于关联矩阵的高校教师绩效考核分析［J］．湖南社会科学，2010（4）．
[111] 乌云其其格．未来博士人才的国际流动趋势［J］．中国人才，2013（9）．
[112] 乌云其其格．国际人才竞争态势及我国的对策［J］．中国科学院院刊，2010（6）．

[113] 吴晓明．当代中国的精神建设及其思想资源［J］．中国社会科学，2012（5）．
[114] 吴岩，沁泉．人力资本与教授收入［J］．人口与经济，2000（4）：22.
[115] 吴岩．市场权力协调下的美国大学教师聘任制度改革及启示［J］．外国教育研究，2011（1）．
[116] 吴叶林，熊春荣．全球化背景下学术职业流动与大学学术劳动力市场的思考［J］．煤炭高等教育，2010（6）．
[117] 向丹，李华星．教师国际流动现状及其对高校创新能力提升研究［J］．西北工业大学学报（社会科学版），2012（3）．
[118] 谢文新，张婧．中、美、德三国高校教师薪酬制度比较与思考［J］．高教探索，2013（4）．
[119] 徐国兴，谢安邦．我国高等教育扩大开放的战略对策研究［J］．高等教育研究，2010（8）．
[120] 徐蕾，王煜．美国公立高校教师学术自由保护路径选择——基于宪法和契约的视角［J］．外国教育研究，2016（7）．
[121] 徐小洲．博克的学术自由与大学自治观［J］．浙江大学学报（人文社会科学版），2002（6）．
[122] 阎光才．我国学术职业环境的现状与问题分析［J］．高等教育研究，2011（11）．
[123] 杨力行，李明．关于高校实行教师“淘汰制”的若干问题［J］．高教发展与评估，2005（2）．
[124] 杨玲．法国采取优惠措施吸引外国科研人员［J］．世界教育信息，2008（3）．
[125] 杨茂庆．试析国际化视域下美国研究型大学教师聘任制与教师流动关系［J］．黑龙江高教研究，2013（6）．
[126] 杨荣耀．高校教师职务晋升综合考核标准与评价办法探讨［J］．西北农林科技大学学报（自然科学版），1988（2）．
[127] 杨兴林．高校教师职务晋升的学术代表作评价研究［J］．江苏高教，2015（2）．
[128] 杨兴林．高校教师职务晋升评价的内涵、问题与改进思考［J］．黑龙江高教研究，2015（5）．
[129] 姚发明等．美、加大学吸引高层次人才的做法对我国高校教授队伍建

设的启示［J］. 中国高等教育，2003（Z3）.
［130］叶林. 各国高校教师资格制度的现状及启示——“高校教师资格：世界动向”国际研讨会综述［J］. 复旦教育论坛，2011（6）.
［131］由由. 大学教师队伍建设中的筛选机制——以美国五所世界一流大学为例［J］. 北京大学教育评论，2013（4）.
［132］余强. 二十六国教授工资水平比较［J］. 江苏高教，2011（3）.
［133］袁本涛，潘一林. 高等教育国际化与世界一流大学建设——清华大学的案例［J］. 高等教育研究，2009（9）.
［134］苑健. 21 世纪初的世界博士教育发展趋势特征——基于 OECD 调查数据分析［J］. 中国高教研究，2015（6）.
［135］张凌云. 主动与渐进：德国高校教师聘任制度的特点与改革动向［J］. 高等教育研究，2009（5）.
［136］张鹏. 对人才定义的思考与建议［J］. 人才开发，2000（4）.
［137］张素红. 基于胜任力的高校教师资格准入制创新研究［J］. 继续教育，2015（9）.
［138］张艳梅. 美国高校教师管理制度探析——以阿默斯特学院为例［J］. 重庆高教研究，2015（5）.
［139］赵丹龄等. 高校教师薪酬制度的国际比较研究［J］. 中国高教研究，2004（S1）.
［140］赵志勇. 高校教师职务晋升考核指标的科学化探讨［J］. 石油大学学报，2000（5）.
［141］郑洁. 胜任力视角中的高校教师资格认定［J］. 教育评论，2013（5）.
［142］郑礼. 日本大学教师福利待遇［J］. 教育发展研究（上海高教研究），1997（3）.
［143］中国海洋大学经济学院课题组. 我国海外人才回流的动因分析［J］. 软科学，2004（5）.
［144］中外合作办学新政策解读——教育部有关部门负责人答问［J］. 中国高等教育，2004（20）.
［145］中央组织部人才工作局. “千人计划”实施状况问卷调查综述［J］. 中国人才，2011（10）.
［146］周海涛，朱桂兰. 薪酬绩效对学术职业满意水平的影响有多大？——来自大学教师的调查分析［J］. 管理世界，2009（3）.

[147] 周婷婷．论我国高校教师聘任制度之不足［J］．高等教育研究，2004（4）．
[148] 周文霞等．中国高校教师聘任制政策文本研究［J］．浙江工商大学学报，2007（6）．
[149] 周志发．南非教师国际流动探析［J］．比较教育研究，2012（12）．
[150] 朱雪波等．高校教师考核的现状分析与对策研究［J］．高等教育研究，2011（4）．
[151] 左东岭．建立高校教师准入与退出标准［J］．教育与职业，2010（19）．

学位论文类

[1] 冯尉荣．人力资源国际流动的经济分析［D］．南开大学，1999.
[2] 郭丽君．学术职业视野中的大学教师聘任制研究［D］．华中科技大学，2006.
[3] 花军委．我国人才回流问题研究［D］．中国海洋大学，2007.
[4] 李曼．香港地区大学教师聘任制度研究［D］．西南大学，2015.
[5] 廖忠．加拿大研究型大学国际化［D］．西南大学，2013.
[6] 潘奇．西方大学教师国际流动研究：1100—1970［D］．华东师范大学，2012.
[7] 宋延军．基于公平理论的高校教师薪酬制度设计［D］．西南大学，2012.
[8] 王慧．高校教师职务聘任制改革研究［D］．河海大学，2007.
[9] 王蓉蓉．海外人才回流与社会适应研究［D］．华东师范大学，2012.
[10] 王媞．美国大学国际人才引进的国家战略研究［D］．吉林大学，2015.
[11] 王应密．中国大学学术职业制度变迁研究［D］．华中科技大学，2009.
[12] 杨毅．新中国高校教师聘任制度变迁研究［D］．西南大学，2013.
[13] 章雷．我国高校教师退出机制研究［D］．西南大学，2010.

其他类型

[1] 复旦大学考察组．为何耶鲁是耶鲁（考察报告）［R］. 2003.
[2] 王蔚，刘丹，吕诺．名校“外援”造假露馅儿，还有多少这样的“海归”．［N］. 新华每日电讯，2006-8-2.

外文文献

[1] A. Barren. Return Migration of Highly Skilled Irish into Ireland and their Impact on GNP and Earnings Inequality [A]. International Mobility of the Highly Skilled [C]. OECD, 2002.

[2] A. M. Gaillard. The Mobility of Human Resources in Science and Technology in Sweden [A]. International Mobility of the Highly Skilled [C]. OECD, 2002.

[3] A. Paltiel. Mass Migration of Highly Skilled Workers: Israel in the 1990s [A]. International Mobility of the Highly Skilled [C]. OECD, 2002.

[4] Abramo Giovanni, D'Angelo Ciriaco Andrea. Rosati Francesco. Selection committees for academic recruitment: does gender matter [J]. Research Evaluation, 2015, 4 (24).

[5] Abramo Giovanni, D'Angelo Ciriaco Andrea, Rosati Francesco. A methodology to measure the effectiveness of academic recruitment and turnover [J]. Journal of Informetrics, 2016, 1 (11).

[6] Abramo Giovanni, D'Angelo Ciriaco Andrea, Rosati Francesco. Gender bias in academic recruitment [J]. Scientometrics, 2016, 1 (106).

[7] Anthony G. Hoare. Geography of Mobility of UK Academic Staff [J]. Geografiska Annaler. Series B, Human Geography, 1994, 4 (3).

[8] Anthony R. Welch. The Peripatetic Professor: The Internationalization of the Academic Profession [J]. Higher Education, 1997, 34 (3).

[9] Arturo Galán M. , Ángeles González-Galán. La evaluación del profesorado universitario en España. Sistema nacional divergencias territoriales [J]. Revista de Educación, 2014.

[10] Bashir Mohsin, Gazanfar Faheem, Bashir Mohsin, Gazanfar Faheem. The Role of Power Distance and Masculinity in the Relationship between High Performance Work System and Academic Faculty Job Satisfaction in Universities of China [A]. International Conference on Management, Leadership and Governance (ICMLG) (C). Bangkok Univ, Bangkok, Thailand, 2013.

[11] Blau P. The Organization of Academic Work (2nd edition) [M]. New Brunswick & London: Transaction Publishers, 1994.

[12] Handschin C. Inbreeding in the Instructional Corps of American Colleges and Universities [J]. Science, 1910, 32 (829).

[13] Bologna Follow-Up Group (BFUG). The Bologna process 2020: The European higher education area in the new decade. Communiqué of the Conference of European Ministers Responsible for Higher Education, Leuven and Louvain-la-Neuve. April, 2009.

[14] Bourdieu P. Distinction: A Social Critique of the Judgement of Taste [M]. Harvard University Press, Cambridge, MA, 1984.

[15] Bourdieu P. Homo Academicus [M]. Stanford University Press, Stanford, CA, 1988.

[16] Bourdieu P. Practical Reason: On the Theory of Action [M]. Stanford University Press, Stanford, 1998.

[17] Brendan Cantwell. Transnational Mobility and International Academic Employment: Gatekeeping in an Academic Competition Arena [J]. Minerva, 2011 (49).

[18] Brinley Thomas. Migration and Economic Growth [M]. Cambridge: Cambridge University Press, 1945.

[19] Brubaeher J S. On the Philosophy of Higher Education [M]. San Francisco: Josscy-Bass, 1982.

[20] Bytenski Ryan, Fatoki Olawale. The Effect of the Employment Equity Act on Academic Staff Recruitment in a South African University [J]. Anthropologist, 2014, 3 (17).

[21] Celik Metin, Kandakoglu Ahmet, Er I. Deha. Structuring fuzzy integrated multi-stages evaluation model on academic personnel recruitment in MET institutions [J]. Expert Systems with Applications, 2009, 3 (36).

[22] Cheslock John J., Callie Trina M. Changing salary structure and faculty composition within business schools: Differences across sectors and state funding levels [J]. Economics of Education Review, 2015 (49).

[23] Christine Musselin. Towards a European Academic Labour Market? Some Lessons Drawn from Empirical Studies on Academic Mobility [J]. Higher Education, 2004, 48 (1).

[24] Coodlad J. Kadzu, rabbits, and school reform [J]. Phi Delta Kappa, 2002, 84 (1).

[25] Cuilmanov S. The teacher as a representative of culture [A]. Paper presented at the 28th International Congress of Psychology [C]. Beijing, China, 2004.

[26] David Farnham. Managing Academic Staff in Changing University Systems: International Trends and Comparisons [M]. SRHE and University Press, 1999.

[27] David M. Hoffman. Changing Academic Mobility Patterns and International Migration: What Will Academic Mobility Mean in the 21st Century [J]. Journal of Studies in International Education, 2009, 3 (13).

[28] David P. Lepak, Scott A. Snell. Examining the Human Resource Architecture: The Relationships Among Human Capital, Employment, and Human Resource Configurations [J]. Journal of Management, 2002, 28 (4).

[29] Demetrulias D. M., Chiodo J. J., Diekman J. E. Differential Admission Requirements and Student Achievement in Teacher Education [J]. Journal of Teacher Education, 1990, 41 (1).

[30] Denner P. R., Salzman S. A., Newsome J. D. Selecting the qualified: a standards—based teacher education admission process. Journal of Personnel Evaluation in Education, 2004, 15 (3).

[31] DiMaggio P. Powell W. The Iron Cage Revisited: Institutional Isomorphism and Collective Rationality in Organizational Fields [J]. American Sociological Review, 1983, 48 (2).

[32] Dominique Guelleo, Mario Cervantes. International Mobility of Highly Skilled Workers: From Statistical Analysis to Policy Formulation [A]. International Mobility of the Highly Skilled, OECD, 2002.

[33] Donald Lien, Yan Wang. Brain Drain or Brain Gain: A Revisit [J]. Journal of Population Economics, 2005, 18 (1).

[34] Dongyan Ru Blachford, Bailing Zhang. Rethinking International Migration of Human Capital and Brain Circulation the Case of Chinese-Canadian Academics [J]. Journal of Studies in International Education, 2014, 18 (3).

[35] Edward Shils. Academic; Freedom and Permanent Tenure [J]. Mineua, 1995, 33 (1).

[36] Floyd W. Reeves. The University Faculty [M]. Chicago: University of Chicago Press, 1933.

[37] Gibson John. Returns to articles versus pages in academic publishing: Do salary-setters show "article illusion" [J]. Economics Letters, 2014, 125 (3).

[38] H. Werne. The Current "Green Card" Initiative for Foreign IT Specialists in Germany [A]. International Mobility of the Highly Skilled. OECD, 2002.

[39] Harald Bauder. The International Mobility of Academics: A Labour Market Perspective [J]. International Migration, 2015, 53 (1).

[40] Harald Bauder. The International Mobility of Academics: A Labour Market Perspective [J]. International Migration, 2015, 53 (1).

[41] Hargreaves A. The emotional practice of teaching [J]. Teaching and Teacher Education, 1998 (14).

[42] Harvard University Finance Report Fiscal Year 2012 [R]. Harvard University, 2012 .

[43] Hollingshead. Ingroup Membership and Academic Selection [J]. American Sociological Review, 1938, 1 (6).

[44] Holmstrom B. , P. Milgrom. Multi-Task Principal Agent Analysis [J]. Journal of Institutional and Theoretical Economics, 1991.

[45] Honan James P. , Teferra Damtew. The US Academic Profession: key policy challenges [J]. Higher Education, 2001, 41 (1).

[46] Hossler D. Effective admission recruitment, New directions for higher education [M]. Josscy-Bass Publisher, 1999.

[47] Howard Bowen. Academic Compensation: Are Faculty and Staff in America Higher Education Adequately Paid [A]. Teacher insurance and Annuity Association, 1979.

[48] Hudzik J. K. Comprehensive internationalization: From Concept to Action [R]. Washington, D. C: NAFSA, 2011.

[49] Irene Butter. The Migratory Flow of Doctors to and from the United States [J]. Medical Care, 1971, 9 (1).

[50] J. Scott Long, Paul D. Allison, Robert McGinnis. Entrance into the Academic Career [J]. American Sociological Review, 1979, 44 (5).

[51] J. B. Meyer. Migration of Skilled and Highly Skilled Workers in South Africa: A Case Study [A]. International Mobility of the Highly Skilled, OECD, 2002.

[52] Jack H. Schuster. Emigration, Internationalization, and "Brain Drain": Propensities among British Academics [J]. Higher Education, 1994, 28 (4).

[53] Jack Ladinsky. The Geographic Mobility of Professional and Technical Manpower [J]. The Journal of Human Resources, 1967, 2 (4).

[54] James G. March and Johan P. Olsen. Rediscovering Institutions: The Organization Basis of Polities [M]. New York: Free Press, 1989.

[55] Jane Knight. Internationalization Remodeled: Definition Approaches and Rationales [J]. Journal of Studies in International Education, 2004 (8).

[56] Jin Jang C., Cho Jeung R. Faculty salary at Korean universities: Does publication matter [J]. Asia Pacific Education Review, 2015, 16 (3).

[57] Joao Peixoto. The International Mobility of Highly Skilled Workers in Transnational Corporations: The Macro and Micro Factors of the Organizational Migration of Cadres [J]. International Migration Review, 2001, 35 (4).

[58] Jürgen Enders. Academic Staff Mobility in the European Community: The ERASMUS Experience [J]. Comparative Education Review, 1998, 42 (1).

[59] Kezar Adrianna, Maxey Daniel. Understanding Key Stakeholder Belief Systems or Institutional Logics Related to Non-Tenure-Track Faculty and the Changing Professoriate [J]. Teachers College Record, 2014, 116 (10).

[60] Laudeline Auriol, Jerry Sexton. Human Resources in Science and Technology: Measurement Issues and International Mobility [A]. International Mobility of the Highly, OECD, 2002.

[61] Mamiseishvili K. Foreign-born women faculty work roles and productivity at research universities in theUnited States [J]. Higher Education, 2010, 60 (2).

[62] Marijk Van Der Wende, International Academic Mobility: Towards a Concentration of the Minds in Europe [J]. European Review, 2015 (23).

[63] Marsigalia Bruno, Buttaro Tiziana, Palumbo Emanuela. Patents and Scientific Publications: an Empirical Analysis of the Italian System of Academic Professor Recruitment [A]. 9th International Forum on Knowledge Asset Dynamics (IFKAD). Matera, Italy, 2014.

[64] Martinello, Felice. University revenues and faculty salaries in Ontario: 1970/

71-2003/04 [J]. Canadian Public Policy-Amalyse de Polotiques, 2006, 32 (4).

[65] Maurice R. Davie. When Peoples Move [J]. Phylon (1940-1956), 1950, 11 (1).

[66] Michel Beine , Frederic Docquier. Hillel Rapoport. Brain drain and economic growth: theory and evidence [M]. Journal of Development Economics, 2001.

[67] Michiya Shimbori. The Japanese Academic Profession [J]. Higher Education, 1981, 10 (1).

[68] Musselin Christine, Pigeyre Frederique. How collective recruitment procedures for academic positions affect discrimination [J]. Sociologie du Travail, 2008, 5 (1).

[69] O'Keefe Suzanne, Wang Ta-Chen. Publishing pays: Economists' salaries reflect productivity [J]. Social Science Journal, 2015, 50 (1).

[70] Ong A. Flexible Citizenship: The Cultural Logics of Transnationality [M]. Duke University Press, Durham, NC, 1999.

[71] Paul D. Allison, J. Scott Long. Interuniversity Mobility of Academic Scientist [J]. American Sociological Review, 1987, 52 (5).

[72] Philip G. Altbach, Liz Reisberg, et al. Paying the Professoriate: A Global Comparison of Compensation and Contracts [R]. New York, Routlege, 2012.

[73] Prufer Jens, Walz Uwe. Academic faculty governance and recruitment decisions [J]. Public Choice, 2013, 3 (155).

[74] R. Winkelxnann. Why Do Firms Recruit Internationally? Results from the IZA International Employer Survey 2000 [A]. International Mobility of the Highly Skilled, OECD, 2002.

[75] Sassen S. Women's burden: counter-geographies of globalization and the feminization of survival [J]. Journal of International Affairs, 2000, 53 (2).

[76] K A Sirotnik, J Goodlad. School-University Partnerships in Action: Concepts, Cases, and Concerns [M]. New York: Teachers College Press, 1988.

[77] Simon L L. Academic Brain Gain [J]. Australian Quarterly, 1976, 48 (3).

[78] Stanford University Annual Finance Report for the Years Ended [R]. Stanford University, 2011.

[79] Sue E. S. Crawford, Elinor Ostrom. A Grammar of Institutions [J]. American Political Science Review, 1995, 89 (3).

[80] Taylor E, Rasor-Greenhalgh S, Hudak S. Beyond the Headlines: Achieving a diverse profession through academic recruitment [J]. Journal of the American Dietetic Associ actiny, 2003, 18 (103).

[81] Terri Kim. Shifting Patterns of Transnational Academic Mobility: A Comparative and Historical Approach [J]. Comparative Education, 2009, 45 (3).

[82] Thomas W. Smith. Teaching Politics Abroad: The Internationalization of a Profession [J]. Political Science and Politics, 2000, 33 (1).

[83] V. Gayathri. Rethinking High-skilled International Migration: Research and Policy Issues for India's Information Economy [A]. International Mobility of the Highly Skilled. OECD, 2002.

[84] Van den Brink Marieke, Benschop Yvonne. Gender in Academic Networking: The Role of Gatekeepers in Professorial Recruitment [J]. Journal of Management Studies, 2014, 3 (51).

[85] Van den Brink Marieke, Benschop Yvonne, Jansen Willy. Transparency in Academic Recruitment: A Problematic Tool for Gender Equality [J]. Organization Studies, 2010, 11 (31).

[86] Walter Crosby Eells. Faculty Inbreeding [J]. The Journal of Higher Education, 1999, 70 (5).

[87] Watson K. Critical response to Special Section: international academic mobility [J]. Discourse: Studies in the Cultural Politics of Education, 2010, 31 (5).

[88] Welch A. R. The peripatetic professor: The internationalisation of the academic profession [J]. Higher Education, 1997.

[89] Williams A. M., V. Baláž. International return mobility, learning and knowledge transfer: A case study of Slovak doctors [J]. Social Science and Medicine, 2008.

[90] Y. L. Luo, W. J. Wang. High-skill Migration and Chinese Taipei's Industrial Development [A]. International Mobility of the Highly Skilled, OECD, 2002.

[91] Yang Lijing, Webber Karen L. A decade beyond the doctorate: The influence of a US postdoctoral appointment on faculty career, productivity, and salary [J]. Higher Education, 2015, 70 (4).

[92] Yvonne Stolz, Joerg Baten. Brain drain in the age of mass migration: does relative inequality explain migrant selectivity [J]. Explorations in Economic History, 2012.

[93] Z. Guohu, L Wenjun. International Mobility of China's Resources in Science and Technology and its Impact [J]. International Mobility of the Highly Skilled, 2010, 11 (31).

[94] Zehava Rosenblatt, Zachary Sheaffer. Brain Drain in Declining Organizations: Toward a Research Agenda [J]. Journal of Organizational Behavior, 2001, 22 (4).

电 子 文 献

[1] Chicago university, Faculty handbook [EB/OL]. [2016-10-12]. http// www. uchicago. edu/does/plicies/prow-stoffi ce/facbk05. pdf. 2000-10-13 / 2012-06-23.

[2] Cornell University, Faculty Handbook [EB/OL]. (2014-02-15) [2014-02-15]. http: // the university faculty. cornell. edu/hand book/Chapter3 Revised. pdf.

[3] Jay Kubler and Mary Catharine Lennon. Association of Commonwealth Universities 2006-07 Academic Staff Salary Survey [EB/OL]. http//www. acu. ac. uk/cgi-bin/fram- eset. pl? ml = chems&sl = surveys&select = surveys, 2008-11-18.

[4] National Center for Education Statistics [EB/OL]. [2016-09-12]. http: // nces. ed. gov/programs/digest/d15/tables/dt15_316. 20. asp? current=yes.

[5] National center of education statistics: Table 315. 20. Full-time faculty in degree-granting postsecondary institutions, by race/ethnicity, sex, and academic rank: Fall 2009, fall 2011, and fall 2013 [EB/OL]. [2015-12-25]. http: //nces. ed. gov/programs/digest/d14/tables/dt14 _ 315. 20. asp? current=yes.

[6] National Science Foundation (NSF), Total R&D expenditures [EB/OL]. [2016-09-12]. https: //ncsesdata. nsf. gov/profiles/site? method = ranking BySource&ds=herd.

[7] United States Department of Labor May 2012 National Occupational Employment

and Wage Estimates United States [DB/OL]. [2016-10-17]. http://www.bls.gov/news. release/ocwage. html.

[8] Universities U. Policy Briefing Policy Briefing, Talent Wars: The International Market for Academic Staff London: Universities UK [EB/OL]. http://bookshop. universitiesuk. ac. uk/downloads/Policy% 20Brief% 20Talent% 20Wars. pdf. 2007.

[9] Universities U. Policy Briefing Policy Briefing, Talent Wars: The International Market for Academic Staff London: Universities UK [EB/OL]. http://bookshop. universitiesuk. ac. uk/downloads/Policy % 20Brief% 20Talent % 20Wars. pdf. 2007.

[10] University of Michigan. Handbook, Faculty [EB/OL]. http://www. provost. umich. edu/faculty/hand- book/1/index. html.

[11] "青年千人"陆俊造假事件, [EB/OL]. [2016-09-01]. http://news. sciencenet. cn/news/sub16. aspx? id= 1152.

[12] 2014 年出国留学趋势报告 [EB/OL]. [2016-09-12]. http://www. eol. cn/html/lx/2014baogao/content. html.

[13] 2016 高校高层次人才招聘 [EB/OL]. [2016-09-01]. http://www. acabridge. cn/html/acabridge/gccrcyj/qrjhzp/index. shtml.

[14] 90 后姑娘入选国家"千人计划"明星颜值学术领军 [EB/OL]. [2016-09-01]. http://news. xinhuanet. com/overseas/2016-01/04/c_128591770. htm.

[15] 部委引才计划列表 [EB/OL]. [2016-10-25]. http://www. 1000plan. org/qrjh/section/3.

[16] 辞海 [Z]. 上海: 上海辞书出版社, 1989: 485.

[17] 各地引才计划 [EB/OL]. [2016-10-25]. http://www. 1000plan. org/qrjh/section/4.

[18] 关于印发《研究生国家奖学金管理暂行办法》的通知 [OB/EB]. [2016-8-26] http://www. gov. cn/zwgk/2012-10/22/content _ 2248589. htm.

[19] 教职争夺战: 小海归难敌关系户 [EB/OL]. [2016-09-12]. http://1000plan. org/qrjh/article/36347.

[20] 人才概念新内涵 [OB/EB]. [2016-7-4]. http://renshi. people. com. cn/GB/11974796. html.

[21] 为啥要逼着我浪费国家的钱 [EB/OL]. [2016-09-19]. http://1000plan.org/qrjh/article/58448.
[22] 张尧学校长在四届二次教代会工代会上的讲话 [N]. 中南大学新闻网, [2016-9-1]. http://news.csu.edu.cn/info/1009/126356.htm.
[23] 2014 年出国留学趋势报告 [EB/OL]. [2015-12-25]. http://www.eol.cn/ht-ml/lx/2014baogao/content.html.
[24] 中国统计年鉴 [EB/OL]. http://www.stats.gov.cn/yearbook2003.
[25] 中华人民共和国教育部. 专任教师、聘请校外教师学历情况（普通高校）[EB/OL]. http://www.moe.gov.cn/s78/A03/moe_560/jytjsj_2014/2014_qg/201509/t20150909_206892.html.
[26] 中华人民共和国教育部: 2014 年教育统计数据 [EB/OL]. http://www.moe.gov.cn/s78/A03/moe _ 560/jytjsj _ 2014/2014 _ qg/201509/t20150909_206892.html.
[27] 中华人民共和国科学技术部“科技统计”2005—2014 高校科学技术（R&D）活动 [EB/OL]. [2016-09-12]. http://www.most.gov.cn/kjtj/.
[28] 中南大学发展现状: 张尧学校长内部报告 [R]. [2016-10-17]. http://www.3023.com/2/542280219.html.
[29] 最严谨的德国如何选拔晋升教授 [EB/OL]. [2016-11-7]. http://www.yidianzixun.com/article/0ErTGSSt? s=&appid=&wuid=640834551304578.

政策法规

[1] 中华人民共和国全国人民代表大会常务委员会. 中华人民共和国高等教育法 [Z]. 1998-08-29.
[2] 中华人民共和国全国人民代表大会常务委员会. 中华人民共和国教师法 [Z]. 1993-10-31.
[3] 中华人民共和国全国人民代表大会常务委员会. 中华人民共和国归侨侨眷权益保护法 [Z]. 1990-09-07.
[4] 中华人民共和国国务院办公厅. 关于在外留学人员有关问题的通知 [Z]. 1992-08-12.
[5] 中华人民共和国中共中央国务院. 国家中长期教育改革和发展规划纲要 [Z]. 2010-05-05.
[6] 中华人民共和国人事部. 关于留学人才引进工作中界定海外高层次人才

的指导意见［Z］. 2005-03-22.
［7］中华人民共和国人事部. 关于建立海外高层次留学人才回国工作绿色通道的意见［Z］. 2007-02-25.
［8］中华人民共和国国务院. 统筹推进世界一流大学和一流学科建设总体方案［Z］. 2015-10-24.

附　　录

附录1　国际学术人员访谈提纲

国际学术人员访谈提纲

尊敬的老师：

　　您好！

　　感谢您在百忙之中接受我的采访，我正在做高校海外高层次人才聘任制度方面的研究。您对以下问题的意见和看法，我们会采用匿名形式予以严格保密，感谢您对本研究工作的支持！

　　1. 您选择入境工作的主要原因有哪些？

　　2. 您是通过何种渠道来到你所工作的第一所中国高校工作？

　　3. 您在几所中国高校工作过？在之前高校辞职的主要原因有哪些？为什么会选择当前这所高校？

　　4. 您有没有打算再次离开目前所在高校？为什么？

　　5. 您会不会向国外其他朋友或旧同事推荐来自己所在高校工作？

　　6. 您认为中国高校教师聘任制度对您的职业流动有影响吗？哪些方面（资格准入、招聘、薪酬待遇、考核评价、解聘退出）对您的影响比较大？

　　7. 您认为要吸引国际学术人才，我国高校聘任制度应当做出什么样的创新？

附录2　高校人事工作人员访谈提纲

高校人事工作人员访谈提纲

尊敬的老师：

　　您好！

　　感谢您在百忙之中接受我的采访，我正在做有关高校海外高层次人才聘任制度方面的研究。您对以下问题的意见和看法，我们会采用匿名形式予以严格保密，感谢您对本研究工作的支持！

1. 您所在的高校在引进国际学术人才时对其资格有哪些显性或隐性要求？

2. 您所在的高校在招聘国际学术人才时有哪些流程？这些流程的具体操作方式与方法有哪些？

3. 您所在的高校为国际学术人才提供的薪酬绩效条件如何？是否具有针对性和差异性？

4. 您所在的高校是国际学术人才聘期考核评价内容有哪些？聘期考核等级是否真正与续聘、低聘、解聘挂钩？

5. 您所在的高校解聘国际学术人才的主要原因是什么？解聘程序有哪些？有没有解聘后置保障程序？

附录 3　学术人才国际流动 RRRED 模型调查问卷

学术人才国际流动 RRRED 模型调查问卷

尊敬的先生/女士：

您好！

为了了解学术人才国际流动与高校教师聘任制度的关系，我们设计了该问卷。本次调查采用匿名方式，结果仅作为汇总后的数据统计来源，我们会严格遵守相关学术研究规范，不会对您的工作和生活造成任何负面影响，请您放心作答。

感谢您的支持与配合！

一、基本情况

1. 您的性别：

A. 男　　　　B. 女

2. 您入境前的身份是：

A. 留学生　　　　B. 华侨

C. 外籍华人　　　　D. 外籍人员（非华人）

3. 您入境前的学历与职称（相当于）：

A. 博士（无职称）　　　　B. 博士后（无职称）

C. 讲师　　　　D. 副教授

E. 教授

4. 您入境时的年龄：

A. 30 岁以下　B. 30~35 岁　C. 36~40 岁

D. 41~45 岁　E. 46~50 岁　F. 51 岁及以上

5. 您的专业门类

A. 哲学　B. 经济学　C. 法学　D. 教育学

E. 文学　F. 历史学　G. 理学　H. 工学

I. 农学　J. 医学　K. 管理学　L. 艺术学

6. 您入境前所在国家或地区：

A. 美国　B. 加拿大

C. 澳大利亚　D. 新西兰

E. 日本　F. 韩国

G. 新加坡　H. 英国

I. 法国　J. 德国

K. 意大利　L. 爱尔兰

M. 瑞典　N. 挪威

O. 丹麦　P. 瑞士

Q. 欧洲其他国家　R. 中国香港地区

S. 中国台湾地区　T. 俄罗斯

U. 其他地区

二、入境后的工作状态

7. 您对在我国高校工作满意吗？

A. 不满意　B. 不太满意　C. 一般　D. 比较满意

E. 满意

8. 入境后您的学术成果在数量方面：

A. 明显减少　B. 减少　C. 差不多　D. 增多

E. 明显增多

9. 入境后您的学术成果在质量方面：

A. 明显下降　B. 下降　C. 差不多　D. 提高

E. 明显提高

10. 您会离开所在高校吗？

A. 会　B. 可能会　C. 不确定　D. 不太可能

E. 不会

11. 您会不会向国外其他朋友或旧同事推荐来自己所在高校工作？
A. 不会　D. 不太可能　C. 不确定　D. 可能会
E. 会

三、高校教师聘任制度

（一）资格准入制度

12. 您所在的高校对学历与职称要求：
A. 博士（无职称）　B. 博士后（无职称）
C. 讲师/助理教授　D. 副教授及以上
E. 教授及以上

13. 您所在的高校对毕业/就职院校的要求：
A. 没有限定
B. 国内外正规高校（获得我国学历学位认证）或科研院所
C. 国际知名高校或科研院所
D. 所在国顶尖高校或科研院所
E. 国际顶尖高校或科研院所

14. 您所在的高校对论文发表与专著出版的要求：
A. 没有要求　B. 没有严格要求　C. 不确定　D. 有要求
E. 严格求高

15. 您所在的高校对教学能力与教学成果的要求：
A. 没有要求　B. 没有严格要求　C. 不确定　D. 有要求
E. 严格要求

16. 您所在的高校对交流沟通、团队协作等能力的要求：
A. 没有要求　B. 没有严格要求　C. 不确定　D. 有要求
E. 严格要求

（二）招聘制度

17. 您认为所在高校招聘公告：
A. 严重不科学　B. 不科学　C. 一般　D. 比较科学
E. 十分科学

18. 您认为所在高校招聘方式的公开程度：
A. 私人化　B. 半私人化　C. 一般　D. 比较公开
E. 非常公开

19. 您认为中国高校招聘中个人申请阶段：
A. 十分烦琐　B. 较为烦琐　C. 一般　D. 比较简便

E. 非常简便

20. 您认为院系选拔阶段是否公正：

A. 十分不公正 B. 不公正 C. 一般 D. 比较公正

E. 十分公正

21. 您认为学校人才小组审批环节：

A. 完全没必要 B. 没必要 C. 一般 D. 必要

E. 十分必要

（三）薪酬绩效制度

22. 您对当前的工资收入：

A. 非常不满意 B. 不满意 C. 一般 D. 比较满意

E. 十分满意

23. 您对科研经费额度：

A. 非常不满意 B. 不满意 C. 一般 D. 比较满意

E. 十分满意

24. 您对科研经费使用规则：

A. 非常不满意 B. 不满意 C. 一般 D. 比较满意

E. 十分满意

25. 您对学校为您提供的住房或住房补助：

A. 非常不满意 B. 不满意 C. 一般 D. 比较满意

E. 十分满意

26. 您对学校为您提供的医疗保险、社会保险、失业保险、退休金等其他福利：

A. 非常不满意 B. 不满意 C. 一般 D. 比较满意

E. 十分满意

（四）聘期考核制度

27. 您对聘期考核的主体：

A. 非常不满意 B. 不满意 C. 一般 D. 比较满意

E. 十分满意

28. 您对聘期考核评价的方式：

A. 非常不满意 B. 不满意 C. 一般 D. 比较满意

E. 十分满意

29. 您认为聘期考核评价程序是否公正：

A. 十分不公正 B. 不公正 C. 一般 D. 比较公正

E. 十分公正

30. 您认为聘期考核评价结果是否公正：

A. 十分不公正　B. 不公正　C. 一般　D. 比较公正

E. 十分公正

31. 您认为聘期考核评价结果是否被有效利用：

A. 无效　B. 效果较差　C. 一般　D. 效果较好

E. 效果很好

（五）解聘退出制度

32. 您所在的高校有没有在相关文件中明确规定解聘退出条件？

A. 没有　B. 不清楚　C. 有，不明确　D. 比较明确

E. 非常明确

33. 您所在高校有没有严格规定教师解聘条件：

A. 没有　B. 不严格　C. 一般　D. 严格

E. 十分严格

34. 您认为所在高校的教师解聘退出的标准：

A. 非常不合理　B. 不合理　C. 一般　D. 比较合理

E. 十分合理

35. 您认为所在高校的教师解聘退出的程序：

A. 非常不合理　B. 不合理　C. 一般　D. 比较合理

E. 十分合理

36. 您认为所在高校的教师解聘退出的后续保障：

A. 非常不合理　B. 不合理　C. 一般　D. 比较合理

E. 十分合理

与本书相关的科研成果目录

期刊论文

[1] 协调与统一：高校教学与科研关系的再思考［J］. 中国高校科技，CSSCI，导师第一作者，本人第二作者，2016（10）.

[2] 我国研究生教育服务贸易逆差研究［J］. 教育与经济，CSSCI，独著，2016（4）.

[3] 美国高等教育国际化政策：历程、动因与走向［J］. 现代教育管理，CSSCI，本人第一作者，2016（8）.

[4] 国际学术人才市场中我国学术职业竞争力及其提升路径［J］. 教育发展研究，CSSCI，本人独著，2016（11）.

[5] 教育行政伦理的三重唯独及其核心精神［J］. 黑龙江高教研究，CSSCI，本人独著，2016（4）.

[6] 教育政策效果评估指标体系构建研究——基于后实证主义方法论的视角［J］. 教育发展研究，CSSCI，导师第一作者，本人第二作者，2016（1）.

[7] 中国研究生教育研究三十年回顾（1984—2014）——基于《学位与研究生教育》的论文分析［J］. 学位与研究生教育，CSSCI，本人第二作者，2015（12）.

[8] 中外合作高校政策质量优化研究［J］. 宏观质量研究，本人独著，2015（4）.

[9] 我国教育管理对象认识误区及其体系重构［J］. 教育文化论坛，本人第一作者，2015（8）.

[10] 中国高等教育区域发展不均衡：问题、原因与对策［J］. 武汉科技大学学报，RCCSE，本人独著，2016（6）.

[11] 中外合作高校评估指标体系构建研究［J］. 宜宾学院学报，本人独著，2016（8）.

[12] 我国学校决策分化研究现状评述［J］. 凯里学院学报，本人独著，2016（4）.
[13] 人本主义教师管理中的几对关系新探［J］. 大学（研究版），本人独著，2015（8）.
[14] 我国访问学者访学效果实证研究［J］. 高教发展与评估，导师第一作者，本人第三作者，2015（5）.
[15] 传承与超越：公共行政学研究的范式变迁［J］. 南昌大学学报，CSSCI，本人第二作者，2016（1）.
[16] 机理探析与理性调适：公共治理理论及其对我国治理实践的启示［J］. 武汉科技大学学报，RCCSE，本人第二作者，2016（4）.
[17] 韦伯官僚制理论及其启示［J］. 安徽行政学院学报，RCCSE，本人第二作者，2016（5）.
[18] 地方政府公共政策制定中网络民意应用：逻辑、困境与策略［J］. 湖北行政学院学报，RCCSE，本人第二作者，2016（5）.
[19] 当代英国公共服务供给模式及其对我国的启示［J］. 四川行政学院学报，本人第二作者，2016（4）.

后　记

每当与人聊起母校，我总是压抑不住骄傲，强行安利、细细描绘武大牌坊历史悠久、图书馆外珞珈苍苍、宿舍窗边东湖汤汤、樱花大道落英缤纷，直到他人赞不绝口、心向往之，方才罢休。其实，我印象中最美好的画面并不是这些“盛名在外”的场景，而是清晨路上低头觅食的小鸟、冬日照进图书馆内的第一缕阳光、导师为我改论文时密密麻麻的记号……在这里，我度过了人生中最充实最幸福的三年，结识了志同道合的好友，追随着学高身正的导师，甚至博二时先生考入武大公管院，变成并肩作战的校友。而本书的初稿就是来源于这三年的积累，来源于我的博士论文。

毕业后，我结识了更多海归博士，对高校教师聘任制度与学术人才国际流动二者联动关系的认识更加深刻。奈何“新手妈妈”的身份让我一直没能沉下心来认真修改论文。故而直到小儿初长成，方才打开封存的博士论文，更新全书数据资料、调整章节表述、完善理论模型、补充和修订原有的研究建议。

而今完成书稿，合上电脑，心中只余感恩。感谢武汉大学，感谢黄明东教授，感谢我的先生王余生博士，感谢你们在我求学道路上的支持和帮助！感谢小儿煦煦，谢谢你让我变得更加坚强勇敢，我会努力成为你的榜样！

谨以此书献给关心我、爱护我、帮助我的老师、朋友和亲人们！

陈　越

2020 年 7 月 31 日